本书以莆炎高速公路（YA11 标段）工程为例

绿色公路品质工程
施工关键技术研究与示范

主　编：　刘荣桂　　延永东

副主编：　陈　妤　　崔钊玮

编委会：　蔡俊华　　袁天军　　郭彦领

　　　　　刘荣桂　　延永东　　庄志坚

　　　　　沈圆顺　　陈　妤　　崔钊玮

江苏大学出版社
JIANGSU UNIVERSITY PRESS

镇　江

图书在版编目(CIP)数据

绿色公路品质工程施工关键技术研究与示范 / 刘荣桂，延永东主编. — 镇江：江苏大学出版社，2021.9
ISBN 978-7-5684-1642-9

Ⅰ.①绿… Ⅱ.①刘… ②延… Ⅲ.①道路施工—研究 Ⅳ.①U415

中国版本图书馆 CIP 数据核字(2021)第 146645 号

绿色公路品质工程施工关键技术研究与示范
Lüse Gonglu Pinzhi Gongcheng Shigong Guanjian Jishu Yanjiu yu Shifan

主　　编/刘荣桂　延永东
责任编辑/郑晨晖
出版发行/江苏大学出版社
地　　址/江苏省镇江市梦溪园巷 30 号(邮编：212003)
电　　话/0511-84446464(传真)
网　　址/http://press.ujs.edu.cn
排　　版/镇江市江东印刷有限责任公司
印　　刷/镇江文苑制版印刷有限责任公司
开　　本/710 mm×1 000 mm　1/16
印　　张/13.75
字　　数/262 千字
版　　次/2021 年 9 月第 1 版
印　　次/2021 年 9 月第 1 次印刷
书　　号/ISBN 978-7-5684-1642-9
定　　价/58.00 元

如有印装质量问题请与本社营销部联系(电话：0511-84440882)

前　言

　　绿色运动,狭义上也称绿色工程(绿色建筑是其中一类)运动。它是围绕绿色工程形成的相关思想、理念及活动的总称。绿色工程的内容主要包含绿色设计与绿色建造两个方面,其特点是"环保、低碳、节能、智慧"。绿色工程得到正确应用时,可改善工程设计和施工实践,保证工程使用时间更长、运行成本更少,提高工人或居民生产率,具有更好的工作环境。正确应用绿色工程也是为了保护自然资源,改善工程环境,使人类适应地球的生态系统,更健康、更富裕地生活。

　　如今的工业建设正面临着来自全球经济危机、物质需求增长、自然灾害增多、绿色资源消耗不断增长的压力,这些压力使得工业建设通过一系列努力来重新评估和调整其定位,努力建造节约能源和水资源的更高效建筑,延长建筑寿命,保证总体人口的健康和幸福,最小化对环境的负面影响。因此,积极开展绿色运动可以响应我国可持续发展和环境保护的基本国策,加速我国经济健康地发展。

　　本书基于莆炎高速(莆田至炎陵高速公路)尤溪中仙至建宁里心 YA11 合同段项目的背景及具体施工过程,以"绿色公路"概念及其与绿色施工和绿色工程的关系为背景,重点研究绿色隧道工程施工技术、高性能混凝土及其制备技术、预应力混凝土及其智能张拉技术、混凝土结构耐久性设计和绿色公路工程施工技术。全书共 6 个章节,具体安排如下:

　　第 1 章主要介绍了绿色运动、绿色品质与绿色工程的概念及发展历史,描述了绿色工程对我国乃至全世界经济发展的意义,在此基础上介绍了数字建造的概念及其与绿色建筑的关系,进一步阐述了数字建造在当今社会的发展特点。

　　第 2 章从装配式建造技术、照明节能技术、噪声控制技术、通风环保技术等 9 个发展方向对绿色隧道工程施工技术进行了介绍。

　　第 3 章从高性能混凝土概述、高性能混凝土的配合比设计、提高混凝土耐久性的技术途径以及用机制砂制备高性能混凝土的角度对高性能混凝土制备技术及工程普及化推广应用等略作论述。

第 4 章对预应力混凝土的相关内容及主要施工方法进行了阐述。包括预应力混凝土的概念及特点、预应力混凝土常见的质量问题及修复方法、预应力混凝土智能张拉技术及其在公路桥梁工程中的应用。

第 5 章从混凝土的碳化、氯离子侵蚀、碱骨料反应、硫酸盐侵蚀的机理及模型方面,详细介绍了混凝土结构耐久性设计,并提出了相应的防护措施。

第 6 章结合工程案例,详细介绍了各种情况下的绿色工程施工技术。

参加编写本书人员的具体分工如下(未标注工作单位的人员均为江苏大学教师):蔡俊华、刘荣桂(南通理工学院)编写第 1 章,袁天军、沈圆顺编写第 2 章,庄志坚编写第 3 章,延永东编写第 4 章,陈妤编写第 5 章,郭彦领、崔钊玮编写第 6 章。刘荣桂、延永东对全书进行了最后统稿。夏天、耿豪劼、郑少强、梁晓封、刘甲琪、司有栋等(江苏大学研究生)为本书的完成做出了很大的贡献,在此一并表示感谢。

感谢省级科技服务平台培育项目(XQPT202102)对本书的资助,感谢中交第四公路工程局有限公司为本书的研究工作提供的相关研究背景和支持。

由于绿色工程施工存在的复杂性,目前还有许多问题需要进一步完善,书中也难免存在不妥之处,恳请广大读者批评指正。

作　者

2020 年 5 月

目　录

第1章　绪　论

1.1　绿色运动

1.1.1　绿色运动的概念

绿色运动又称生态运动。在工程中,为了减少环境污染、节约资源而进行的相关活动称为绿色运动,在狭义上也称绿色工程(绿色建筑是其中一类)运动,它是围绕绿色工程形成的相关思想、理念及活动的总称。绿色工程的内容主要包含绿色设计与绿色建造两个方面,其特点是"环保、低碳、节能、智慧"。在土木工程界,尤其是房地产开发领域,可持续发展和绿色建筑是热门话题之一。然而,给"绿色工程"一个精确的定义并不容易。

欧洲联邦环境行政办公室对绿色工程的定义是:"在给定的工程生命周期内,通过人类有效的工作,增加工程和施工工地的使用能源,提高水和其他工程材料的使用效率;通过更好的选址、设计、施工、操作、维护和搬迁方案,减少工程对人类健康和环境的影响。"

美国环保署对绿色工程的定义是:"绿色工程从选址到设计、施工、维护、改造和拆除,贯穿整个工程的生命周期,使工程结构在其建造和使用过程中达到对环境负责和高效利用资源的目的。"

从早期形成相关概念到如今席卷全球大部分地区,对于绿色运动的一般看法已经明显改变并被越来越多的人所接受。在建筑工程领域,许多承包商和相关的建设者都在寻求绿色认证(包括绿色建筑与建筑节能)。然而,由于传统观念的束缚,抵制绿色运动的潮流依然存在,这或多或少地形成了一些谬论,例如:绿色/可持续建筑的成本比传统建筑更高;绿色建筑只是另一种时尚,因此不是特别重要的;绿色建筑往往是"没有吸引力"或"丑陋"的,缺乏传统建筑的审美质量;绿色建筑无法提供大部分用户需求的舒适水平;绿色建筑产品往往很难找到;绿色建筑的工作性能不如传统建筑;建造高层的绿色建筑是不可能的;将现有的传统建筑转变为绿色建筑是很困难的或不可能的;环保是一个全有或者全无的命题等。但我们可以相信,随着绿色建筑实践成果的不断出现,相关的谬论必将被一一击破,绿色工程运动必将在全球形成习惯或潮流。

1.1.2 绿色运动的历史

对现代绿色运动做深入透彻的理解,能够帮助人们追溯它的起源。在工业革命到来以前,人类只能临时使用基本工具和自然材料建造建筑物,在极端的温度下御寒。然而,由于古代人类对废物治理没有概念,所以建造时融入了被动的设计,例如,简单利用太阳和气候进行加热、制冷和采光。在古巴比伦和古埃及,土坯作为原始建筑材料,用于在宫殿和房屋中建造风井。

马克·威尔逊等学者首先在美国提出了绿色工程的概念,环境意识积极运动的领导实践者伯纳德·梅柏客和朱莉·摩根发展的设计哲学,包含了如今建筑业绿色工程运动的大多数概念。

一些历史学家将绿色运动的起源与雷切尔·卡森的书联系在一起,主要倡导尊重自然、强调保护原始森林的必要性。许多人相信,在 20 世纪 70 年代发生能源危机时,绿色运动就有它的社会基础,创造性节约能源的方法,例如小建筑形式和主、被动的太阳能利用设计,都源自于它。

1973 年,第一次石油危机爆发,能源消耗成为人们关注的焦点。这个催化事件有效强调了增多能源种类,鼓励企业和政府重视开发太阳能、风能、水能和地热能等能源利用的重要性。石油能源危机第一次使得全世界汽车加油站的汽油价格飙升,这对开明前卫的绿色运动思维构架师、环境学家和生态学家有巨大的影响,他们开始怀疑传统建筑技术的智慧,并寻求新的方法解决可持续发展问题。

初期的"绿色运动"是根据维克多·欧尔焦伊、拉尔夫·劳伦和蕾切尔·卡森的思想形成的,他们正式引发了环境设计的一个新时代的出现,也吸引了公众的注意力和想象力,促使大众重新审视交通和建筑依赖于化石燃料的弊端。事实上,后来许多国外立法的形成也来源于此,包括清洁空气法、国家环境政策法、水污染治理法、DDT 禁令、濒危物种法等。

美国建筑师协会通过形成一个能源工作研究组,研究高效能源设计来应对 1973 年的能源危机,后来,能源工作研究组发展形成美国建筑师协会能源委员会。能源委员会准备的一些法案,包括"高效能源建筑国家"法案,成为美国建筑师协会游说国会的有效工具。20 世纪 70 年代后期,当美国建筑师协会倡导建筑能源研究时,其他活跃的委员会成员包括美国建筑师协会会员唐纳德·沃森、格雷格·福兰特、丹·威廉姆斯等也在为绿色建筑摇旗呐喊。根据他们的建议,美国建筑师协会能源委员会由两个机构构成:第一机构主要研究被动系统(如反射屋面材料和环境友好建筑物的选择等),想以此达到节约能源的目的;第二机构主要研究应用新技术的方法,如三重玻璃窗的应用等。美国建筑师协会环境委员会在 1989 年拓宽了范围,之后数年里,美国建筑师协会和美国建筑师能源科技顾问委员会设法从美国环境保护组织获得基金,用于全寿命周期分析建筑产品的开发。

随着能源问题的讨论以及能源价格的下降,绿色工程和相关能源问题继续受到关注,由于绿色工程能源节约提倡者和绿色理念设计师的努力,一些著名的建筑物在 20 世纪 70 年代建成。他们利用了绿色设计的概念,如采用玻璃屋顶、设计自然采光的中庭和装有镜子的窗户等。加利福尼亚的格雷戈里·贝特森大厦,首次装配了光伏能源敏感元件、地板下的冷却系统和区域气候控制设备等。

20 世纪 80 年代,出现了大量的石油浪费现象(如 1989 年的埃克森·瓦尔迪兹石油泄漏等)后,节约能源的相关法案相继形成并开始见效;我们也见证了 20 世纪 80 年代后期到 20 世纪 90 年代早期,美国的可持续性发展倡导者们的全球保护工作,例如,罗伯特·贝莱克(美国建筑师协会能源委员会产生的先驱)、威廉·麦唐纳(密歇根州胭脂河工厂的福特汽车公司)、西姆·万德尔·莱恩(建成位于萨克拉门托的格雷戈里·贝特森大厦)和桑德拉·门德勒(建成华盛顿州的世界资源研究所总部办公室)等。其他国家的支持者包括德国的托马斯·赫尔佐克(建成奥地利的利兹设计中心)、英国建筑师诺曼·福斯特(建成德国法兰克福市德意志商业银行总部)、理查德·罗杰斯(建成法国巴黎蓬皮杜艺术中心)和马来西亚建筑师杨经文(建成马来西亚吉隆坡的梅西加尼亚大厦)等。在 1987 年联合国世界环境和发展委员会会议上,时任挪威首相的布伦特兰夫人建议将"可持续发展"这个术语定义为"不会对后代的满足他们自己的需求的能力产生影响就能满足现在我们的需求"。

1991 年,时任美国总统的乔治·布什推出了一项国家能源政策,美国建筑师协会主席詹姆斯·劳勒组建了一个咨询小组讨论相关的解决方案。根据这个方案,美国建筑师协会号召相关单位(包括美国建筑规划局成员)以实际行动参与环境保护改革,包括立即停止使用消耗臭氧层的制冷剂等措施。

联合国环境和发展大会(也称作地球峰会)1992 年在巴西里约热内卢召开。这是一次很成功的会议,它吸引了 17000 位参会者和来自 172 个国家政府的代表团以及 2400 位非政府组织的代表。这次会议通过了 21 世纪议程,为实现全球的可持续发展提供了蓝图。会议达成了《里约宣言》关于《森林问题的原则声明》《联合国气候变化框架公约》《联合国生物多样性公约》等共识。

20 世纪 80 年代,加拿大公路建设进入快速发展阶段后,通常在施工前对地表土进行集中堆放,加以保护并充分利用,施工过程中的生态防护措施主要以绿化为主,对工程施工中造成的不可避免的环境资源损失采取相关补偿措施。德国通过制定《环境协调性评估法》《自然保护法》等系列规范,对公路工程项目建设各参建方的行为进行规范,强调对自然环境的保护、评估及改善。国外学者采用的"项目施工前环境影响预测法"分别从废弃物、空气污染、资源消耗、水污染、当地问题、土壤污染、生物多样性、交通问题的影响等九大方面进行了环境影响分析,并对每个工程施工的工序进行影响因素打分,从而量化工程对环境的各种影响。瑞士在修建高等公路时为了防止动物迁徙发生离群现象,尽可能采取措施对公路沿线的植物进行保护,并给动物修建专属通道,在桥梁结构物上覆土进行乔木灌木种植,以最大程度地与周围自然环境进行拟合。

近年来我国一直在努力践行绿色交通,2016年5月交通运输部组织编制并发布《交通运输节能环保"十三五"发展规划》,目标是逐渐形成绿色公路建设标准并基本建立评估体系,大力推行绿色公路建设理念,通过建成绿色公路示范工程,发挥可复制、推广、流传的经验,发挥推动和示范作用。

1.1.3　绿色工程的发展

一些学者认为,绿色工程的主要目的是应对能源危机的出现。因此,应通过努力使工程更有效率、能源种类增加与改进(包括水、各种建筑材料使用方式等)。值得注意的是,"绿色工程"和"可持续工程"是相对较新的术语,它们本质上代表了通过工程的选址、设计、建设和运行方式等系统方法来提高工程的居民幸福感,以保护自然资源、空气和水的质量的方式为后代保护环境。因此,绿色工程的核心是改善传统设计、施工过程和标准,以便今天建造的建筑物能够持续使用更长时间,改善居住环境和工作环境。

绿色工程改变了设计和建造房屋的方法。显然,绿色工程在过去的20年里显著地影响了全球工程界。各种环境影响研究一致表明,美国的建筑工程等消耗了国家大约1/3的一次性能源和将近2/3的电力。研究还表明,在大约30%新的和翻新的美国工程中发现建筑材料中的有害物排放、病原体和有害物质的发散超出可接受范围,导致环境质量低劣。绿色工程正在努力改善这些环境影响,进而实现可持续发展的绿色目标。

可持续设计的主要特征之一是应用多学科和综合"总"团队的方法,包含各种项目成员和利益相关者的决策过程,特别是在设计初期。

当前学者的研究多将生态环境保护与建设、环境风险防范、资源集约利用、污染控制、节能减排、高效管理等方面作为综合考虑因素,研究领域多以绿色施工、施工管理为主,未对施工效果评价进行深入研究,绿色公路施工效果评价体系的建立和完善还需要进一步研究。由于我国疆域辽阔,区域性气候环境差异较大,在荒漠化地区推进绿色公路建设的过程中,必须考虑绿色公路建设的出发点和归宿,权衡地方政治、经济、文化等多层面的相互作用。

1.2　绿色品质与绿色工程

1.2.1　绿色品质

准确地给"绿色品质"下定义比较困难,但可以肯定,它包含低碳、节能、健康、安全、可持续等要素。绿色品质由过程与结果两部分组成,反映过程特征的是绿色施工与绿色运维,反映结果特征的是绿色工程(狭义上指绿色建筑)。

依据工程全寿命周期的理念,绿色品质包含的内容非常广泛。从工程的可行性研究开始,到工程材料的因地制宜选配、先进施工方法(如工厂化、装配化、模数化、标准化、数字化、智能化等)的正确选用、可靠运维方式的采用等,形成的最终效果是以人为本、环境生态、低碳节能、运行高效。绿色品质工程如图 1-1 所示。

(a) 泰井绿色公路　　　　　　　(b) 广西首条绿色公路

图 1-1　绿色品质工程

1.2.2　绿色品质工程设计原则

绿色品质工程的指标体系以绿色公路为例。着眼于绿色公路建设的组织管理、施工技术、能源资源、自然环境、社会文化、区域经济六个方面来建立二级目标层,以此来反映总目标的影响因素。在二级目标层的基础上,根据荒漠化地区及高速公路绿色施工的特点,又分出荒漠化地区高速公路绿色施工效果评价指标体系的指标层。每一层指标都是上一层指标的延伸,分层以便逐层细化分解指标,通过将数个指标有机整合起来,形成绿色公路施工效果评价指标体系,按照一定的评价标准及评价方法考量绿色公路施工的综合效果。效果评价指标体系建立的最终目标是借助特定的研究工具和研究办法,对已经建设完工的公路建设项目或者将要着手实施的绿色公路建设项目做出正确判断,对已经采取的绿色施工手段进行重新实践或者对不足的地方进行动态校正,最终实现区域环境与区域经济、自然生态与社会文化等因素的有机统一,实现荒漠化地区高速公路建设项目内在及外在影响因素的良性互通,共建工程与人居环境和谐可持续发展。绿色品质工程的设计原则有以下五点(以公路工程为例)。

(1)可操作性原则:可操作性是确保效果评价指标体系具有时间操作可行性的首要条件。它要求选择评价指标时优先考虑各个分项指标数据取得的难易程度,与此同时,应当确保收集到的数据具有客观性和可靠性,确保对各项数据可以采取量化转换,且大量数据在量化处理后可以用于构造层次模型,并建立判断矩阵。

(2)全寿命设计原则:与人的生命周期一样,对于土木工程项目,也必须在项目可行性研究到施工图设计、工程施工、项目运行与维护、项目拆除的全过程中,考虑项目的投入与产出相关的综合效益。积极采用新技术、新材料、新工艺,尽可能采用标准化设计,以方便施工、缩短工期,严格控制工程造价。

(3)宜人性设计原则:坚持以人为本的理念,坚持质量第一、环境优先。绿色公路设计的目的在于为司乘人员提供安全舒适的行车环境,设计中应坚决贯彻并执行"以人为本,安全至上"的设计理念,把安全放在首位,在不过分增加工程规模的基础上,尽可能采用纵面技术指标,并加强运行车速检验,不断优化路线平纵面设计,完善交通安全设施,确保技术指标均衡连续,为驾驶者提供舒适的行车环境,保证行车安全。

(4)可持续发展的原则:设计中应坚持"近而不进,远而不离"及"地形、地物、生态环保选线"原则,在充分掌握沿线城镇、企业现状及远期发展规划的基础上,加强方案比选,合理采用平纵面技术的技术指标,正确处理项目建设与地方经济发展的关系。

(5)节约资源的原则:设计中应深入贯彻"最严格耕地保护"的基本国策,在勘察设计中利用一切先进技术和手段,优化设计方案,最大限度地节约土地、保护耕地;充分利用荒山、荒坡和劣质地;加强弃土场设计,结合农田规划,利用弃土场进行造地或绿化,做好综合治理工作,保护环境;局部路段可适量以桥隧代替路基,缓解占地矛盾。

下面以绿色公路理念运用于山海高速的设计作为应用实例。在山海高速公路勘察设计过程中,结合绿色公路理念,以"生态路、景观路"为目标,从"实现集约节约""注重自然和谐""实施创新驱动"等方面进行设计创新,部分设计如下。

（1）零弃方，少借方

在进行路线平纵面设计时，结合地形地貌条件，对路线平纵优化，对废弃采石场进行"生态恢复"，将山区段大量的余方回填至废弃采石场处，同时加以地形整理和绿化，一方面消耗了余方，另一方面恢复了废弃采石场处的自然环境，保护了生态。

（2）绿色边坡支挡防护

为了从地形上更好地满足景观要求，在其中一个标段提出"三级挖方边坡采用顺应地形的弧形边坡设计"，以路堑边坡的坡顶线为基准，打破了常规从下至上的设计，按从上至下的设计思路。从景观方面看，更好地与地形相结合，形成了具有层次的波浪，若以不同颜色、形状的植物绿化各级边坡，层次感会更强；从地质方面看，相比原来的边坡形式，弧形边坡会更好地吻合地层结构，特别是上表的覆盖层，边坡稳定性更好。

（3）生态路，景观路

结合生态要求，以绿色公路理念，采用桩板墙形式，在墙后利用覆土种植攀爬式植物，从而以绿色植被遮盖挡墙的外侧墙面，使挡墙支护与周边自然环境相互融合，不会出现大面积圬工与自然环境形成的景观反差，实现公路景观与自然环境协调的目标。

（4）天桥多样化

在对沿线天桥设计时，改变了以往设计中桥型样式过于单一死板的思路，充分考虑桥位周边的自然环境、景观条件等，以绿色理念为基础，以多样化的桥型设计为手段，考虑了多种型式的天桥设计方案，包括上承式钢筋混凝土拱桥、下承式系杆拱桥、斜腿刚构桥、预应力混凝土现浇箱梁桥等。通过多样化的天桥型式设计，桥梁不仅成为一种结构工程，更能与自然环境相辅相成。

1.2.3　绿色施工

绿色施工是指工程建设过程中，在保证工程项目质量、安全等基本要求的前提下，通过科学管理和技术进步，最大限度地节约资源并减少对环境有负面影响的施工活动，实现"四节一环保"（节能、节地、节水、节材和环境保护）。绿色施工应符合国家的法律、法规及相关的标准规范，实现经济效益、社会效益和环境效益的统一。实施绿色施工应依据因地制宜的原则，贯彻执行国家、行业和地方相关的技术经济政策。

绿色施工是建筑全寿命周期中的一个重要阶段。实施绿色施工，应进行总体方案优化。在规划、设计阶段，应充分考虑绿色施工的总体要求，为绿色施工提供基础条件。实施绿色施工，应对施工策划、材料采购、现场施工、工程验收等各阶段进行控制,加强对整个施工过程的管理和监督。绿色施工的要点主要为绿色施工管理,即组织管理、规划管理、实施管理、评价管理及人员安全与健康管理五个方面,其中最重要的是规划管理与实施管理。规划管理主要是编制绿色施工方案,内容包括环境保护措施、节材措施、节水措施、节能措施、节地与施工用地保护措施。该方案应在施工组织设计中独立成章,并按有关规定进行审批。实施管理包括对整个施工过程实施动态管理,加强对施工策划、施工准备、材料采购、现场施工、工程验收等各阶段的管理和监督。应结合工程项目的特点,有针对性地对绿色施工做相应的宣传,通过宣传营造绿色施工的氛围。定期对职工进行绿色施工知识培训,增强职工绿色施工意识。

1.3 数字建造(BIM 技术)

1.3.1 数字建造的特征

信息技术的发展在不断改变传统土木工程产业的生产方式,尤其在工程设计与工程建造两个方面。目前,信息技术在工程设计、结构计算、工程施工、设施维护等领域的应用不断深化,提高了建设效率,改善了管理绩效,并形成了"环保、低碳、节能、智慧"的绿色工程综合效果,其趋势是向专业化、集成化和网络化方向发展,由项目级向企业级进军。

(1)专业化

工程项目建设过程涉及合同管理、成本管理和质量管理等各方面。在粗放型生产时代,数字管理的水平很低,软件功能的专业化程度较低,与工程管理的结合度也很低。进入数字建造时代后,各种软件的专业化、互动化、共享化程度不断提高,最终的效果是综合效益好,大数据所形成的各个专业的综合信息可以为工程管理的有效决策提供数据支撑。

(2)集成化

今后,工程管理将进入全寿命管理时代。管理过程涉及业主、设计、监理、施工、政府等各个单位,具有时间长、介入单位多的特点。数字建造可以提供从项目立项、施工到运营、维修、拆除等全过程的一体化信息平台,实现数据集成、数据共享,彻底消除过去信息"碎片化"带来的各种弊端。

(3)网络化

"互联网+"技术(网络技术)可以有效地压缩时空,大量地节省人力物力。工程项目建设进入网络化时代后,可以综合应用项目管理信息系统与专业技术软件,实现全过程的信息化管理。通过建立统一的模型数据标准,可以实现各种信息之间的共享、转换与协同。各种工程管理资料可以自动生成并存储，在场与不在场的人员都可以掌握工程进展与管理的信息，技术资源可以最大化利用，有效克服由"信息孤岛"带来的各种弊端。

1.3.2　数字建造的内涵

所谓数字建造，就是以数字化技术为基础，带动组织形式、建造过程的变革，并最终带来工程建设过程与产品的变革。数字建造会引起工程建造方法与管理模式的改变。从外延上讲，数字建造是以数字信息为代表的新技术、新方法驱动下的工程建设的模式转移，它包括组织形式、管理模式、建造过程等全方位的变迁。数字建造将极大地提高建造的效率，使"环保、低碳、节能、智慧"成为可能。

数字建造的典型代表是 BIM 技术，即建筑信息模型（Building Information Model），它是数字建造技术体系中的一个重要组成部分。Building 代表行业属性，即 BIM 的服务对象是建设行业；Information 是核心，即要创建公路工程的数字化设计、建造的各种相关信息，包括几何信息、物理信息、功能信息、价格信息等；Model 即 BIM 技术的所有信息都以数字的形式创建与存储，具有多维（三维、四维、五维）、数字化、直面对象等特征。基于 BIM 的数字建造技术具有如下特征。

（1）两个过程

在 BIM 技术支持下，建筑工程设计与建造活动包括两个过程，即物理建造过程和产品数字化形成过程。

① 物理建造过程。物理建造过程是用数字技术构筑一个新的存在物，是把工程图纸上的数字产品在特定的场地空间变成实物的过程。同时，在这个过程中将各种材料、设备供应链所提供的"物质"变成特定功用的公路产品。

② 产品数字化形成过程。随着建设项目的不断推进，从初步设计、扩初设计、施工图设计、深化设计到公路施工，再到运营、维护、拆除，在建设项目全寿命周期的不同阶段都有相对应的数字信息不断地增加进来，形成一个完整的建筑数字产品，它承载着建筑产品的设计信息、建造信息、运用维修信息、管理绩效信息等。基于 BIM 的数据技术有效连接了全寿命周期的各个阶段，使工程数字化与工程物质化变成同等重要的一个平行过程。

（2）两个工地

与公路工程建造活动的数字化和物质化相对应，同时存在着数字工地与实体工地两个战场，数字工地与实体工地密不可分。数字工地基于先进的计算、仿真、可视化、信息管理等技术，使得整个建造过程可计算、可控制、可预测。实体工地反映公路施工的真实情况，通过实体工地的实时监控，可将因环境改变而发生各种变化的建造信息传输给"数字工地"信息平台,最终实现两个工地"虚"与"实"的相互驱动、相互反馈、相互管控,从而实现物质流、资金流、信息流的精业组织,使各种效益最大化。

(3)两种关系

在数字建造模式下,可以充分显示"先试"与"后造"、"前台操作"与"后台支持"两种关系。

目前,由于专业分工越来越细,各专业图纸之间相互"碰撞"是常见的问题。如果将这些图纸直接用于施工过程,势必造成因"碰撞"而产生的误工与浪费。在数字建造模式下,可以先试后造,即通过计算机平台的虚拟建造过程发现各工种实际施工过程中可能发生的碰撞与冲突,优化施工顺序。由BIM技术支撑的虚拟建造过程,还可以深化施工过程中的原有设计,大大提高实际建造效率,实现节能、低碳、环保、智慧的综合效益。

数字建造还可以显示前台与后台的交互关系。数字建造的前台操作离不开后台知识的支撑,后台的软件、计算等也离不开前台人力与物力的努力。同时,实际建造过程中发生的实时偏差等,也要通过前台操作反映给后台去处理,后台的处理结果再通过前台向施工现场发出纠偏的指令等。

(4)两个产品

基于BIM的数字建造技术,实施后可以提供两个产品,一个是物化产品,一个是数字产品。数字产品包含显现与隐形两个部分的全部信息,这在物化产品运营、维修甚至报废过程中都起着至关重要的作用。美国国家标准技术研究院将BIM定义为:在3D数字技术的基础上,集成建设工程项目全寿命周期的各个阶段不同信息的数据模型,是对工程建设项目实体与功能特性的数字化表达。

基于BIM技术的数字建造,其核心在于数字化的集成管理。传统建造模式下,由于缺乏统一的信息编码与有效的集成载体,工程项目建造过程中各类信息的交换与交流显得杂乱无章,管理粗放。BIM数字技术,通过工程项目设计、建造过程中信息的收集、管理、交换、更新、存储流程,实现数字建造模式下"数字流"与"物质流"的高水平交互、协同与重组,推动整个工程建造过程走向精业化,最终实现精业管理。

1.4 基于绿色品质的莆炎高速公路三明段项目简介

本项目属莆炎高速公路三明境尤溪中仙至建宁里心段YA11合同段,起讫桩号K168+550～K179+000,路线长度10.450 km,合同总价9.965亿元,合同工期 24 个月。其中,主线大中桥 4766 m/10 座(不含 5 座匝道桥),隧道 1926 m/0.5 座,互通 1 处(匝道 2.39 km),通涵 10 道,路基挖方 260.4 万方、填方 104 万方。

本项目拟按照绿色品质工程建设,其技术路线是:通过产、学、研合作的方式,组建研发团队,对项目中涉及的绿色品质的核心、关键技术组织攻关,力图形成一系列具有一定示范作用的技术成果,如专利、论文、工法等。

为达到上述目的,本项目研发时拟坚持的基本原则是:

(1)符合国家的有关工程建设法律、法规和技术标准、技术准则,符合行业及当地政府的有关规范、标准、规定,符合招标文件和工程合同文件中的相关要求与规定。

(2)按照合同要求和工程条件,优化配置生产要素,充分利用企业及社会现有的设备资源,合理安排施工进度。

(3)掌握国内外相关的施工技术现状,积极采用新技术、新工艺、新材料、新设备,提倡施工机械化、工厂化、整体化、标准化。

(4)从技术、经济、安全、质量、工期、社会效应等方面进行方案比选,按综合最优的方案编制施工组织设计,贯彻绿色施工理念。

(5)贯彻"因地制宜、就地取材、永临结合"的原则,充分利用当地资源,有效利用永久征地,减少临时租地,凡有条件利用的主体工程内容,均优先安排施工和使用。

(6)充分考虑自然灾害、突发事件等因素的影响,对各种自然灾害采取针对性的预警、预防措施,确保工程质量安全、人身安全,精心打造绿色品质工程。

(7)根据项目施工特点、人文地理环境,实行针对性的环境保护和文物保护措施。

(8)大型临时设施是施工组织设计中的重要内容,充分依据《福建省高速公路施工标准化管理指南》的要求进行建设。

(9)确保施工按期完成的原则。优化资源配置,满足施工工期的要求,科学组织施工,合理安排施工进度,应用网络计划技术合理安排各项工程的施工,搞好工序衔接,实行平行作业、流水作业相配合,交叉组织施工,突出重点,兼顾一般,确保工期,均衡生产。按计划工期比建设单位规定的工期略有提前的原则编制施工计划,以此为前提配备劳动力、材料和机械设备。

(10)采用信息化、数字化的手段与方法,加强对施工过程的管理,坚持"信息共享、协同工作"的原则,促使所有参与方协同工作,形成与"绿色品质工程"相适应的绿色施工管理方法。

第 2 章　绿色隧道工程施工技术

"绿色隧道"是指在隧道全寿命周期内,有效节约资源、合理保护环境、减少可控污染,为人们提供畅通、高效、便捷、舒适的出行环境,与自然和城市和谐共生的地下建筑。其发展方向主要包括装配式建造技术、照明节能技术、噪声控制技术、隧道爆破技术、矿山法施工、隧道除尘技术、地热技术、隧道弃渣综合应用技术和通风环保技术等。

2.1　装配式建造技术

2.1.1　基本概念

装配式建造技术是采用工厂标准化生产的预制构件,通过现场拼装形成整体结构的技术,已广泛应用于桥梁、工业与民用建筑等。装配式建筑是指把传统建造方式中的大量现场作业转移到工厂进行,在工厂加工制作好建筑用构件和配件(如楼板、墙板、楼梯、阳台等),再运输到建筑施工现场,通过可靠的连接方式在现场装配安装而成的建筑,如图 2-1 所示。早在 2016 年,国务院就已经决定大力发展装配式建筑,全国已有 30 多个省市出台了装配式建筑的相关措施。

图 2-1　装配式建筑

以福建省为例,2016 年 6 月 30 日,《泉州市推进建筑产业现代化试点实施方案》(以下简称《方案》)正式印发。《方案》要求至 2020 年,装配式建筑占全市新建建筑的 25%以上,重点培育 3~5 家建筑产业现代化龙头企业。作为节能产业,若使用了新材料和新工艺且方案明确,则可以申请专项资金补助,即按项目规定建设期内购置主要生产性设备或技术投资额不超过 5% 的比例给予补助,最高限额为 100 万元。2020 年,泉州、厦门装配式建筑占全市新建建筑的 30% 以上,其中,采用装配式建造技术建造的保障性安居工程达40% 以上。

2.1.2　基本特点

(1)大量的建筑产品由车间生产加工完成,构件种类主要有外墙板、内墙板、叠合板、阳台、空调板、楼梯、预制梁、预制柱等。

(2)现场进行大量的装配作业,现浇作业大大减少。

(3)采用建筑、装修一体化设计、施工,理想状态是装修可与主体施工同步进行。

(4)设计的标准化和管理的信息化。构件越标准,生产效率越高,相应地构件成本就会下降,配合工厂的数字化管理,整个装配式建筑的性价比会越高。

(5)符合绿色建筑的要求。

2.1.3　预制构件材料

预制构件材料主要是铸铁管片和钢管片,钢-混复合材料可通过合理的结构形式将铸铁管片与钢管片有机结合,发挥各自的优越特性。常见的钢-混材料有波纹钢-混凝土、钢管-混凝土等。

钢管片重量轻、强度高,但刚度小、耐锈蚀性差,需进行机械加工以满足防水要求。

2.1.4　预制构件形式

目前,隧道及地下工程的预制结构主要分为全部预制和部分预制,两种形式在国内外各项工程中均有应用。全部预制最常见的类型是成段预制,也包括将城市隧道拱圈分解为若干部分分别预制,最终在施工现场完成拼接的衬砌结构。部分预制是指城市隧道施工过程中部分位置采用预制,而其他位置通过现浇形成组合结构。我国秦岭Ⅰ线隧道、大部分装配式地铁车站以及壳式隧道结构均采用部分预制的结构形式。

2.1.5　装配式衬砌的应用

装配式衬砌是将若干在工厂或现场预制的构件运入坑道内,用机械进行拼装,一经装配,即可承受围岩压力。整体式混凝土衬砌虽然在我国被广泛采用,但是它灌注以后不能立即承受荷载,必须经过一个养护过程,因而施工进度受到一定的限制。随着社会不断地向工业化和机械化方向发展,隧道施工也向工业化和机械化方向改进,于是,随着隧道施工机械化的发展出现了装配式隧道衬砌。

装配式隧道衬砌主要应用于综合管廊、地铁车站和矿山法隧道等,减轻了工人的劳动强度,提高了安全性,有利于保证施工质量和结构耐久性,如图2-2所示。

(a) 综合管廊   (b) 矿山法隧道

图 2-2　综合管廊和矿山法隧道

装配式综合管廊的优点包括:

(1) 施工效率高,成本大大降低。

(2) 波纹钢管涵代替常规的钢筋混凝土地下管廊能有效消除地震、不均匀沉降等原因造成的应力。

(3) 经过有效的防水、防腐、防锈蚀处理后,可大大延长综合管廊的使用寿命。

2.1.6　优势

(1) 社会效益方面:预制构件的工厂化生产大幅减少了现场作业量,从而减少了粉尘和噪声污染,在降低对周围居民不良影响的同时,也最大限度地避免了对环境的破坏。装配式施工不仅改善了劳动环境,也提高了施工现场的安全性。此外,预制构件的定点化、流水线式的生产方式可有效节约资源、减少建筑垃圾和废弃物的排放。

(2) 经济效益方面:装配式建造技术使施工机械化水平提高,降低了劳动成本,加快了建造速度,减少了工期成本。

(3) 质量效益方面:装配式施工不受季节、天气条件的限制,可涉水作业,工程质量受外界环境影响较小。工厂统一标准化的生产方式使得构件在养护条件、制作精度、材料选用及配比等方面都能得到严格控制,产品质量更有保证。

(4) 生态效益方面:装配式建筑与传统建筑相比,在建造过程中的能耗更低,具有显著的生态效益,能有效改善室内空气质量,减少污染排放。

（5）技术效益方面:装配式建筑在建造过程中大量应用各种环保型材料,同时,通过技术上的创新实现了较好的技术效益,在节能节水方面很有成效。

2.1.7　发展中存在的问题

近年来,经过各级政府和各大企业的大力推进,装配式混凝土结构在技术标准、施工方法、施工工艺等方面取得了显著成绩。但与此同时,受各种因素的影响,其发展也遇到一些瓶颈。

1. 政策支持力度不够,顶层设计落后

站在行业发展的角度看,有些政策包括金融、税收等,对装配式建筑的发展并不十分有利。例如,在税收方面,混凝土构件作为预制装配式建筑中最主要的元件,被认定为一种商品,征收 16% 的增值税,比普通建筑工程施工材料 4% 的税额高出很多。同时,装配式建筑具有设计、生产、运输及施工安装各环节的整体协调性特征,不同于传统的现浇结构体系。由于生产工艺流程的差异,在设计、生产、施工、监理等环节,装配式结构体系都产生了移位,从而导致各参与主体的业务范围、责任权限发生了较大变化。现行的政府行政管理制度对设计、生产、运输、施工安装独立管理,缺乏对设计、生产、运输、施工安装一体化经营模式的政策体系设计,客观上阻碍了绿色装配式建筑的发展。

2. 技术标准体系不健全,标准化程度低

作为一种新的建筑模式,无论是设计、生产、运输环节还是施工安装、竣工验收过程,装配式建造技术都缺乏统一的技术标准和操作规程。各参与单位对装配式技术的认识掌握非常有限,缺乏熟练的应用操作技能。虽然部分国有大型开发公司和施工企业对装配式建筑的未来充满信心,但目前绝大多数承包商(如设计、生产、运输、施工安装单位)根本不具备研究、掌握和应用预制装配式建筑技术的能力。与发达国家相比,我国的装配式建筑标准十分缺乏,亟需大力研究完善。

3. 产业不成熟,产业管理不完善

一个完整的预制装配式项目的成功实施,离不开科学的设计、合理的生产、可靠的运输、熟练的施工安装以及完备的后期服务。预制装配式结构全过程整体协调性的特征,客观上要求参与企业具备优越的资金条件、高超的技术研发应用能力以及科学的管理水平,目前,能达到这样要求的单位数量十分有限,仅限于国有大型设计院及开发公司,大多企业产业配套缺乏、相互配合度非常低。受传统建筑生产方式的影响,装配式建筑特有的利益主体早已产生,并形成了固定的利益链。装配式建筑产业链包括前期的研发与设计,中期的生产与运输、施工安装与调试,后期的运营维护,参与单位包括研发单位、建设单位、设计公司、生产厂家、运输企业、施工安装单位等,所有的参与单位和经营活动构成了一条有机的产业链,而现行的装配式建筑市场产业发展不充分,管理不完善,产业链不成熟。

4. 装配式建筑工程成本高,前期投入大

企业在初期没有完全掌握先进技术,没有专业化的人员队伍,缺乏现代化企业管理模式。同时,预制构件加工厂、基地的一次性投资额高,单个构件摊销费用高,这些都导致装配式建筑工程的成本较高。而且,与传统的现浇建筑结构相比,装配式建筑在项目研发、设计、生产制作、运输管理及施工安装等环节协同配合难度较大,一定程度上增加了其成本。据相关资料统计,预制装配式技术比传统结构体系每平方米增加建设成本 600~700 元。

2.2 照明节能技术

2.2.1 概要

公路隧道"绿色照明"是指以提高照明效率、节约电力、保护环境为主要目的的公路隧道照明设计与管理技术。公路隧道照明节能是一项系统工程,需要综合运用各种节能技术,多管齐下,全面推进照明节能工作。

2.2.2 五大环节

1. 科学合理的规划是实现公路隧道照明节能的基础

公路隧道照明系统设置规模与交通量、设计速度等技术指标密切相关。设计速度为 80 km/h 时,理论上公路隧道在大交通量条件下比小交通量条件下多用电 40% 以上。日本东京湾海底隧道曾被做过详细比较,若其他基准参数相同,仅设计速度由 80 km/h 提高至 100 km/h,照明设备费将提高 63%~80%,年运营电耗将提高 66%~82%。因此,公路建设项目工程可行性研究阶段应根据当地经济和社会发展实际情况,科学预测交通量、合理选用设计速度。此外,还应结合公路隧道等级划分、功能用途等因素,科学合理地定位公路隧道建设规模。

2. 精心优秀的设计是实现公路隧道照明节能的核心

事实上,设计方案对公路隧道照明节能影响极大。如果忽视设计的重要性,往往会使照明系统设置规模庞大、电能浪费严重,甚至有可能使公路隧道运营存在安全隐患。即便在公路隧道照明系统投入使用后进行相应的技术改造,也存在投资成本大、维护管理难、能耗高等突出问题。此外,由于新理论、新技术、新设备的不断出现,公路隧道照明系统设计也应与时俱进,将最新的照明节能科研成果应用于工程建设,而不应拘泥于标准规范的限制,阻碍公路隧道照明节能技术的发展和进步。

3. 公开公正的招标是实现公路隧道照明节能的关键

公路隧道照明系统是由供配电设备、光环境检测设备、灯具和光源等组成的,只有选用质高材优的设备,才能构建安全、节能、高效、可靠的公路隧道照明系统。目前市场上充斥了太多打着节能旗号的伪劣产品,因此,必须在工程招标环节严把质量关,引入真正通过国家权威检测部门认证的节能产品,为公路隧道照明系统工程建设达到优良水准奠定基石。

4. 标准合格的施工是实现公路隧道照明节能的保证

在公路隧道照明系统施工过程中,应确保照明灯具安装稳固、位置正确;灯具光带线形与隧道协调、美观、流畅;照明设施的电力线、信号线、接地线的类别、规格、数量、连接等符合要求并标识清楚。只有严格控制公路隧道照明系统施工工艺,公路隧道照明节能减排工作实施才能得到有效保证。

5. 精细规范的运营是实现公路隧道照明节能的重点

先进的公路隧道照明系统离不开精细规范的运营,由于公路隧道运行环境较为恶劣,必须定期对照明灯具、控制设施进行清洁养护,及时更换达到额定使用寿命的光源电器。此外,还应不断提升公路隧道运营管理人员的业务水平,鼓励其勇于创新和实践,不断丰富和完善公路隧道的照明节能措施。

2.2.3 三项措施

1. 技术性节能

技术性节能又称效率节能,是指通过对通风、照明及供配电设施的改造或技术升级,在确保公路隧道运营安全的前提下,有效降低公路隧道单位车公里照明能耗的节能方式。

(1)正确选取光源

光源是隧道节能照明的核心,正确合理地选取电光源是实现绿色照明的关键。近年来,全国各地照明节能改造工作开展得如火如荼,除了较为传统的高压钠灯之外,金属卤化物灯、无极灯(电磁感应灯)、LED 灯(半导体发光二极管)、荧光灯等高效节能照明产品纷纷出现,在各地的照明节能改造中挑起"大梁"。

① 无极灯

【示例】 宁海白桥岭隧道(图 2-3)全长 1100 米,原安装 190 套高压钠灯,已运行了七八年,灯泡老化十分严重,照度衰减。本次节能改造共安装了190 套无极灯,总费用 28.8 万元,相对于原来 26.6 万元的高压钠灯安装费用,总成本增加 2.2 万元。

图 2-3　白桥岭隧道

数据显示,普通高压钠灯测试点平均照度为 6.4 Lux,无极灯平均照度为 12.9 Lux,单位照度有功功率增加率达 71%。即在照度增加 1 倍的情况下,无极灯仍可比原高压钠灯节电 70% 以上。另外,实际电费支出显示,白桥岭隧道 2007 年前 3 个月电费共计 81300 元,2008 年前 3 个月电费共计 56449 元,共计节约电费 24851 元。其中,1 月份同比节电 65.3%,2 月份同比节电 73.8%,3 月份同比节电 73.4%,平均节电 70% 以上。

按照 2007 年电费 15 万元计算,一年节约电费 10.5 万元,可在 3 年内收回成本。总的来说,无极灯虽然成本略高于传统高压钠灯,但节能节电的性能远好于高压钠灯。无极灯是一种电磁感应灯,它有超长的寿命,工作寿命长达 6 万小时,高效节能,拥有高显色性,可呈现物体的自然颜色,无频闪,可保护视力,即开即亮,开关次数可达 20 万次,工作温度范围大,无须预热,在 −40~55 ℃ 范围内均可正常启动和工作,防震、防爆性能好。因为无极灯灯泡内无灯丝和电极,耐震性能好且点灯位置任意,灯泡点燃时表面温度低,因此适合防爆场所。

② LED 灯

近年来 LED(Light Emitting Diode,发光二极管)技术取得了突飞猛进的发展,使 LED 灯作为隧道照明光源成为可能。相比于传统光源,LED 灯作为新型光源具有以下优势:

a. 光效高:效率可以达到 80%~90%。

　b. 能耗小：在同样亮度下，耗电量仅为普通白炽灯的 1/10~1/8。

　c. 寿命长：标准寿命是 10 万小时，而高压钠灯寿命一般为 2 万小时。

　d. 可靠耐用：没有钨丝、玻壳等容易损坏的部件，非正常报废率很低，维护费用低。

　e. 绿色环保：废弃物可回收，没有污染。

　与传统高压钠灯对比，采用 LED 整体照明方案的初始投资增加 38 万元，总体节电率达 70%。以桑洲岭隧道年用电经费 46 万元计算，每年节约电费 32 万元，两年多可收回成本，一年多营运费用就低于高压钠灯；LED 灯(图 2-4)理论寿命为 10 万小时，实际以 5 万小时(约 6 年)计算，预计节约电费共 192 万元。

图 2-4　LED 整体照明

　(2) 应用智能照明控制

　公路隧道照明控制有分级调光控制法和无级调光控制法两种。分级调光控制法照明亮度分级少，易造成电能浪费(即"过度照明"或"无效照明")；无级调光控制法则能响应跟踪照明需求曲线，得到最优的控制效果并达到节能目的，即所谓的"按需照明"。

　(3) 采用高效照明配光

　公路隧道照明配光(图 2-5)有逆光照明、顺光照明和对称照明三种，国外学者的研究表明，公路隧道采用逆光照明有利于行车安全和照明节能。

图 2-5　公路隧道高效照明配光

（4）合理布设照明灯具

公路隧道基本照明灯具有中间单排布灯、两侧对称布灯和两侧交错布灯三种传统的布设方式（图 2-6）。不同的布灯方式，其灯具数量、养护方便程度不同。实验数据表明，中间布置比两侧布置效率高，两侧交错布置比两侧对称布置效率高。工程实践证明，将照明灯具布设在公路隧道一侧，安装高度为 6.3 m，既是一种较高效率的布灯方式，也能较好地解决目前公路隧道照明系统的养护维修难题（需要完全封闭隧道）。

图 2-6　公路隧道基本照明灯具布设方式

（5）使用照明节电设备

智能照明节电设备是应用特殊设计的自耦降压式装置（图 2-7），有功率因数补偿，采用补偿变压器、中央处理器、控制电路、多抽头变压器和静态开关，对电网过欠压进行快速自动补偿，为负载提供稳定、完美的正弦波电压；根据内外部用电条件，对电网中的浪涌、噪声、干扰、功率因数、谐波等进行抑制或优化处理，并根据设定的电压曲线，稳定地供应照明设施所需的工作电压，使系统用电能效达到最佳状态。

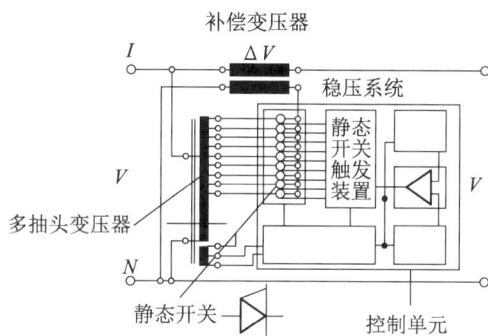

图 2-7　自耦降压式装置

（6）应用新型节能设备

部分短隧道可增设 LED 诱导灯（图 2-8）以控制照明系统的设置规模，不但能节省大量的建设投资费用，还能减少养护费用及电能消耗。LED 诱导灯不仅使得公路隧道的轮廓线更加清晰，而且能极大地缓解驾驶员的心理压力，在满足公路隧道行车安全的前提下，可适当降低公路隧道照明亮度（尤其是夜间）。

图 2-8　LED 诱导灯

（7）照明系统分期实施

公路隧道照明系统必须根据近期、远期交通量设计分期实施方案，做到统筹规划、一次设计、分期实施。以单洞长 4 km 的高速公路隧道为例，采用分期实施方案可较一次性实施方案节省初期投资约 40%，近期、远期运营照明可分别实现总体节能的 51% 和 25%，能够极大程度地节约电能、保护环境。

2. 结构性节能

结构性节能是指提高太阳能、风能等可再生能源在公路隧道照明系统能耗中的比例，调整优化公路隧道照明能源结构的节能方式。

（1）太阳能光伏发电技术

光伏发电是根据光生伏特效应原理，利用太阳能电池将太阳光能直接转化为电能的发电技术。不论是独立使用还是并网发电，光伏发电系统都主要由太阳能电池板（组件）、控制器和逆变器三大部分组成，这三大部分主要由电子元器件构成，不涉及机械部件。所以，光伏发电设备简单、稳定、寿命长、安装维护简便。目前，太阳能交通安全设施在 109 国道东方红隧道中得到成功应用；国内最大的太阳能公路隧道照明系统在河北承德市韩郭公路小梁东隧道投入使用；吉林省建成全国首座公路隧道太阳能智能 LED 照明系统；福建金鸡岭隧道采用 46 kWP 太阳能光伏发电系统，与市电并网为照明系统供电，目前年发电量约 50000 kW·h；山东烟台通世路隧道利用太阳能照明，每年可节约标准煤近 120 t。

（2）太阳能和风能互补发电技术

风力发电与太阳能电池发电组成的联合供电系统叫作风光互补发电系统，由风力发电机、太阳能电池阵列、蓄电池组、充电控制器、逆变器实时、监控系统等组成。风力发电机及太阳能电池发出的电通过控制器贮存在蓄电池中，当负载用于直流电时，通过控制器将直流电直接输送给负载；当负载用于交流电时，则需要经逆变器将直流电转变为交流电再输送给负载。风力发电的原理是利用风力带动风车叶片旋转，利用增速机提升旋转速度，促使发电机发电。风力发电系统按照发电机运行方式分恒速恒频发电和变速恒频发电两种。利用旋风发电装置可大大提高风能可用系数，大幅度降低风能利用中存在的离散性和不可控性，即人为地创造具有恒定风力的发电环境，并且还可有效地使风机基本处于额定风速下输出额定功率。当太阳光照射到太阳能电池板上时，电池吸收光能，产生光生电子—空穴对。在电池的内建电场作用下，光生电子与空穴分离，光电池的两端出现异号电荷的积累，即产生"光生电压"，这就是"光生伏特效应"。太阳能光伏发电系统就是利用太阳能电池半导体材料的光生伏特效应,将太阳光辐射能直接转换为电能的一种新型发电系统。一套基本的太阳能发电系统包括太阳能电池板、太阳能控制器、逆变器和蓄电池。

（3）太阳能光纤照明技术

公路隧道照明节能技术的发展趋势是构建以太阳能光纤照明为代表的节能、高效、安全的绿色照明系统。在美国,连接萨姆勒(Sumner)和卡拉罕(Callahan)的隧道已设计并采用全新的太阳能光纤照明系统。应用光纤传导太阳光进行隧道出、入口段加强照明,可实现加强照明亮度与外界环境亮度同步变化,使得公路隧道照明更加安全、节能、环保。

3. 管理性节能

管理性节能是指从养护管理和运行管理的角度出发,提高用电设施的使用效率,降低用电设施的能耗数量。管理性节能对公路隧道节能减排具有极其重要的引导作用。

（1）加强维护管理,实现运营照明节能。例如,定期对照明灯具、控制设备进行维护以及清洁灯罩,以保证照明灯具有 0.60 以上的维护系数,有效利用光通量。

（2）及时更换达到额定使用寿命的光源电器,以免其在超出额定寿命的低光通、高能耗情况下运行,确保照明质量,避免电能浪费。

（3）制订科学合理的照明控制管理方案。根据公路隧道所在路段的交通量发展趋势、车辆实际运行速度及气候环境特点,建立切实可行的照明系统控制模式,以指导运营照明管理。

2.3　噪声控制技术

2.3.1　背景

隧道属于半密闭空间,声音经过多次反射、叠加后会产生更大的噪声,对驾驶员和维护人员的健康造成危害;隧道内噪声的强烈混响会导致隧道内的广播系统在传达语音信息时出现声音资讯被干扰甚至被屏蔽的现象,从而造成无法估量的人员或财产损失。为解决隧道内噪声对人和车的影响以及隧道外噪声对周边环境的影响问题,应通过研究隧道噪声污染现状和噪声发展规律,提出设计、施工和验收标准。隧道建成后可采取的噪声控制手段有限,且会大大影响隧道的通行。因此,随着城市隧道的发展,在设计阶段进行噪声控制的研究非常有意义。

2.3.2 噪声的预测与实测

有文献根据多座城市隧道的噪声实测与理论研究提出了推荐性噪声预测公式。对于隧道内噪声,当隧道暗埋段长度小于 100 m 时,按道路交通噪声计算;当隧道暗埋段长度大于 100 m 时,按下式计算:

$$L_{eq.tin} = L_{eq.tin1} + \Delta L_1$$

$$\Delta L_1 = 10\lg\left[\frac{7.5}{r} + \frac{148(1-\overline{a})}{c \cdot \overline{a}}\right]$$

式中:$L_{eq.tin}$ 为隧道暗埋段范围最大噪声级,dB(A);$L_{eq.tin1}$ 为隧道暗埋段范围道路交通噪声级,dB(A);ΔL_1 为隧道引起的道路交通噪声级增量,dB(A);r 为隧道行车道中心到隧道行车道外20 cm处的水平距离,m;c 为隧道横断面周长,m;$\overline{a}$ 为平均吸声系数。

2.3.3 降噪技术

在道路交通中,主要通过隔声、低噪声路面和吸声等方式进行降噪。

1. 隔声

隔声是目前主要的降噪手段之一,以目前城市高架桥上应用的各种声屏障为主,声屏障包括纯隔声的反射型声屏障以及吸声与隔声相结合的复合型声屏障,后者是更为有效的隔声方法。复合型声屏障的隔声原理是在声源与接收者之间插入一个设施,使声波传播有一个显著的附加衰减,从而降低接收者所在区域内的噪声。上海新建路隧道采用了全封闭的隔声棚,如图 2-9 所示。根据隔声原理,全封闭隔声棚的效果远远优于一般声屏障,但造价及后期的维护费用较高。

图 2-9 新建路隧道洞口隔声棚

2. 低噪声路面

在低噪声路面研究方面,国内外已经取得了丰富的成果,并已在实际工程中投入使用。北京劲松路的改造工程中采用大孔隙沥青混凝土,经专家测试,与普通沥青路面相比噪声平均降低 4 dB。考虑到隧道内路面比一般道路的温度、湿度变化小,有利于路面的维护,隧道内低噪声路面的研究和应用将存在更为广阔的前景。

现有研究表明,混凝土路面车辆轮胎噪声比沥青路面车辆轮胎噪声大得多,以致水泥混凝土路面在隧道内得不到大规模应用。英国运输研究室对各类型路面的噪声测定结果如表 2-1 所示。

表 2-1　路面试验段对比测定结果

路面形式	声压级代表值/dB(A)	
	轻型车辆	重型车辆
露石混凝土	79.5	86.8
刷毛混凝土	82.1	88.4
热压沥青混凝土	81.7	87.7

目前,降低水泥混凝土路面噪声最具可行性的方法是采用裸露骨料的降噪抗滑表层,其技术措施是对水泥混凝土路面施作与沥青路面相同的表面构造。我国关于低噪声路面的研究较晚,虽然施工企业也都掌握了相关技术,但尚未投入工程应用。随着基建水平的提升和环保要求的日益严格,水泥混凝土路面在噪声敏感地带越来越具有广泛的应用前景。

3. 吸声

在众多减少噪声污染的方法中,利用吸声或消声材料是最基本的降噪手段。吸声材料一直是隧道噪声治理的重要研究方向。南京鼓楼隧道在洞口内 50 m 的范围采用金属穿孔板,敞开段侧墙采用穿孔铝板,取得了较好的降噪效果。随着对城市隧道降噪要求的提高,近年来吸声式搪瓷钢板、吸声砂岩板(图 2-10)等一些新型吸声材料逐渐投入使用。多孔性吸声材料在工程上应用广泛,其吸声系数与频率成正相关,对低频噪声的吸声效果较差,对高频噪声的吸声效果相对较好,并且存在一个吸声系数的峰值,峰值在哪个频率取决于吸声材料的孔径、厚度等因素。几种常用吸声材料的吸声特性如图 2-11 所示。

图 2-10　某隧道采用的吸声砂岩板

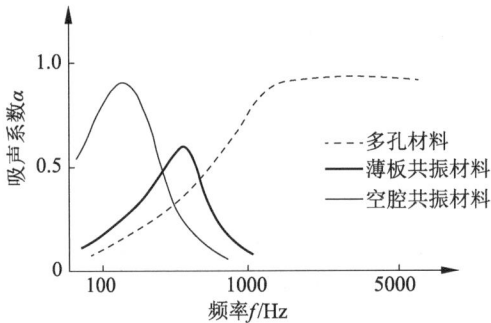

图 2-11　常用吸声材料的吸声特性

公路隧道内吸声降噪与城市通道降噪原理是一致的,区别在于选择的吸声材料不同。城市轨道交通和铁路隧道内的噪声频率以高频成分居多,而公路隧道内噪声频率处于中低频范围内,选择吸声材料时要考虑其吸收中低频声音的吸声系数,并适当加宽吸声频带。提高吸声系数常用的材料及结构方案有以下两种。

（1）采用膨胀珍珠岩吸声板

膨胀珍珠岩吸声板具有吸声、不变形、质轻、防腐蚀、防火、防潮、不霉变、价格低廉、易安装维护等特点。作为一种多孔性吸声材料,其板内具有互不连通的微孔结构,以此达到吸声的目的。吸声板内部结构的饰面、压孔、压花都具有在嘈杂环境中吸收高、中、低频噪声的作用,可以降低洞内噪声,控制和调整混响时间,消除回声,是公路隧道内壁面和顶面吸声的理想材料。

（2）金属吸声板与多孔吸声材料组合

建筑吸声材料中,金属吸声板是以不锈钢板、防锈铝板、电化铝板、镀锌铁板等为基材,经特殊加工处理,制成不同穿孔率金属板来消除噪声的一类材料。这类材料的特点是防火、材质轻、防潮、强度高、耐高温高压、造型美观、色泽高雅、立体感强、组装方便、装饰效果好,能够满足公路隧道内吸声材料的要求。

2.4　隧道爆破技术

2.4.1　基本概念

爆破技术作为综合有限破坏与高效开发的掘进开发手段,已经运用成熟。其主要原理为利用亚硝酸盐等化学物质产生聚类反应并集聚释放,在有限空间内展开破坏以达到预期施工目的。其中,炸药为重要工作载体,当前常用的工作方式是炸药配合起爆雷管在相应钻孔中提前进行部署,并在相对应雷管起爆设备的引导触发下爆炸,得到高温高压气体,在能量守恒的前提下达到破坏、击碎工作面的目的。

隧道爆破的原则是:先做出设计,在掌子面上布置炮眼,根据设计的炮眼深度和方向钻眼,然后根据设计装药量及起爆顺序将炸药与不同级别的雷管装入炮眼,做好安全防护工作后,连接回路并起爆。按照爆破顺序,最初的几个炮眼要形成一个槽腔,破岩深度取决于掏槽效果。成功的隧道爆破应该是达到预定的进尺,掌子面较平整,岩渣块度适宜装运,轮廓壁面平顺,超欠挖在预定的范围之内,围岩稳定。

2.4.2　主要名词

隧道爆破技术中的主要名词及解释如表 2-2 所示。

表 2-2　爆破技术主要名词及解释

常用名词	解释
掏槽	在开挖面的中部,钻一定数量的眼,并且超量装药以破碎抛掷岩石,先形成一个槽腔,增加自由面,为其他炮眼的爆破增加条件
循环进尺	一次开挖爆破的隧道进尺
炮眼间距	同一并排、同段号爆破两相邻炮眼的中心距离
抵抗线	通常将药包中心或重心到最近自由面的最短距离称为最小抵抗线,一般用 W 表示。最小抵抗线是爆破时岩石阻力最小的方向,在这个方向上岩石运动速度最高,爆破作用也最集中。因而,最小抵抗线是爆破作用的主导方向,也是抛掷作用的主导方向
炸药单耗	爆破 1 m^3 岩石所需要的炸药量
炮眼利用率	实际循环进尺与炮眼深度之比

常用名词	解释
掏槽眼	开挖断面中部最先起爆的炮眼,为其他炮眼爆破创造条件。掏槽眼深度应比爆破挖掘预计工作面向前推进距离的设计深度大 150~200 mm,其装药量比辅助眼多 15%~20%
辅助眼	用来进一步扩大掏槽眼爆破形成自由面
周边眼	使爆破巷道断面、形状和方向符合设计要求
崩落眼	用以破碎岩石
周边眼	控制断面形状、大小和轮廓,使之符合设计要求。按位置分为顶眼、邦眼和底眼
敏感度	炸药在外能作用下起爆的难易程度,简称感度
爆力	炸药爆炸后在介质内部对介质整体产生的压缩、破坏和抛移,其大小主要取决于炸药爆炸时生成气体量和热量的多少,也是表示炸药爆炸做功的一个指标
猛度	炸药爆炸后对与其接触的物体造成破碎的能力。炸药的猛度大小与炸药爆炸时能量是否集中释放出来有关,影响炸药猛度的主要因素是爆速
爆速	爆轰波在炸药中稳定传播的速度,是衡量炸药爆炸性能的主要标准。爆炸火焰或其化学反应在药注内的传递速度称为爆速,依炸药成分不同而不同

2.4.3 爆破器材及起爆方法

起爆方法有非电起爆与电雷管起爆两类,非电起爆又包括火雷管起爆、导火索起爆、塑料导爆管起爆等,目前常用的是火雷管起爆及电雷管起爆。导火索起爆具有电爆法及其他非电起爆法的优点,但因成本较高而未能广泛使用。常用的爆破器材有火雷管、导火索、电雷管、塑料导爆管。

一般起爆顺序为掏槽眼—辅助眼—底眼,隧道剖面结构如图 2-12 所示。

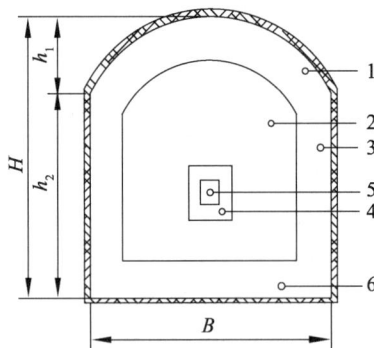

1—顶眼;2—崩落眼;3—邦眼;4—掏槽眼;

5—辅助眼;6—底眼;H—巷道高;B—巷道宽;h_1—拱高;h_2—壁高

图 2-12 隧道剖面结构图

（1）火雷管起爆法：主要用火源点燃导火索，用导火索传导火焰，直接喷射于火雷管的正起爆药上使火雷管起爆，使炸药发生爆炸。

（2）导火索起爆法：所需器材包括雷管、主导爆索、炮眼导爆索。起爆原理是用雷管首先引爆主导爆索，然后引爆炮眼导爆索，引起炸药爆炸。

（3）电雷管起爆法：所需器材有起爆电源、导线、电雷管。其原理是利用电能先引起电雷管的爆炸，再引爆工业炸药。电雷管分为瞬发电雷管和延期电雷管，后者又分为秒延期电雷管和毫秒延期电雷管。

（4）塑料导爆管起爆法：所需器材包括击发元件、传爆元件、起爆元件、连接元件。起爆原理是导爆管与不同特性的雷管通过适当的连接件组合成导爆管雷管，导爆管受到一定强度的外界冲击即可被起爆。该方法的优点是抗杂电、操作简单、使用安全可靠、成本较低等。

2.4.4 爆破参数设计

爆破技术常用的参数包括炮眼数量、炮眼装药量、炮眼深度和单位炸药消耗量等。

（1）炮眼数量 N

$$N = \frac{qS}{\gamma \eta}$$

式中：q 为开挖 1 m^3 的炸药消耗量，kg/m^3；S 为开挖面积，m^2；η 为炮眼装药系数，即装药深度与炮眼深度的比值；γ 为每米长度炸药的重量，kg/m。

（2）炮眼装药量 Q

$$Q = \eta l \gamma$$

式中：η 为炮眼装药系数；l 为炮眼深度，m；γ 为每米长度炸药的重量，kg/m。

（3）炮眼深度 l

炮眼深度指炮眼眼底至临空面的垂直距离。炮眼深度小于 2.0 m 时为浅眼，2.0～3.5 m 时为中深眼，大于 3.5 m 时为深眼。

$$l = \frac{L}{Nn\eta_1\eta_2}$$

式中：L 为月或日计划进尺，m；N 为每月用于掘进作业的天数，按日进度计算时 $N=1$；n 为每日完成的掘进循环数；η_1 为炮眼利用率，0.85～0.90；η_2 为正规循环率，0.85～0.90，按日进度计算时 $\eta_2=1$。

（4）炸药单耗 q

炸药单耗指爆破 1 m^3 原岩所需的炸药量，它与许多因素有关，如炸药性质、岩石性质、断面大小、临空面多少、炮眼直径与深度等。

$$q = 1.1K\sqrt{f/S}$$

式中:f 为岩石坚固性系数;S 为巷道掘进断面面积,m^2;K 为考虑炸药爆力的修正系数,$K=525/P$,其中 P 为所选用炸药的爆力,mL。

2.4.5 施工工艺

1. 聚能水压爆破

聚能水压爆破的基本原理:在线性炸药罩上爆炸产物产生聚能作用,爆炸产物的势能通过对称的药型罩转化成粒子射流动能,虽然 PVC 塑料射流没有金属铜射流速度高,也没有其切割能力强,但 PVC 射流足以在岩石上切割出裂缝,PVC 聚能管还能多产生 60% 以上的爆破气体,在炮孔内高压爆破气体准应力及气体气刃作用下,使得聚能角中心线方向上的岩石被撑开、拉断,相邻炮孔切线上形成贯通缝隙。

聚能水压爆破工艺流程与普通爆破基本相同,其区别在于聚能水压爆破需要事先加工好爆破所需的炮泥及水砂袋,并在装药时先按设计的装药结构分次序装入水砂袋和炸药,再用炮泥堵塞,如图 2-13 所示。

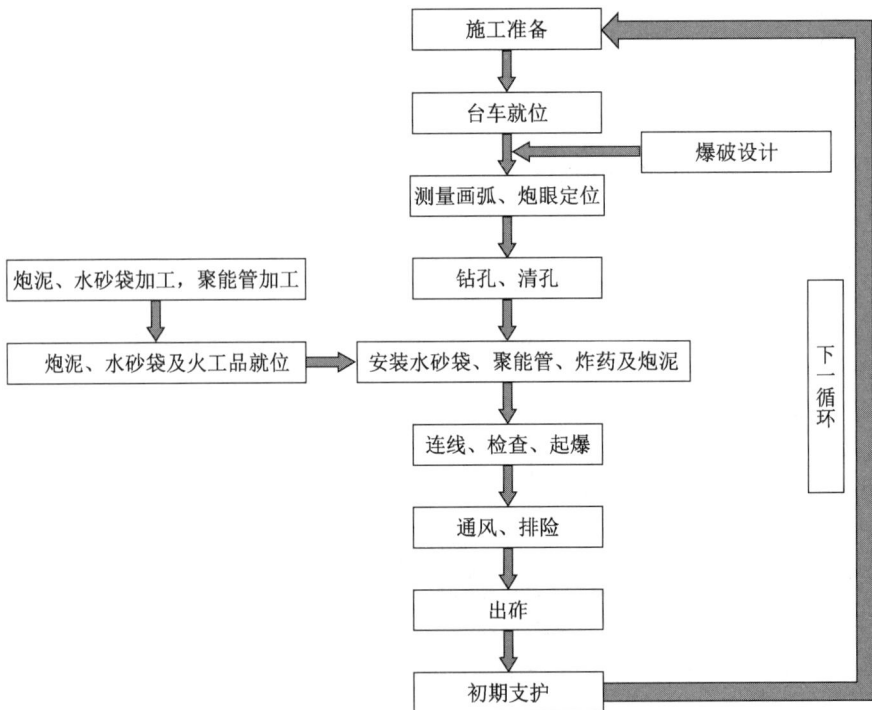

图 2-13　聚能水压爆破施工工艺流程

（1）水砂袋制作

水砂袋制作时,装 2/3 的砂和 1/3 的水。

（2）聚能管制作

① 把半壁管摆放在工作平台上。

② 沿药卷纵向切开包装皮，将两药卷沿纵向切面合并装入注药枪中，拧紧旋转盖。

③ 注药枪尾部软管与空压机连接，压力到 0.2 MPa 时，手握注药枪，沿半壁管从头至尾移动，炸药就从枪咀连续不断地注入半壁管中。

④ 在注好炸药的一片半壁管中放置一根传爆线（俗称红线，比半壁管长 10 cm），然后与另一片注好炸药的半壁管合并、相扣在一起，用电工胶带缠绕固定。

⑤ 在聚能管装置两端套上定位圈，前端为圆形，后端为方形。

（3）装药与起爆

① 装药

辅助眼：首先往炮眼最底部装填一袋水砂袋，必须把水砂袋捅到底。然后装填药卷，药卷数量要比常规爆破少 1 卷，药卷必须与最底部水砂袋靠紧。再用 PVC 管测量炮眼的剩余深度，其深度的 1/2 为装填水砂袋的累计长度。例如，剩余深度为 1.2 m，其 1/2 为 0.6 m，那么往炮眼装填 3 个水砂袋即可。如果剩余深度的 1/2 达 3.5 m，则装填 4 个水砂袋，小于 3.5 m 装填 3 个水砂袋。最后用炮泥捣固直至炮眼口。

掏槽眼：装药顺序与辅助眼装药顺序一致，只是药卷的数量少 2 卷。

周边眼：先在炮眼底部装入 1 个水砂袋，再装入 1 卷药卷，然后间隔 60～70 cm 装入半节药卷，距炮眼口 80 cm 时停止装药，最后装入 2 个水砂袋和 2 节炮泥封口。

注意事项：装药过程中，使用 PVC 管向炮眼内送药及水砂袋时，PVC 管头部需用胶布包裹，防止送药过程中将水砂袋破坏。

② 起爆

起爆网络采取孔内延期微差、孔外簇联的方式，各引爆雷管之间采取并联的方式，以保证起爆网络的可靠性和准确性。联结时应注意导爆索的连接方向和连接点的牢固性，导爆管不能打结和拉细，引爆雷管用黑胶布紧紧包扎在距离一簇导爆管自由端 10 cm 以上处。网络联好后，要有专人负责检查，确认无误后，方可起爆。

起爆时，从掏槽眼开始，一层一层地向外进行，最后是周边眼、底板眼。起爆前应按要求做好各项安全防护措施。

掏槽眼的角度：打掏槽眼时，钻杆与掌子面的夹角必须控制在60°以内，否则掏槽效果不好，易影响爆破进尺。

聚能管的安装：聚能管安装时，聚能凹槽必须要对着隧道断面的圆心，保证凹槽与该炮眼处的切线是垂直的，这样才能将聚能管的爆破效果发挥到最佳。

操作人员需培训后上岗，操作间应选在偏僻的位置，单独设置，专人使用，并配备防静电措施，药卷包装皮须集中收集、处理。

聚能管制作完成后，起爆雷管不得在操作间安装，应运送至作业面，待装填时再安装。

2. 光面爆破技术

光面爆破利用岩石的抗拉强度远低于其抗压强度这一特征开展科学布孔，通过选择适宜的参数、把控装药的分量、按照次序进行起爆等工序，达到隧道洞室表层更光滑、围岩扰动破坏力减弱、超欠挖数值减小的目的。隧道光面爆破技术的实质是控制爆破，它参考地铁隧道断面的设计构思，在周围区域布置合理数量的爆破孔。

（1）爆破设计

爆破的成功与否取决于切口的形式，切口的形式也影响开挖周期的长短，掏槽是否达到标准与施工的地质情况、深度大小、形式，炸药的类型，装药数量以及起爆顺序等相关。掏槽形式往往是由开挖断面的大小与深度情况、施工地质情况、机具设备与器材条件、技术水平等因素决定的。当然，采取哪种掏槽形式，如何确定光面爆破主要参数，需慎重考虑。应在了解施工前情况、切割作业的优缺点和施工队伍爆破水平的基础上，深入研究切割形式对爆破效果的影响，选择合适的楔形切割。

（2）周边炮眼设计

周边炮眼又称光面眼，它沿设计开挖轮廓线布置，普遍用3%～5%的斜率进行外插，并且需要依据不同的炮眼深度微调斜率角度，以确保眼底不会超过开挖断面轮廓线的10 m处。当开挖面不够整齐时，应当按照现场施工情况来调整炮眼的深度与装药的数量，尽可能地要求全部炮眼的眼底处于同一垂直面上。需要注意的是，周边炮眼应全部用炮泥堵塞住，堵塞的长度应不超过20 cm，以一次同时起爆最佳，炮孔数量则由现场情况决定。

（3）爆破施工

钻眼爆破作业必须严格按照爆破设计的方案进行。在钻眼工作之前，应

当给出开挖断面中线,并采用五寸台阶尺寸法确定开挖的轮廓线,依据钻爆设计的方案标注炮眼的最佳位置。钻眼应当符合以下条件:

① 选择湿式钻孔法,工作人员钻孔之前须将施工的地面清理干净。

② 插座的深度和角度应根据设计来构造,眼口与眼底之间的距离应不超过 5 cm。

③ 辅助眼的深度和角度应根据设计方案来构造,孔间距与排距之间的误差应不超过 10 cm。

④ 周边孔的开口位置位于岩石剖面的轮廓线上,距离误差可达 5 cm 左右。外斜率应不大于孔深的 3%~5%。眼底应不超出挖掘断面轮廓线 10 cm。

⑤ 外周眼对内圈的间隔误差不能超过 5 cm。

（4）装药

在装药之前,施工人员应将炮眼内的泥浆与石粉吹洗干净,经专业人员检查后才可装药,并控制装药数量。具体要求如下:

① 禁止使用不满足产品合格标准与质量要求的爆破材料。

② 周边孔可采用小装药体积的连续装药结构、间隔装药结构和爆轰线圈速度装药结构。

③ 控制单段最大装药量,根据爆破速度调整装药量。

④ 围岩的硬度较软时,除周边炮眼外,还应该严格控制相邻周边炮眼内圈的药量大小。

⑤ 在完成装药工作后,炮眼的堵塞长度不可低于 20 cm,在进行预裂爆破时应该从药包的顶端堵塞,不能仅仅堵塞眼口。

2.5　矿山法

矿山法施工也称喷锚暗挖法施工,是通过地下坑道开挖的作业形式实现隧道构建施工的一种传统施工方法。矿山法施工的基本技术原理是隧道开挖以后在爆破的影响下,使隧道的岩体出现破裂,隧道岩体整体呈现松弛状态,根据松弛荷载理念基础,通过锚支护的方式,对隧道岩体按照顺序采取分割式开挖。矿山法施工的优点是占用施工场地小,对周边环境影响小,技术成熟,质量易保证,施工灵活,不受平面曲线限制;缺点是施工速度较慢。

按衬砌施工顺序,矿山法可分为先拱后墙法与先墙后拱法两大类,后者又可按分布情况细分为漏斗棚架法、台阶法、全断面法。

2.5.1　先拱后墙法

在稳定性较差的松软岩层中,为了施工安全,先开挖拱部断面并砌筑顶拱以支护顶部围岩,然后在顶拱的保护下开挖下部断面并砌筑边墙。在开挖边墙部分的岩层之前,必须将顶拱支承好;开挖两侧边墙部分的岩层时(俗称"挖马口"),左右交错,分段进行,以免顶拱悬空而下沉。施工时,须开挖上下两个导坑,开挖上部断面时产生的大量石碴可通过上下导坑之间的一系列漏碴孔装车后从下导坑运出,既提高出碴效率,又减少施工干扰。当隧道长度较短、岩层干燥时,可只设上导坑。在此场合,为避免运输和施工的干扰,可将上半断面完全修筑完毕后再进行下半断面的施工。本方法适用于松软岩层,其抗压强度应能承受拱座处较高的支承应力;也适用于坚硬岩层中跨度或高度较大的洞室施工,以简化修筑顶拱时的拱架和灌筑混凝土作业。

2.5.2 漏斗棚架法

漏斗棚架法也称下导坑先墙后拱法,适用于较坚硬、稳定的岩层。施工时,先开挖下导坑,在导坑上方由下向上做反台阶式的扩大开挖,直至拱顶;然后在两侧由上向下做正台阶式的扩大开挖,直至边墙底;全断面完全开挖后,再由边墙到拱顶修筑衬砌。此方法在下导坑中设立的漏斗棚架是用木料架设的临时结构。横梁上铺设轻便钢轨,在下导坑运输线路上方留出纵向缺口,其上铺横木,相隔一定间距,留出漏斗口供漏碴用。在向上做扩大开挖时,棚架作为工作平台,漏碴经漏斗口卸入下面的斗车运出洞外。这种装碴方式可减轻劳动强度,下导坑的宽度一般由双线斗车运输决定,由于宽度较大,在棚架横梁下可增设中间立柱作临时加固。设立棚架区段的长度由安装碴的各扩大开挖部分的延长加上一定余量决定。

2.5.3 台阶法

台阶法适合Ⅲ级、Ⅳ级、Ⅴ级围岩,根据台阶长度的不同可分为超短台阶法、短台阶法和长台阶法三种。超短台阶法由于台阶间的间隔较短,初支的闭合能很快完成,开挖面的稳定性就得到了一定的保障,但上下级台阶间的干扰则没法及时解决。短台阶法压缩了封闭的时间,从而也使得开挖面稳定,但是干扰仍然存在,其工艺流程如图 2-14 所示。长台阶法解决了台阶间的干扰问题,方法简单,但稳定性相对降低。

台阶法施工时遵循"管超前,严注浆;短进尺,弱爆破,强支护;快封闭,勤量测"的原则。主要施工步骤:进行打设超前支护小导管及注浆;开挖,进尺一榀钢支撑间距;初喷混凝土,挂钢筋网,架立钢支撑,喷混凝土;初期支护背后注浆;铺设防水层;架立二衬钢筋;进行二次衬砌;衬砌背后注浆。

施工准备

超前地质预报

爆破设计

上、下台阶测量放线

上台阶钻眼　　　　下台阶钻眼

装药爆破

通风

出喷后出渣

按规定处理并反馈信息

上台阶检查和爆破效果评价

下台阶检查和爆破效果评价

差　　　　良好　　　　良好　　　　差

上台阶初期支护　　　　下台阶初期支护

监控测量

下一循环施工

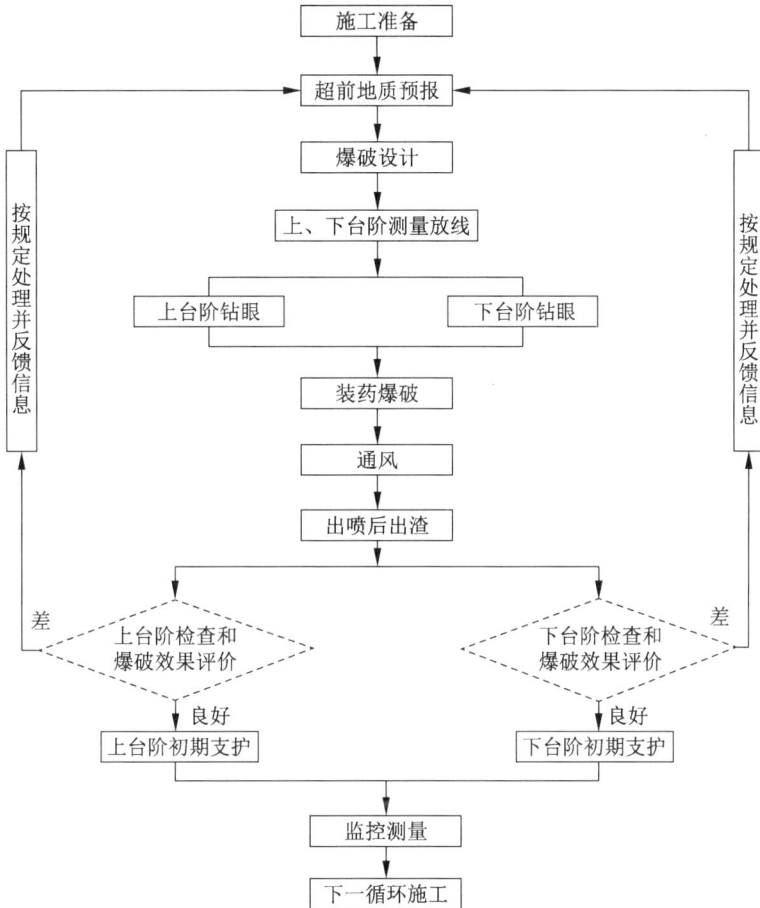

图 2-14　短台阶法施工工艺流程

2.5.4　全断面法

全断面法是将整个断面一次性挖出的施工方法。全断面法适合 I 级、II 级围岩,适用于较好岩层中的中、小型断面隧道,其施工工艺流程如图 2-15 所示。此方法能使用大型机械,如凿岩台车、大型装碴机、槽式列车或梭式矿车、模板台车和混凝土灌筑设备等。全断面法的开挖方式主要分为新奥地利全断面开挖法、护板全断面开挖法、掘进机护板全断面开挖法三种。全断面法的优点是施工工序较少,施工工程间的相互干扰不大,有利于施工期间的管理与监督;施工作业面大,采用配套的机械后,施工实行机械化,减少了人工成本,大大提高了施工效率和质量。缺点是由于全断面的开挖,周围基岩的稳定度受到了极大的影响。

```
                    ┌──────────────┐
                    │   施工准备    │
                    └──────┬───────┘
              ┌────────────▼───────┐
         ┌───▶│   超前地质预报     │
         │    └──────┬─────────────┘
         │    ┌──────▼───────┐
     ┌───┴─┐  │   爆破设计    │
     │按   │  └──────┬───────┘
     │规   │  ┌──────▼───────┐
     │定   │  │   测量放线    │
     │处   │  └──────┬───────┘
     │理   │  ┌──────▼───────┐
     │并   │  │    钻眼      │
     │反   │  └──────┬───────┘
     │馈   │  ┌──────▼───────┐
     │信   │  │    装药      │
     │息   │  └──────┬───────┘
     │     │  ┌──────▼───────┐
     │     │  │    爆破      │
     │     │  └──────┬───────┘
     │     │  ┌──────▼───────┐
     │     │  │    通风      │
     │     │  └──────┬───────┘
     │     │  ┌──────▼───────┐
     │     │  │  出喷混凝土   │
     │     │  └──────┬───────┘
     │     │  ┌──────▼───────┐
     │     │  │   装碴运输    │
     │     │  └──────┬───────┘
     │  差 │      ╱─────▼─────╲
     │◀────┼─────⟨ 下台阶检查和 ⟩
     └─────┘      ╲爆破效果评价╱
                      └──┬──┘
                  ┌──────▼───────┐
                  │  完成初期支护  │
                  └──────┬───────┘
                  ┌──────▼───────┐
                  │   监控测量    │
                  └──────┬───────┘
                  ┌──────▼───────┐
                  │  下一循环施工  │
                  └──────────────┘
```

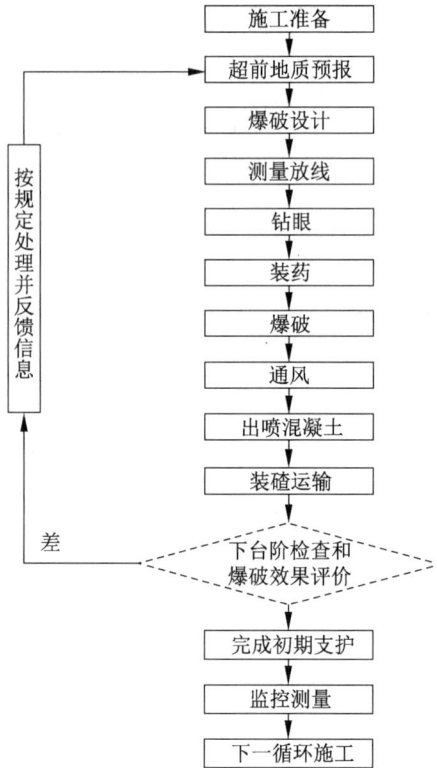

图 2-15　全断面法施工工艺流程

2.6　隧道除尘

2.6.1　隧道粉尘的来源

隧道施工过程中产生的粉尘主要分为原始粉尘和工艺产尘。原始粉尘在隧道施工之前就已经产生,存在于岩体的层理、节理和裂隙之中;工艺产尘是在隧道施工钻孔、装运出碴、喷锚支护、灌注衬砌、喷射混凝土等工序以及机械车辆工作中产生的粉尘。粉尘产生的根源有很多,钻孔凿岩过程中产生的粉尘是隧道施工过程中粉尘的主要来源,而钻孔凿岩是目前进行公路隧道施工的主要方法;爆破产生的粉尘产生于岩壁开发的过程中;弃渣装运以及喷射混凝土产生的粉尘也是现在隧道施工中比较常见的粉尘。

2.6.2　隧道粉尘的危害

在隧道施工中,粉尘的危害主要有以下几个方面:

(1)隧道中有限空间内的空气被污染,会危害施工人员的身体健康,引起职业病,且长期吸入粉尘后,轻者会患呼吸道炎症、皮肤病,重者会患尘肺病。

（2）大量粉尘会降低隧道有限作业空间内的能见度,增加工伤事故发生的可能性。

（3）加速机械磨损,缩短机械设备和精密仪器的使用寿命,且随着机械化、电气化、自动化程度的提高,粉尘对设备性能及其使用寿命的影响将会越来越突出,还会加大电磁波的衰减,影响地铁隧道施工。

2.6.3　隧道除尘的标准

粉尘浓度是指单位体积空气中所含粉尘的质量或颗粒数,其表示方法有质量法和数量法两种,一般采用质量浓度,单位为 mg/m^2。粉尘浓度越高,危害性越大。GB 3095—2012《环境空气质量标准》规定了粒径 $\leqslant 10~\mu m$ 的颗粒物的浓度极限（24 h 平均值）：一级为 50 $\mu g/m^2$（即 0.05 mg/m^2）,二级为 150 $\mu g/m^2$（即 0.15 mg/m^2）。粉尘浓度测试通常采用 LD-5C（B）微电脑激光粉尘仪。

对于隧道粉尘浓度,相关行业规范的规定如下：

（1）施工环境隧道粉尘浓度。TB 10304—2009《铁路隧道工程施工安全技术规程》规定,隧道施工环境粉尘容许浓度为：每立方米空气中含有 10% 以下游离二氧化硅的粉尘不得大于 4 mg。

（2）运营环境隧道粉尘浓度。TB 10003—2005《铁路隧道设计规范》规定,铁路运营隧道内空气卫生标准粉尘容许浓度为：每立方米空气中含有 10% 以下游离二氧化硅的粉尘不得大于 10 mg。TB 10068—2010《铁路隧道运营通风设计规范》规定,铁路运营隧道内空气卫生标准粉尘容许浓度为：每立方米空气中含有 10% 以下游离二氧化硅的粉尘不得大于 8 mg。

目前,高速铁路发展较快,针对联调联试及运营期,尚未有相应标准。

2.6.4　常用的除尘技术

1. 水压爆破技术

隧道水压聚能爆破技术是指在特制的塑料袋内注入定量水,装药时将水袋置于炮孔底部及炸药上部,在炸药的爆炸作用下,使水袋中的水形成高压水,作用于周围围岩。爆破时,炸药引爆后在隧道内产生高温高压环境,水袋中的水蒸发成为水蒸气或散落在空气中成为小水珠,吸附空气中的粉尘,从而起到降低隧道内施工期粉尘浓度的作用。这种方法适用于爆破期粉尘的控制。

2. 岩层注水技术

岩层注水技术是指将具备高压力的浓缩水压入岩石体内部,使浓缩水沿着岩石体的纹路或缝隙渗入岩石体的内部,并进一步向四周扩散,预先湿润岩石体内部来增强岩石体的弹塑性,使岩石体颗粒失去飞扬的能力。其技术原理是,在爆破开始前,为增加特长隧道斜井工作面岩石体的水分,利用钻孔技术向工作面的岩层内注入一定量的压力水,从而实现最佳的除尘控制效果,该技术一般能将隧道内粉尘的浓度降低约40%。这种方法适用于爆破期粉尘的控制。

3. 水雾降尘技术

常规的隧道施工降尘技术使用普通喷嘴进行水雾降尘,但其降尘效率低,达不到保护隧道施工人员身体健康、优化作业环境的目的。为提高降尘效率,主要对喷嘴进行了改进,包括压力喷嘴、气动喷嘴、静电雾化喷嘴等。我国煤炭科学研究总院(简称"煤科总院")研制的高压喷雾系统的降尘效率在85%以上,随后煤科总院又和山东兖州矿业集团共同研制了一种高压外喷雾系统,其喷雾降尘效率在90%以上。在此基础上煤科总院又开发了能够自动检测巷道粉尘浓度的智能控制喷雾降尘系统和消烟降尘系统,这两种系统反应速度快,能够精确控制水量,在提高降尘效率的同时,也提高了自动化程度。

4. 通风排尘技术

通风排尘不仅是通风、降温、排烟和提供氧气的主要措施,也是稀释并排除有害气体和降低粉尘浓度的主要措施。通风排尘主要是通过稀释通风和置换通风两种方式来降低粉尘浓度,是由运行的通风设备将新鲜的空气源源不断地输送至隧道内,使隧道内的粉尘浓度得以稀释并通过空气的流动将粉尘带出洞外。施工过程中隧道通风方式又分为自然通风和机械通风,目前在我国隧道施工中使用较多的是机械通风除尘技术。常用的机械通风除尘方式有以下三种。

(1)压入式

压入式的优点是成本低,质量轻,便于运输,安全性好;缺点是中途作业环境恶化时,隧道全长会被污染。以排除有害气体为主的隧道,应采用压入式通风除尘。

(2)抽出式

抽出式的优点是施工巷道空气清新,劳动环境好;缺点是有效吸程较短,风筒吸入口距工作面较远时,通风效果差。以排除粉尘为主的隧道,宜采用抽出式通风除尘。

(3)混合式

混合式集中了压入式和抽出式的优点,通风和防尘系统是相互独立的,通风效果好,特别适用于大断面、长距离岩巷掘进工作面的供风;缺点是降低了巷道内压入式和抽出式两列风筒重叠段的风量,造成该段粉尘积存较多,通风设备数量增加,管理难度增大。具体应用取决于开挖工作面空气中污染物的空间分布和相关机械的位置,风机之间的风量要合理匹配,以免出现循环风等问题,应使风筒重叠段内的风速大于最低风速。

5. 静电除尘技术

静电除尘技术是一种利用电场产生的电场力使尘粒荷电分离的技术。静电除尘技术在隧道中的使用目的有两个:一是提高隧道内的能见度;二是改善隧道内的空气质量。

静电除尘利用静电除尘器(ESP)进行。ESP 由放电极和集尘极构成,在放电极和接地平板之间加入直流高压电,发生电晕放电使空气电离,产生的正离子向放电极移动;当含尘空气经过 ESP 时,大部分经过电晕区之外的区域(电晕外区)获得负电荷,沉积在集尘极上。根据 ESP 集尘极上灰尘量的多少,电控设备向 ESP 控制盘发出指令,控制各附属设备的运行。

除尘过程可分为四步,其流程图如图 2-16 所示。含尘空气经过滤网滤除较大颗粒物,进入电离区与负离子结合形成带负电的颗粒物,在两板间电场力的作用下,带负电的颗粒物向集尘板运动,灰尘在集尘板上积累到一定数量后会影响除尘效率,这时要对集尘板定期振打除灰。

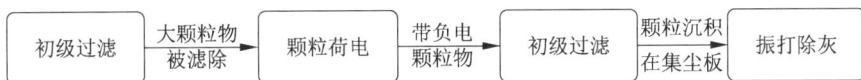

图 2-16 ESP 除尘流程图

2.7 地热技术

地热能是一种绿色、环保的可再生清洁能源,集热能和水于一体,能源转化率高,具有储量大、分布广、稳定可靠的特点。随着我国环保压力的增大,煤炭消费比重持续下降,能源清洁化步伐不断加快。2017 年 1 月,我国发布了《地热能开发利用"十三五"规划》,大力推动地热能开发利用。目前,地热能开发主要包括浅层地热(地源热泵)、常规水热型地热和十热岩型地热,近年发展起来的中深层地热能同心管式换热技术是一种"只取热、不取水"的绿色开发方式,同时弥补了浅层地热(地源热泵)和水热型地热的不足。

地源热泵利用了岩土介质温度相对大气变化较为稳定这一特点,通过提取岩土介质中的能量达到供暖或制冷的目的。地源能量属于清洁可再生能源,具有高效、节能、环保的特点,可有效缓解我国能源紧张的现状,符合国家提出的建设节约型社会的政策。

2.7.1　地源热泵系统简介

地源热泵利用热力学卡诺循环原理,通过深埋于建筑物周围的管路系统来提取自然界中的能量。该系统以岩土体、地下水或地表水为低温热源,由水源热泵机组、地热能交换系统、建筑物内系统组成供热空调系统,如图2-17所示。根据地热能交换系统形式的不同,地源热泵系统分为地埋管地源热泵系统、地下水地源热泵系统和地表水地源热泵系统。已有的资料表明,我国每年使用的地源热泵系统项目已超过2000个,建筑面积近8000万平方米。预计到2020年底,全国利用地源热泵供暖和制冷的面积将达到2亿平方米,到2030年预计为4亿平方米,到2050年将达到10亿平方米。

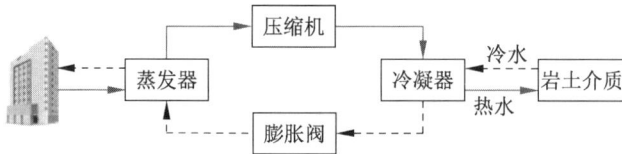

图2-17　地源热泵系统示意图

在地下换热器的计算中,采用的模型包括无限长线热源模型、有限长线热源模型、空心圆柱热源模型和实心圆柱热源模型等,理论上,热源模型无法计算管内流体的温度,只能用来估算岩土体的温度响应。国内外已有很多利用FLUENT、MARC、ANSYS等有限元软件对地下换热器进行模拟的例子。

2.7.2　地源热泵在隧道中的应用

世界上首次在隧道中应用该技术的案例是奥地利对Lainzer隧道的LT24区间(明挖法)和LT22区间(新奥法)、维也纳地铁2号线的部分车站及区间进行相关试验,并取得初步成果。设计将深基础结构如桩、地下连续墙、基础底板以及隧道结构用作热交换元件,通过地下结构获得的地热能主要用于地铁车站管理用房、地下商场的供暖和制冷。在英国,热泵系统被用于降低地铁运营过程中车厢的温度,提高乘客的舒适度。研究表明,车辆制动和大量客流会在地铁中产生大量的热量,应用热泵系统可以有效降低隧道中的温度,通过热泵系统所提取的热量还可以被地表建筑所利用。Ampofo通过对英国维多利亚车站的地下水热泵系统(图2-18)的分析发现,热泵系统在制冷效率、使用成本和低碳环保方面均优于普通空调系统。我国地铁及隧道中地源热泵的应用仍然处于探索阶段,众多国内学者对上海、成都等地区地铁的热泵应用进行了分析研究。

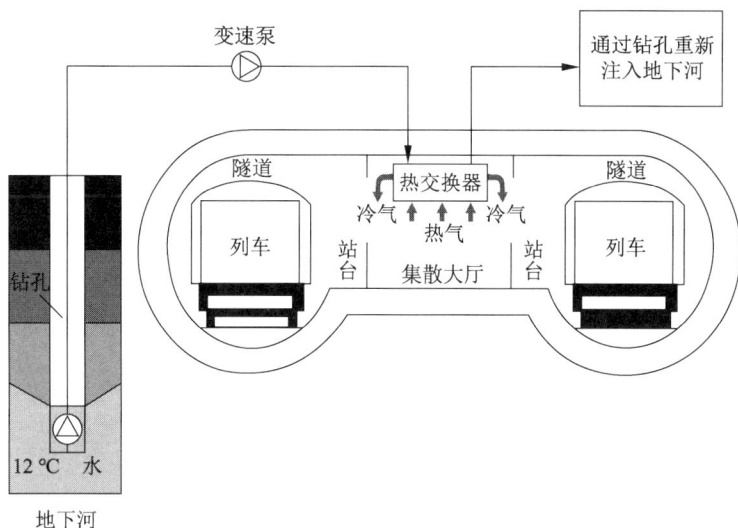

图 2-18 英国地铁利用地下水热泵系统降温示意图

以上研究大多针对普通气候地区,在寒区,热泵则主要用于制热,以缓解温度过低对结构造成的危害。针对寒区隧道的研究正处于起步阶段,地源热泵可充分利用蕴藏于岩土体中的巨大能量,循环再生,实现对寒区隧道的冻害防治。由于我国寒区面积大,冻土范围广,在寒区隧道中应用地源热泵技术,其经济效益、环境效益和社会效益都相当可观。目前,我国建筑能耗约占全国能源消费总量的 20%,以燃烧煤炭为主的采暖方式是近些年我国各地出现"雾霾"的主要原因之一。寻求绿色的建筑供暖方案已成为当下能源行业的关键性议题。

2.8 隧道弃渣综合利用技术

砂石骨料是铁路、公路、水利等工程建设中不可或缺、用量最大的基础材料,据统计,我国每年砂石骨料的需求量高达 200 多亿吨。工程建设对砂石骨料的要求越来越高,国家、地区实施砂石限采政策。我国优质天然砂资源日渐短缺,很多地区经历了小幅涨价、大幅涨价、缺货、抢货到无货可抢的发展过程,不仅使工程造价大幅提高,也严重影响施工工期。随着我国高速铁路工程建设的快速发展,隧道工程数量不断攀升(图 2-19),截至 2018 年底,我国共建成高速铁路隧道 3028 座,总长度约 4896 km,占高速铁路线路总长度的 16.9%。

目前,我国交通工程建设正向中西部转移,受地形条件的影响,中西部交通工程选线过程中常采用隧道方案,在山峦起伏地区常出现大量隧道群,其所占线路总长度的比例越来越大。例如,郑万铁路重庆段隧道比例高达92%,西康高铁隧道比例高达82%,川藏铁路(雅安—拉林段)隧道比例高达84%。隧道工程众多,使得隧道洞渣量巨大且处理困难,不仅需要大量征用永久用地,而且弃渣的运输和维护费用巨大。隧道施工中建筑材料的需求量很大,在地材资源不丰富的中西部地区,大量建筑材料运输将大幅增加工程建设成本。如果将隧道洞渣弃渣加以利用,不但可以减少弃渣场和弃渣数量,降低对环境的危害,还可以变废为宝,降低工程造价,产生巨大的社会效益和经济效益。这不仅是发展绿色交通的需要,也对环境保护的可持续发展具有重要意义,是资源节约型、环境友好型发展的具体实践,更是造福于民、福荫后代的重大举措。

图 2-19 我国已投入运营的高速铁路隧道情况

2.8.1 隧道洞渣的特点

1. 危害大

公路隧道开挖后,将产生大量的废弃石方,占隧道出渣的 50%~80%。这些隧道洞渣随意丢弃将造成水土流失和生态破坏等危害,这些危害应引起人们的重视。

（1）占用大量土地,改变了原有的地表环境

弃渣场地占用了大量农田和土地,影响农业耕作,对土地性状和实用功能产生很严重的影响,使得临时用地的土地条件变差,可耕种性、可绿化性降低,即使采取了一定的复垦措施,短时间内也难以达到占用前的效果。地表原有的植被生态环境被改变,使土壤沙砾化,土壤结构亦受到不同程度的损害,抗侵蚀能力减弱。即便是对弃渣表层进行绿化,也需要很长的时间,尤其是在生态环境比较脆弱的西部地区,甚至可能导致土地沙漠化。

（2）诱发地质灾害

山区隧道的弃渣场地多选择沟道型等坑洼地带,这种弃渣场如果不采取有效的防护工程,可能会诱发一些小型地质灾害。若在建设过程中扰动和破坏了原土层结构,易引起滑坡和泄流,同时,弃用的大量土石大大增加了沟道输沙量,造成严重的水土流失,对生态环境和下游河道泄洪构成潜在影响。在原滑坡体上堆弃弃渣易造成滑坡自重增大而复活,山坡坡地的大量弃渣在暴雨时极易产生整体滑动。在河道中随意弃置弃渣,则会使得河道泄洪断面不足,容易发生洪灾。

（3）对下游及周边地区的环境危害

隧道的弃渣场上游均或多或少地存在一定的汇水面积,因此,弃渣的处理方式及防护显得尤为重要。在建设过程中如不能很好地施行施工管理和弃渣拦挡等措施,将导致大量的弃土、弃渣下泄,产生泥石流和洪水,并抬高河床,影响区域内的道路交通,对下游地区人民的生产生活产生较严重的危害。

（4）特殊隧道弃渣的危害

隧道弃渣中含有放射性铀等元素时,将对周边的河流和地下水产生放射性污染,对区域内居民的生活和生命产生极其严重的危害。隧道弃渣中含有铅、锌、镉、锡等金属矿及伴生矿时,也会对周边环境产生较大的危害。例如,长泰美宫高速公路的顶厝隧道压覆了区域内铅锌矿的矿产分布区,隧道开挖产生的弃渣中含有的微量铅、锌、镉等金属矿及伴生矿影响周围环境。

2. 性能波动大

开采矿山资源时,其挖深和走向可根据材质等情况临时改变,从而保证母材和成品的岩性单一、性能稳定。对于隧道洞渣,其开挖截面尺寸和走向需严格按照设计进行。开挖时,由于呈条带状出料,跨区域大,性能波动也会相对较大,尤其是在高速铁路建设中,由于高速铁路的线路曲线半径大,选线设计过程中难于规避不良地质,洞渣性能的不确定程度高。因此,在隧道洞渣资源化利用前应对其性能进行进一步判定,例如,用作混凝土骨料的隧道洞渣应避免含有大量脆性矿物(黏土、石膏、滑石)、非常坚硬的矿物(石榴石)及片状、纤维状矿物(云母、石墨、石棉),同时,应注意高溶解度(氯化物、硫酸盐、石膏)、低耐蚀性(硬石膏、黄铁矿)和碱活性组分对混凝土性能造成的负面影响。

3. 清洁度低

相比于直接开采的矿山资源,隧道洞渣品质受围岩质量及开挖、运输过程的影响,易夹杂土质,清洁度相对较低。因此,洞渣利用前需采取适当的除杂除土措施。

2.8.2 影响隧道洞渣性能的主要因素

1. 围岩级别

隧道工程围岩级别划分的理论和方法较多,但其主要评判依据通常是岩体结构、结构面特征、岩块强度、岩石类型、风化程度、地下水、地应力等。TB 10003—2016《铁路隧道设计规范》中将围岩分成六个级别,围岩级别越低,意味着开挖的隧道洞渣品质越好,越有利于建筑材料的利用。但是,围岩等级低的洞渣不一定满足制备砂石料的要求。实践表明,Ⅳ/Ⅴ级围岩的玄武岩满足作为砂石料料源的标准要求,而围岩等级较低的页岩、泥岩、泥质灰岩不宜用作原料生产砂石料。设计阶段对围岩级别的判定依据是地质勘测阶段的结果,对水电工程这类投入大量工程地质勘查工作的工程较为适用,但对公路和铁路这类现状工程和勘察工作量较小的工程适用性较差。例如,美国科罗拉多州罗伯特隧道地面测绘确定的断层和岩脉是隧道开挖中遇到的断层和岩脉的 1%~9%,即使是较大的断层和岩脉,测绘确定的也仅是开挖遇到的 12%~47%。

2. 开挖方式

随着我国交通运输的快速发展,隧道数量增加,规模扩大,施工技术也有了很大改进。目前,隧道工程矿山施工中普遍采用新奥法,岩石隧道在工程施工中采用钻爆法掘进。Grunner 等指出,不同开挖方式产生的隧道洞渣在大小、形状和清洁度方面存在较大差异,采用全断面硬岩隧道掘进机(TBM)开挖的隧道洞渣的粒径适合用作混凝土骨料,而采用传统钻爆法施工获得的洞渣品质因围岩自身状态和所采用爆破方式的不同而不同。Bellopede 等认为,全断面硬岩隧道掘进机(TBM)开挖方式相当于钻爆法开挖方式所用炸药量 1.5 倍的效果,因此产生的细小颗粒更多(图 2-20)。

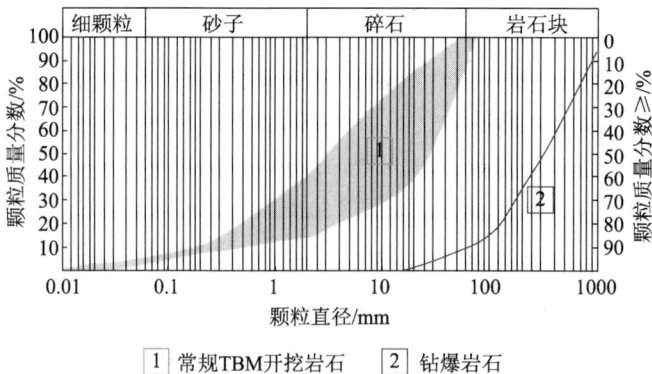

图 2-20 **TBM 开挖方式和钻爆法开挖方式产生的开挖料粒径分布**

2.8.3　隧道洞渣资源化利用

1. 我国利用现状

我国在忻阜高速公路工程中对隧道洞渣进行了大量应用。全线开挖洞渣量达 240 余万立方米,主要用于路堤填料、圬工砌筑、机制砂加工、碎石加工、隧道明洞及仰拱回填等,利用率达 66%,节约洞渣占地超 133000 平方米 (200 余亩),节约造价约 5000 万元,体现出很好的经济效益和社会效益。在黄衢南高速公路工程浙江段项目实施过程中,设置了石料加工场,对隧道洞渣进行资源化利用,产生经济效益约 800 万元。

湖南常德—吉首高速公路项目也对隧道洞渣进行了资源化利用,由于隧道洞渣主要为弱微风化砂质板岩,经机械破碎后为细粒土砾,因此将细粒土砾与土组成砾石混合料作为路基路床层的填料。西成客运专线建设项目以 Ⅱ、Ⅲ 级围岩为主,剔除泥岩、风化岩和吸水率高的板岩后,筛选出母岩强度 ≥60 MPa 的洞渣生产细度模数为 2.5~3.3 的机制砂,用于制备强度等级在 C35 及以下的混凝土。实际应用过程中发现,机制砂石粉含量、颗粒对配对混凝土的工作性能和强度会产生较大影响,需对不同批次的机制砂及时检测,并根据检测结果对混凝土砂率、减水剂掺量等关键配合比参数进行调整。宜巴高速公路建设项目利用隧道洞渣制备碎石、机制砂作为粗细骨料,并用于隧道衬砌和桥梁桩基、墩柱等结构混凝土中,取得了良好的经济效益和社会效益。

目前,隧道洞渣的砂石料生产加工主要采用矿山砂石料场代工的方式,其加工方式及工艺水平参差不齐。整体来看,现有的砂石料场以产能不足 60 t/h 的小砂石料场为主,生产工艺简单。近几年,京、沪、粤等地区出现了一些稍具规模的砂石料场,产能在 100~200 t/h,一般采用两段破碎与筛分构成闭路的流程作业。少数砂石场采用生产工艺先进、自动化水平较高的生产系统,生产能力可达 500~800 t/h。我国学者在机制砂混凝土性能研究方面已有不少探索,主要集中在机制砂中石粉的合理限值,机制砂对混凝土工作性能的影响,以及机制砂混凝土力学性能、体积稳定性和耐久性能的演变规律等。尹志府通过大量试验数据回归分析出机制砂混凝土的强度统计公式,研究结果表明,与河砂混凝土相比,当水灰比相同时,机制砂混凝土的强度略高。张映全也提出,在混凝土中以 50% 石屑取代 50% 中砂能极大地提高混凝土的抗渗性能和抗冻性能。廖太昌提出,用特细砂改善机制砂级配,可配制出泵送性能良好的混凝土,并解决了机制砂配制流态混凝土内实外不美的难题。李化建采用机制砂与特细砂复合的方式,制备出强度等级为 C50~C60 的复合砂高强结构轻集料混凝土。杨德斌等在大量试验的基础上,论述了石屑提高混凝土强度、改善抗渗性能与抗冻性能的机理。中国铁道科学研究院集团有限公司的研究证明,在水泥用量和拌合物稠度相等的条件下,采用机制砂配制的混凝土的各项力学性能比河砂混凝土更好一些。Ahemd 等在控制拌合物坍落度不变的前提下,研究了不同石粉含量(10%~20%)的机制砂对混凝土抗压强度的影响,研究表明,随着石粉含量的增加,混凝土抗压强度呈线性下降的趋势,这是保证相同坍落度而用水量增加的结果。另外,当控制水灰比为 0.70 时,随着石粉含量从 0 逐渐增加到 20%,混凝土抗压强度有上升趋势;但当水灰比固定为 0.53 时,石粉含量变化对混凝土抗压强度的影响又不明显;当水灰比固定为 0.40、石粉含量从 10% 增加到 20% 时,混凝土抗压强度先增大后减小;当石粉含量达到 20% 时,混凝土抗压强度与同配比的天然砂抗压强度相当。

2. 国外利用现状

国外隧道洞渣资源化利用主要集中在洞渣能否作为混凝土骨料的实验室技术论证性研究上。2006 年,意大利提出隧道洞渣利用计划,瑞士等国也试图利用洞渣生产砂石骨料用于混凝土,并取得了一定的研究成果。Olbrecht 等对盾构机产生的隧道洞渣是否可作为混凝土骨料开展了五项试验研究,认为隧道洞渣作为一种"废弃产品"可用于隧道建设本身,针对不同洞渣特点采用合理的混凝土技术,可实现隧道洞渣在混凝土中的应用。Gertsch 等认为,目前人们对隧道洞渣的认识不充分,导致其很少用于工程建设中,并提出符合建筑材料标准的硬质岩洞渣可用于路面混凝土和结构混凝土中的观点。

3. 隧道洞渣资源化利用情况

隧道洞渣是隧道开挖过程中的主要产物,对不同的隧道围岩施工,产生的隧道洞渣种类繁多,其资源化利用应在充分考虑隧道围岩级别、开挖方法和洞渣物理化学性质的基础上,根据不同的结构要求,选用合适的隧道洞渣。从我国隧道洞渣资源化利用情况来看,主要有以下几方面应用。

(1)路基填料

对隧道弃渣进行初级筛选,将筛检出的隧道弃渣依据《公路路基设计规范》(JTG D30—2004)进行二次破碎,将破碎后的石料用于填筑路面。采用隧道弃渣填筑的填石路的石料含量应大于 70%,石料强度应大于 15 MPa,最大粒径应不超过 30 cm。

(2)路基防护工程

经检验满足混凝土骨料的质量和性能要求的弃渣石块可以用作混凝土各类骨料加工及路基边坡骨架防护、弃渣场挡墙等的原材料或半成品。挡土墙墙背 2 m 范围内填筑未筛分碎石,填料最小强度大于 8.0(CBR)(%),其压实度要求同土质路基。

（3）隧道明洞和仰拱填充

隧道弃渣中的片石可用于隧道明洞和仰拱的填充。填充材料一般选用达到一定硬度的石块。

（4）机制砂和碎石

选择质量好、强度高的隧道弃渣用于加工机制砂,机制砂应符合《建筑用砂》(GB/T 14684—2001) 中关于分类和规格的要求。机制砂在类别和用途方面有如下要求：Ⅰ 类宜用于强度等级大于 C60 的混凝土；Ⅱ 类宜用于强度等级 C30~C60 及有抗冻、抗渗或其他要求的混凝土；Ⅲ 类宜用于强度等级小于 C30 的混凝土和建筑砂浆。筛分后碎石的规格为 10~30 mm,可用于隧道二次衬砌；规格为 5~9.5 mm,可用于普通混凝土级配。具体强度和级配需满足相关的设计要求。

（5）软土地基处理

利用隧道弃渣中的片石或石块对路线所经过的河滩或湖泊、沼泽处的软土段进行回填与片石处理。

（6）其他工程

隧道弃渣中碎石和块石经加工后可用于附近区域的其他工程建设。例如,城市工业、经济开发区基础设施建设,水利河堤防护工程等。

2.8.4　存在的问题

1. 隧道洞渣资源化利用方面

目前隧道洞渣的资源化利用仍处于起步阶段,对洞渣是否可利用没有合理的评判依据,对洞渣资源化利用的全过程缺乏系统的研究。

2. 基于隧道洞渣的砂石骨料制备技术方面

生产设备层次参差不齐,产品暂无准入制度,现有的砂石骨料设备多适用于工点相对集中的建筑工程,尚缺少针对洞渣特点的适用于铁路工程的高品质砂石骨料生产技术。

3. 基于隧道洞渣的机制砂混凝土制备方面

部分工程技术人员对机制砂及机制砂混凝土认识不足,对用洞渣制备的机制砂配制混凝土更是心存疑虑,导致机制砂混凝土应用种类单一,应用量极少,最终从一定程度上限制了机制砂的推广与应用。

2.9 通风环保技术

2.9.1 隧道施工通风的必要性

在隧道建设的施工过程中,随着各个施工项目的逐步开展,隧道施工逐渐深入山体,隧道中氧气的含量相对低,且含有较多的有害气体,导致隧道内部的空气质量非常差,使施工人员的人身安全遭受到较大的威胁。在隧道施工过程中,应用相应的通风措施,可以显著降低隧道中有害气体的含量,确保作业人员在施工过程中能够获得充足且新鲜的空气,从而能够保证施工在规定时间内安全有序地完成。

如果在隧道施工过程中未开展良好的通风工作,会导致隧道中的空气含氧量降低,有害气体的含量升高。另外,通风不好会使得隧道内部的光线相对较差,作业人员对现场情况的认识不够全面,不能很好地掌握施工现场的地质状况,不能对岩体进行实时检验,无法对施工工艺进行实时调节,在隧道施工过程中作业人员也无法发现岩石松动问题,导致安全事故发生的概率增大。

要保证隧道中的空气质量,需在隧道施工过程中利用相关设备开展通风工作,如此便会导致隧道施工成本增加。通风设备长时间运行,会消耗相对多的电力资源,导致施工速度变得更为缓慢。在隧道施工过程中,通风是必不可少的工序,同时也是影响施工速度的关键因素。

2.9.2 隧道施工中常采用的通风方式

隧道施工过程中经常采用的通风方式有自然通风与机械通风两类。自然通风主要通过自然风压形成空气流动,受隧道周围的自然环境及隧道施工的方式方法的限制比较大,常用于短隧道的建设施工中。

机械通风有很多方式,在具体的施工过程中,根据施工隧道的长短、辅助坑道、地质条件可以选择管道式通风、巷道式通风等不同的机械通风方式。一般的隧道工程施工主要采用管道式通风。

管道式通风根据漏风及风阻的变化,分为压入式通风(图 2-21a)、抽出式通风(图 2-21b)和混合式通风。管道式通风方式适合在独头短隧道中使用。

巷道式通风与管道式通风不同,主要适合长、大隧道的工程施工。如果在工程中设计了不同的辅助坑道(平行导坑、斜井、竖井及钻孔),就要根据不同的辅助坑道选择合适的施工通风方式。

(a) 压入式通风

(b) 抽出式通风

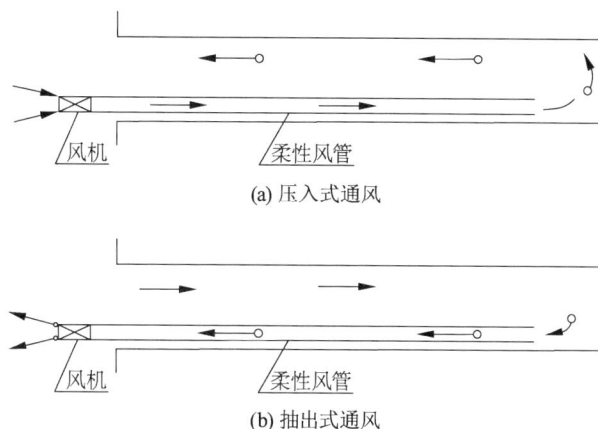

图 2-21　管道式通风

2.9.3　实施细则

隧道施工中要选用科学适宜的通风方案、恰当的通风方式,安排专门的通风小组及工作人员,进行通风设备的检测、管理与维修等工作。应根据工程施工的具体要求与相关规范测试隧道内的风速和风量、有害气体和粉尘的浓度,以保证施工人员的安全及整个隧道工程的施工进度。

1. 采用合理的通风设备

最重要的是选择适合隧道施工的风机。施工中通常采用矿山上所用的 JBT 系列风机,也有日本生产的 MFA、PF 等系列风机。日本进口的风机产风量大、风压高,且噪声相对于 JBT 系列风机小很多,比较适用于长隧道进行大风量管道通风及送风。

2. 安装风机及风管

在常用的通风方法中,风机安装在隧道洞口的上风方向,并安装稳定的支架支撑,以免在送风及通风过程中左右振动摇晃,在风机及风管的连接处要加密封垫来减少风机运转过程中的局部漏风现象。

另外,安装风管时要检测风管的外观是否有损坏,风管要悬挂在合适的位置,风管出口应该距离工作面 45 cm 左右。用钢筋进行拉线,并用紧线器进行拉紧,把管道式或巷道式通风的风管吊在拉线下。为避免拉线钢筋受到冲击波的振动影响或受到隧道内潮湿空气的腐蚀而断裂,在安装风管时,必须每间隔一个锚杆增设尼龙绳吊挂圈来进行稳固。隧道中的通风管线布置如图 2-22 所示。

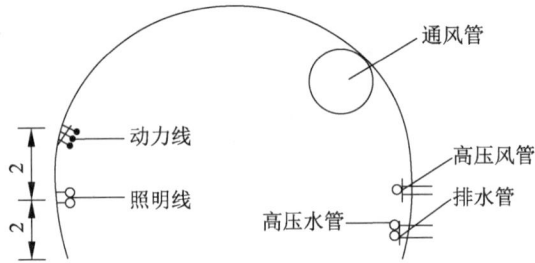

图 2-22　隧道内通风管线布置示意图

3. 做好隧道施工中内部通风系统的管理与维护

随时监控隧道工程建设过程中的通风质量。在隧道的工作面设置多个局扇,在主风管的尾部再设置若干局扇,加强通风效果,改善工作面的空气质量。局扇的风管要选用合适的软管。隧道施工过程中,通风设备要设专人看守,以免出现不良情况。风机要保证运转性能,应减少停机次数。为了尽可能降低气锤效应的影响,减少其对风管的损害,风机最好采用分级启动的方式。

2.9.4　隧道施工的改进措施

除了在隧道施工中选用合理科学的通风方法外,还要注意改进施工建设中的不足,在提高隧道内空气质量的同时,加强对通风系统的管理。同时,要在日常施工过程中对各项活动进行合理的规划,落实相关通风设备的费用,保证风管、风机正常运行,及时按照工程要求及规范进行通风、送风工作。此外,可通过以下几点改进措施来保障整个通风系统的功能能够充分发挥,为隧道施工创造一个高质量的工作环境。

1. 调直风管

对于通风系统中的漏风处要及时进行更换和修补,减小通风设备中的风阻力。结合整个隧道施工的状况,平整道路,让施工工程的路面适合车辆行驶,以便来往的车辆能够提高车速,减少尾气排放。设置人员定期在隧道施工后检查通风系统,以减少能耗,降低运行成本。

2. 突破和推广新型的通风技术

对于长距离的隧道,需要长距离的通风方法和技术。通过研发新型的通风设备,并结合隧道施工的具体环境与特点,进行系统的匹配和优化。优化对通风设备、通风管道的设计和配套技术的使用,不断提高对新型风机的风量、风压等的要求,降低噪声,进一步满足隧道施工对于长距离通风的技术指标。

对于通风系统中的风机要设计不同的种类,以便适应隧道施工中不同的通风方法,尽量完善风机的型号与规格,使施工队在进行不同的隧道施工时可以便捷地使用适合的通风方法,采用相应的风机进行隧道通风。另外,可以运用现代电子计算机及自动化控制技术来计算模拟,通过经济和技术的对比,选出最佳的隧道通风方案及通风设备。应用自动化控制技术来控制整个通风系统的停、开和运转速度,使各个设备的参数能够最经济、最合理地运用在施工工地,从而选择既轻质价廉又耐压耐用的新型通风设备。

3. 控制隧道工程施工环境

通过降温、除粉尘、降噪等方式加强对施工环境的控制和治理。不断减少通风设备尤其是主通风机的负担,使隧道施工建设的作业环境符合相关标准。对于隧道中的无轨运输方式要加大除尘工作,延长通风距离,提高作业人员的施工效率。

对于长隧道的施工建设来说,在通风过程中可以采用一些集尘机、消声器,利用部分循环风有效改善空气中的粉尘浓度,使隧道的施工环境更加安全,从而高效率地完成隧道工程。

4. 采用新型施工模式

在隧道施工中,运用电力运输系统采用无轨运输进行隧道洞内施工会产生大量废气,这些废气主要由内燃设备产生。因此,研究和治理内燃设备产生的废气污染可以有效改善施工环境,减少使用通风设备。所以,研究和设计新型的由动力牵引的有轨或无轨的运输模式,对于隧道施工作业来说意义非常重大。可以采用架线式接触网进行供电,通过电动机来拖动运载的车辆,用电力拖动隧道施工设备,避免内燃设备产生大量废气,从根本上消除了内燃设备造成的废气污染,大大降低了隧道施工的通风能耗,对于长隧道建设来说,这种新型施工模式的优越性更加明显。

5. 注重环保,降低能耗

无论运用何种隧道通风方法,都会加大整个隧道施工的总能耗,产生大量的通风费用。因此,要采用措施减少因通风而产生的用电量,可选用节电型风机,认真计算施工中每个工序需要的最大风量,合理调节风机的送风量,逐步缓解隧道施工工程中电能供应紧张的状况。

2.10　湖美溪隧道专项施工方案

2.10.1　工程简介

本项目属莆炎高速公路三明境尤溪中仙至建宁里心段 YA11 合同段,起讫桩号 K168+550~K179+000,路线长 10.45 km,合同总价 9.965 亿元,合同工期 24 个月。

湖美溪隧道在本合同段 1926 m/0.5 座,整体呈东西走向,进口位于福建省尤溪县坂面镇古迹村境内,出口位于坂面镇正山村大湾,隧道在本标段的设计范围是:右洞 K168+550～K170+490,长 1940 m,Ⅲ级围岩 1254 m,Ⅳ级围岩 561 m,Ⅴ级围岩 125 m;左洞 Z1K168+550～Z1K170+462,长 1912 m,Ⅲ级围岩 988.72 m,Ⅳ级围岩 823.28 m,Ⅴ级围岩 100 m。洞口周围无民房、高压线,施工现场图、施工布置效果图和施工现场效果图分别如图 2-23 至图 2-25 所示。

图 2-23　施工现场图

图 2-24　施工布置效果图

图 2-25　施工现场效果图

建设单位:三明莆炎高速公路有限责任公司。

设计单位:中铁第四勘察设计院集团有限公司。

监理单位:内蒙古华讯工程咨询监理有限责任公司。

施工单位:中交第四公路工程局有限公司。

工程数量如表 2-3 所示。

表 2-3　隧道工程数量表

项目名称	数量	单位	备注
隧道工程左线	1912	m	单洞长
隧道工程右线	1940	m	单洞长
洞身开挖	538294	m³	
钢筋	2704.8	t	
混凝土	119656.25	m³	
型钢	971.78	t	

2.10.2　隧道水文气候与地质条件

1. 水文气候

湖美溪隧道属于越岭型隧道,地表无常年流水存在,隧道区附近也未发现其他形式的地表水体,主要是大气降水在山体上部地势低洼处汇集形成的地表水体,水量大小受季节性影响。隧道地下水主要为孔隙潜水和基岩裂隙水,孔隙潜水主要赋存于第四系粉质黏土层孔隙及浅层基岩风化裂隙中,基岩裂隙水主要赋存于基岩风化裂隙和节理裂隙中。隧道外地下水主要由大气降水入渗补给,其富水性受降水、地形坡度、岩性等因素控制,一般水资源较贫乏。隧道内地下水主要为地表降水补给,沿结构裂隙向低洼处排泄。全风化层和上部第四系残积层的透水性较好,补水、排水通畅。

隧道址区属于中亚热带季风湿润气候区,气候温和,四季分明,雨量充沛。冬无严寒,夏无酷暑,常年平均气温 17.9 ℃,极端最高气温 40.4 ℃,极端最低气温-8.1 ℃。每年 3 到 6 月为雨季,7 到 8 月有雷阵雨,年最大降雨量为2730 mm,多年平均降雨量为 1949 mm。夏季多东南风,冬季多西北风,常年平均风速 1.6 m/s。

2. 地质条件

隧道址区属于低山地貌,植被较茂盛,隧道址区高程介于 320~830 m 之间,最大高差约 510 m,隧道进口段地形自然坡度 25°~30°,出口段地形自然坡度 20°~25°,洞身段地形自然坡度 30°~40°,进出口段覆盖层较薄。

隧道址区上覆第四系土层主要坡残积层;下伏基岩为侏罗系上统长林组粉砂岩、石英砂岩,下统梨山组粉砂岩、石英砂岩,二叠系上统翠屏山组粉砂岩、石英砂岩。

隧道址区地形起伏较大,层位分布较稳定。本线路地震基本强度为Ⅵ度,设计基本地震加速度为 0.05g,中硬场地反应谱特征周期为 0.35 s。隧道址区未见滑坡、采空区等不良地质。本标段围岩主要为Ⅲ级围岩、Ⅳ级围岩、Ⅴ级围岩,勘察未发现隧道场区存在有毒、有害气体或隐伏矿产现象。

Ⅲ级围岩:较完整,围岩由微风化石英砂岩夹粉砂岩组成,裂隙不发育,岩体较完整,属高应力区,开挖过程中可能出现岩爆,应做好预防工作。短期侧壁稳定性较好,拱部较长时间无支护时,可能产生小坍塌或掉块。地下水较贫乏,开挖时呈滴水状出水。

Ⅳ级围岩:较完整,围岩由中微风化粉砂岩组成,裂隙较发育,岩体较破碎,属高应力区,围岩稳定性较差,拱部较长时间无支护时,可能产生较大坍塌或掉块。地下水较丰富,开挖时呈点滴状或淋雨状出水。

Ⅴ级围岩:较破碎,受构造影响,围岩岩体破碎,围岩稳定性很差,易塌方,应加强支护。地下水丰富,开挖时呈点滴状或淋雨状出水。

湖美溪隧道 YA11 段围岩类别划分如表 2-4 所示。

表 2-4　湖美溪隧道 YA11 段围岩类别划分表

起讫桩号	分段长度/m	围岩组成	围岩级别	状态说明
左洞 Z1K168+550～Z1K168+680 Z1K168+820～Z1K168+920	130 100	微风化石英砂岩夹粉砂岩	Ⅲ	裂隙不发育,岩体较完整,属高应力区,开挖过程中可能出现岩爆,应做好预防工作。地下水不发育,主要为基岩裂隙水,开挖时呈点滴状出水。短期侧壁稳定性较好,拱部较长时间无支护时,可能产生小坍塌或掉块
左洞 Z1K168+680～Z1K168+820 Z1K168+920～Z1K169+060	140 140	中–微风化粉砂岩	Ⅳ	裂隙较发育,岩体较破碎,属高应力区。地下水较发育,主要为基岩裂隙潜水,开挖时呈点滴状或淋雨状出水。围岩稳定性较差,拱部较长时间无支护时,可能产生较大坍塌或掉块
左洞 Z1K169+060～Z1K169+250 Z1K169+320～Z1K169+380 Z1K169+580～Z1K169+940 Z1K170+160～Z1K170+400	190 60 360 240	微风化石英砂岩夹粉砂岩	Ⅲ	裂隙不发育,岩体较完整。地下水不发育,主要为基岩裂隙水,开挖时呈点滴状出水。短期侧壁稳定性较好,拱部较长时间无支护时,可能产生小坍塌或掉块
左洞 Z1K169+250～Z1K169+320	70	微风化石英砂岩夹粉砂岩	Ⅳ	裂隙不发育,岩体较完整。地下水不发育,主要为基岩裂隙水,开挖时呈点滴状或淋雨状出水。围岩稳定性较差,拱部较长时间无支护时,可能产生较大坍塌或掉块
左洞 Z1K169+380～Z1K169+580 Z1K170+020·Z1K170+160 Z1K170+400～Z1K170+440	200 140 40	中风化粉砂岩	Ⅳ	裂隙较发育,岩体较破碎。属高应力区,开挖过程中可能出现岩爆,应做好预防工作。地下水较发育,主要为基岩裂隙潜水,开挖时呈点滴状或淋雨状出水。围岩稳定性较差,拱部较长时间无支护时,可能产生较大坍塌或掉块

起讫桩号	分段长度/m	围岩组成	围岩级别	状态说明
左洞 Z1K169+940~Z1K169+970	30	微风化石英砂岩夹粉砂岩	IV	裂隙较发育,岩体较破碎,属高应力区。地下水较发育,主要为基岩裂隙潜水,开挖时呈点滴状或淋雨状出水。围岩稳定性较差,拱部较长时间无支护时,可能产生较大坍塌或掉块
左洞 Z1K169+970~Z1K170+020	50	断层带	V	受构造影响,围岩岩体破碎。地下水较发育,主要为基岩裂隙水,开挖时呈点滴状出水。围岩稳定性很差,易坍塌,应加强支护
左洞 Z1K170+440~Z1K170+462	22	隧道出口段主要由坡积粉质黏土、碎土石及强-中风化石英砂岩夹粉砂岩组成,为软岩	V	地下水主要为风化层孔隙水,属中等富水带,开挖时呈淋雨状出水。洞顶厚度小,围岩稳定性很差,易坍塌,应加强支护
右洞 K168+550~K169+260 K169+330~K169+390 K169+660~K169+940	710 60 280	微风化石英砂岩夹粉砂岩	III	裂隙不发育,岩体较完整,属高应力区,开挖过程中可能出现岩爆,应做好预防工作。地下水不发育,主要为基岩裂隙水,开挖时呈点滴状出水。短期侧壁稳定性较好,拱部较长时间无支护时,可能产生小坍塌或掉块
右洞 K169+260~K169+330	70	微风化石英砂岩夹粉砂岩	IV	裂隙不发育,岩体较完整。地下水不发育,主要为基岩裂隙水,开挖时呈点滴状或淋雨状出水。围岩稳定性较差,拱部较长时间无支护时,可能产生较大坍塌或掉块

续表

起讫桩号	分段长度/m	围岩组成	围岩级别	状态说明
右洞 K169+390～K169+660	270	中风化粉砂岩	IV	裂隙较发育,岩体较破碎,属高应力区,开挖过程中可能出现岩爆,应做好预防工作。地下水较发育,主要为基岩裂隙潜水,开挖时呈点滴状或淋雨状出水。围岩稳定性较差,拱部较长时间无支护时,可能产生较大坍塌或掉块
右洞 K169+940～K169+970	30	微风化石英砂岩夹粉砂岩	IV	裂隙较发育,岩体较破碎。地下水较发育,主要为基岩裂隙潜水,开挖时呈点滴状或淋雨状出水。围岩稳定性较差,拱部较长时间无支护时,可能产生较大坍塌或掉块
右洞 K169+970～K170+020	50	断层带	V	受构造影响,围岩岩体破碎。地下水较发育,主要为基岩裂隙水,开挖时呈点滴状出水。围岩稳定性很差,易坍塌,应加强支护
右洞 K170+020～K170+100 K170+390～K170+430	80	中风化石英砂岩夹粉砂岩	IV	裂隙较发育,岩体较破碎。地下水较发育,主要为基岩裂隙水,开挖时呈点滴状或淋雨状出水。属高应力区,围岩稳定性较差,拱部较长时间无支护时,可能产生较大坍塌或掉块
右洞 K170+100～K170+390	290	微风化石英砂夹粉砂岩	III	裂隙不发育,岩体较完整。地下水不发育,主要为基岩裂隙水,开挖时呈点滴状出水。短期侧壁稳定性较好,拱部较长时间无支护时,可能产生小坍塌或掉块
右洞 K170+430～K170+490	60	隧道出口段主要由坡积粉质黏土、碎土石及强-中风化石英砂岩夹粉砂岩组成,为软岩	V	地下水主要为风化层孔隙水,属中等富水带,开挖时呈淋雨状出水。洞顶厚度小,围岩稳定性很差,易坍塌,应加强支护

2.10.3 隧道总体施工方案

本标段隧道为分离式隧道,右线 K168+550～K170+490,长 1940 m;左线 Z1K168+550～Z1K170+462,长 1912 m。承建隧道的围岩类别为Ⅲ、Ⅳ、Ⅴ级围岩;隧道施工采用新奥法组织实施;隧道洞口采用"零开挖"进洞;洞身开挖采用钻爆法;出碴采用无轨运输;初期支护采用工字型钢拱架、格栅、网喷砼联合支护,喷砼采用湿喷工艺;隧道衬砌采用全液压模板台车,以泵送砼的方式进行灌筑。隧道施工中对软岩及断层带采取"地质超前预报、超前预注浆、短进尺、弱爆破、少扰动、强支护、勤量测、早封闭、二衬紧跟"的施工原则,采用 TSP203、地质雷达和超前钻孔进行超前地质预报,探明前方地质情况,在长管棚、小导管、超前锚杆支护下,安全通过断层带等不良地质段。

按照福建省标准化要求,本标段隧道拟采用机械一体化施工,配置隧道施工"九台套"设备(多臂凿岩机、湿喷机械手、自行式液压栈桥、多功能拱架台车、二衬厚度预检台车、多功能防水板台车、二衬台车、二衬养护台车、电缆沟台车),提升作业工效,提高安全系数,改善作业环境,降低作业强度,保证工程质量,有效节约资源。

2.10.4 隧道施工部署

1. 施工顺序

根据本标段隧道的规模和特点,安排一个隧道施工队负责隧道两个洞口的施工,对湖美溪隧道出口端左、右线同时掘进,具体施工顺序如下。

左线:清表、修建洞顶截水沟和洞口排水沟→平整场地→场地临建及布设→桥台桩基(0-0 桩长 16 m,0-1、0-2 桩长均为 11 m)→掩埋桥台桩基→套拱→大管棚及注浆施工→开挖掌子面→初期支护及围岩监控量测→仰拱、仰拱填充→铺设防水材料、二衬→铺设电缆沟槽及侧式管沟→铺设横向盲管、混凝土路面→修建洞门。

右线:清表、修建洞顶截水沟和洞口排水沟→平整场地→场地临建及布设→桥台桩基→掩埋桥台桩基→套拱→大管棚及注浆施工→开挖掌子面→初期支护及围岩监控量测→仰拱、仰拱填充→铺设防水材料、二衬→铺设电缆沟槽及侧式管沟→铺设横向盲管、混凝土路面→修建洞门。

2. 施工细则

(1) 施工用电

隧道出口计划设置 800 kV·A+1250 kV·A 的变压器,供隧道施工。

(2) 施工供风、通风及排水

湖美溪隧道出口设置钢材堆放及加工场地,隧道办公生活设施设置在隧道出口左前方空地上,占地约 3000 m²。

（3）施工用水

隧道施工采用高压水箱供水,出口端左右洞在隧道口工作面附近的山头上各设一座 100 m³ 的蓄水池,保证施工需要的供水压力不小于0.3 MPa,蓄水池至隧道开挖工作面有 40 m 左右的压力差。洞内、洞外均采用 ϕ125 无缝钢管作为输水管,并根据需要分段设置闸阀,以便于连接管路及故障处理。

生活用水采用附近山沟山体渗流水与山表汇水结合的引流形式。

（4）场地布置

生产房屋及设备(料库、钢筋加工场、修理间、锻钎房、空压机房、配电房等)主要布设在洞口附近。生产、办公房屋建筑面积约 2800 m²,雷管炸药库由经理部统一设置在隧道出口左侧一僻静山坳处,安全距离大于 500 m,占地 1800 m²,能存放 5 t 炸药(具体设置详见火攻库施工方案),施工队按照隧道的施工工序分为掘进、支护、衬砌、运输、辅助作业等班组,分工序、分专业地进行隧道机械化快速施工。

2.10.5　隧道施工顺序及主要分项工程

1. 隧道施工顺序

隧道采用新奥法施工,结合该隧道实际情况,施工流程图如图 2-26 所示。

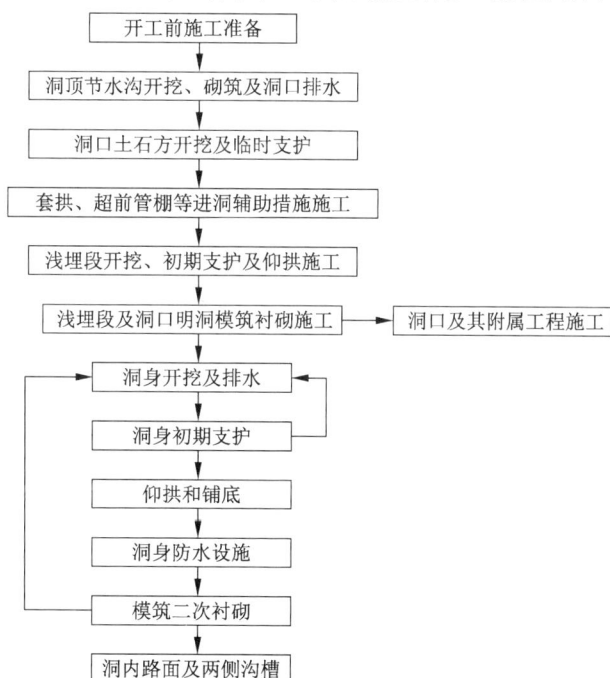

图 2-26　施工流程图

2. 主要分项工程

（1）洞口及明洞工程

① 洞口截水沟、排水沟施工;② 土石方开挖;③ 洞口边、仰坡加固;④ 明洞衬砌;⑤ 洞门工程;⑥ 洞顶回填;⑦ 永久排水系统及挡护工程施工;⑧ 洞口绿化和洞门装饰。

（2）隧道开挖与初期支护

① 开挖方式选择;② 超前预测、预报和超前支护;③ 钻眼爆破设计;④ 打眼装药爆破;⑤ 排烟出碴;⑥ 初期支护(喷、锚、网、钢架);⑦ 监控量测。

（3）二次衬砌

① 断面测量,处理超、欠挖;② 模板制作与安装;③ 排水管、防水板铺设;④ 混凝土拌和与运输;⑤ 混凝土浇筑;⑥ 接缝与表面处理。

（4）路面及附属工程

① 清底、仰拱及填充施工;② 垫层施工;③ 水沟及电缆槽施工;④ 路面混凝土施工;⑤ 装饰及防火涂料;⑥ 电气设施安装。

2.10.6 施工工艺

1. 洞口及明洞

洞口工程是隧道施工的关键,必须高度重视。为确保安全进洞,洞口加固应遵循"宁强勿弱"的原则。洞口施工主要包括土石开挖、洞口加固及防护、明洞段衬砌、明洞顶回填、排水系统、洞门工程等。主要施工顺序:施工放样→施作洞顶截水沟→洞口及明洞土石分层开挖→防护边、仰坡→洞口加固→明洞衬砌→明洞顶回填→施作永久排水系统→洞门工程。

（1）施工方法

① 首先进行控制测量、水准测量,对洞口实地放线,对临时排水系统施工使洞顶排水沟通畅,并具有足够的过水能力,坡脚采取防冲刷措施,严防雨季洪水倒灌进洞。

② 洞口及明洞土石按设计的边、仰坡坡率分层开挖,每开挖一层,及时进行支护。用风钻钻孔、爆破开挖,推土机集碴,装载机配合自卸汽车装运,弃渣用于路基填筑或废弃。爆破时严格控制药量,减少爆破震动。

③ 洞口加固应遵循"宁强勿弱"的原则。洞口的边坡、仰坡及明洞土石开挖后形成的临时边坡均应严格按照设计图纸和施工技术规范规定,及时进行防护。

④ 明洞衬砌在明洞段土石开挖完成后施工,以确保明暗洞的整体衔接。明洞的仰拱、仰拱回填、矮边墙等在拱墙衬砌之前提前施工,其钢筋应预留与墙身钢筋搭接的外露搭接段,砼浇注采用组合模板、插入式振捣器振捣。边

墙和拱部二次衬砌用 10 m 长的模板衬砌台车整体浇筑，方法及工艺参见洞身砼二次衬砌。

⑤ 明洞混凝土衬砌强度达到设计强度的 70% 后，铺设复合防水层。复合防水层包括土工布和防水板，防水板的搭接应牢固，长度应符合规范。明洞防水板伸入暗洞部分应大于 1 m。

⑥ 明洞两侧及拱顶回填的填料应满足要求，由人工分层填筑、夯实，层厚不得超过 30 cm，两侧对称填筑。

⑦ 洞顶排水沟应在雨季前完成，形成完整的永久性防排水体系，并按要求对洞口防落石护栏及洞口绿化进行施工。

（2）施工工艺要求

① 隧道洞口施工前，周边截排水系统应施工完成，并与路基顺接或引排至路外，禁止冲刷路基坡面、桥台椎体、农田，不得漫流。

② 隧道洞口施工遵循"零开挖"的进洞理念，做好周边截水沟和边、仰坡植被的保护措施，隧道左右洞之间的土体尽可能保留。

③ 洞口明挖石质边坡开挖采用微振控制爆破技术，防止飞石造成人员或设备损害；土质边坡应分级、分段开挖，边开挖边支护，对边、仰坡应进行监控量测，一旦发现异常，立即采取应急措施。

④ 洞口施工边坡修整圆顺，与路基边坡顺接，铺砌整齐。

⑤ 明洞或棚洞基底承载力变化处、结构变化处及明暗分界处应设置变形缝，变形缝宽度为 20 mm。

⑥ 明洞回填厚度不小于 2 m，并设置不小于 2% 的排水坡度，回填土表层设置 50 cm 厚的黏土隔水层并喷播植草。

⑦ 明洞回填土石压实度不小于 90%，粒径小于等于 15 cm，并不得含有石块、碎砖、灰渣及有机杂物，也不得采用膨胀性黏土。

⑧ 明洞拱墙混凝土强度达到设计强度的 70% 时，方能施作防排水和回填；达到设计强度的 100%，且明洞拱顶以上的回填高度达到 0.7 m 以上时，方可拆模。

2. 隧道开挖

（1）开挖工法选择

本隧道按新奥法组织施工，采用微振控制爆破；施工中遵循"管超前、严注浆、短开挖、弱爆破、快封闭、勤量测"的基本原则。

（2）浅埋段 V 级围岩双侧壁导坑法施工

① 施工方法

双侧壁导坑法是变大跨度为小跨度的施工方法，以台阶法为基础，将隧道断面分成双侧壁导洞和上、下台阶四个部分,将大跨度分成三个小跨度进行作业,其双侧壁导洞尺寸根据机械设备和施工条件确定。

② 开挖步序及施工工序

a. 开挖步序:左导洞上台阶→右导洞上台阶→左导洞下台阶→右导洞下台阶→中隔壁拱部弧形导坑→中隔壁上台阶核心土→中隔壁下台阶核心土。每个导坑步长控制在 5~10 m,左右导坑错开不小于 15 m。

b. 施工工序:双侧壁导坑法施工工序图如图 2-27 所示。

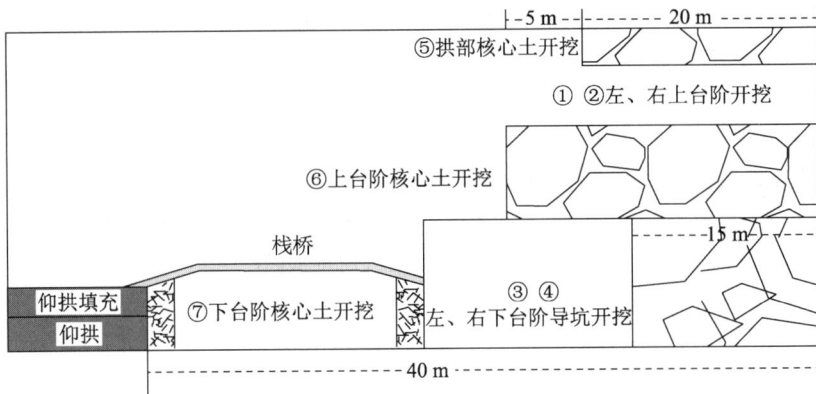

图 2-27 双侧壁导坑法施工工序图

· 左导洞上台阶超前支护;

· 左导洞上台阶开挖,控制进尺每循环 1 榀拱架间距;

· 左导洞上台阶初期支护及中隔壁临时支护;

· 右导洞上台阶超前支护;

· 右导洞上台阶开挖,控制进尺每循环 1 榀拱架间距;

· 施作右导洞上台阶初期支护及中隔壁临时支护;

· 左侧下导洞超前支护;

· 左导洞下台阶开挖,控制进尺每循环 1 榀拱架间距;

· 左导洞下台阶初期支护及中隔壁临时支护;

· 右侧下导洞超前支护;

· 右导洞下台阶开挖,控制进尺每循环 1 榀拱架间距;

· 右导洞下台阶初期支护及中隔壁临时支护;

· 中央上部超前支护;

· 拆除中央上部相关侧壁临时支护,开挖中央上部;

· 中央上部初期支护;

· 拆除中央下部相关临时支护,开挖中央下部;

·仰拱施工；

·防水层施工及二次衬砌施工。

（3）Ⅴ级围岩深埋地段中隔壁法施工

① 施工方法

利用中隔壁法将隧道分为左右两大部分进行开挖,先在隧道一侧采用台阶法自上而下分层开挖,待该侧初期支护完成且喷射混凝土达到设计强度的70%以上时,再分层开挖隧道的另一侧,其分部次数及支护形式与先开挖的一侧相同。

② 开挖步序及施工工序

a. 开挖步序:左导洞上台阶→左导洞下台阶→右导洞上台阶→右导洞下台阶。每个导坑步长控制在5～10 m,左右导坑错开不小于15 m。

b. 施工工序:中隔壁法施工工序图如图2-28所示。

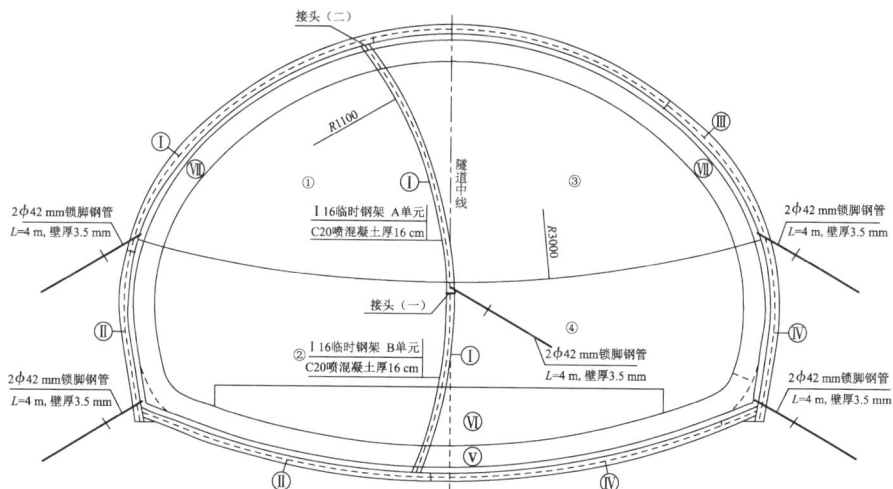

图 2-28　中隔壁法施工工序图

·左导洞上台阶超前支护；

·左导洞上台阶开挖,控制进尺每循环1榀拱架间距；

·施作左导洞上台阶初期支护及中隔壁临时支护；

·左导洞下台阶开挖,控制进尺每循环1榀拱架间距；

·施作左导洞下台阶初期支护及中隔壁临时支护；

·右导洞上台阶超前支护；

·右导洞上台阶开挖,控制进尺每循环1榀拱架间距；

·施作右导洞上台阶初期支护；

·右导洞下台阶开挖,控制进尺每循环1榀拱架间距；

· 施作右导洞下台阶初期支护;

· 拆除中隔壁支护;

· 仰拱施工;

· 防水层施工及二次衬砌施工。

（4）Ⅳ级围岩环向开挖预留核心土

① 施工方法

环向开挖预留核心土法首先在上台阶开挖弧形导坑并进行支护,其次错开开挖左右两侧下台阶,再开挖中部核心土形成施工马道,最后开挖仰拱封闭成环。

环向开挖预留核心土每循环进尺宜控制在 2 榀钢拱架间距以内,预留的核心土的面积应满足开挖面稳定性的要求,不宜低于开挖断面面积的 50%;开挖后应及时施作初期支护并锁脚锚杆(管);上部弧形导坑、左右侧墙部、中部核心土开挖时,各错开 3~5 m 平行作业;仰拱施工紧跟下台阶,仰拱距掌子面不得超过 50 m。地质条件较差时,仰拱距掌子面可控制在 40 m 以内。

② 施工顺序

拱部初期支护→上弧形导坑开挖→上半断面初期支护→预留核心土开挖→下台阶左侧开挖及支护→下台阶右侧开挖及支护→下台阶中部核心土开挖→仰拱施工→全断面二次衬砌。预留核心土法施工工序图如图 2-29 所示。

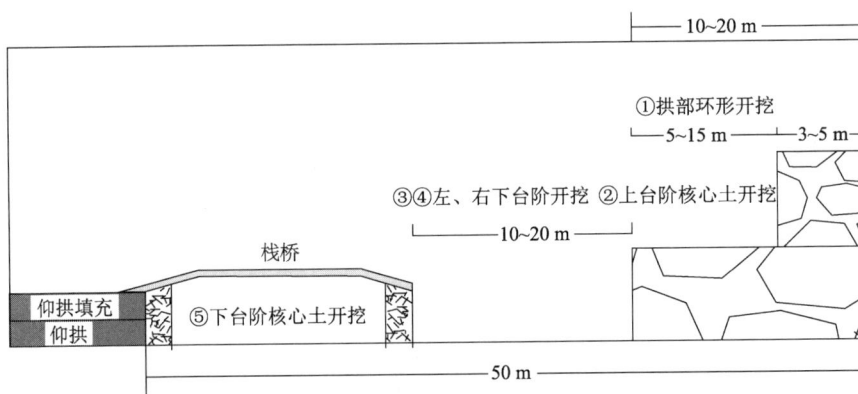

图 2-29　预留核心土法施工工序图

（5）Ⅲ级围岩三台阶法施工

① 施工方法:三台阶法将隧道断面分为三部分开挖,单级台阶长 5~8 m。

② 施工顺序:上台阶开挖→上台阶初期支护→中台阶开挖→中台阶初期支护→下台阶开挖→下台阶初期支护→全断面二次衬砌。三台阶法施工工序图如图 2-30 所示。

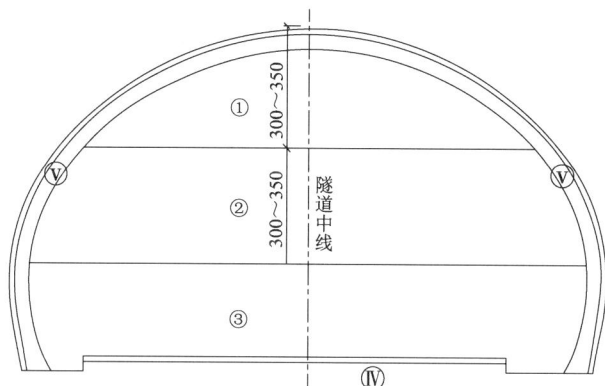

图 2-30　三台阶法施工工序图

（6）施工工艺要求

① 土质或软岩采用机械开挖。岩质隧道应用光面爆破或预裂爆破，最大限度地保护周边岩体的完整性，同时减少超挖量，提高围岩自身的承载能力；光面爆破的参数根据工程类比法或通过现场试爆确定。

② 施工开挖严格控制掘进进尺。V 级围岩每循环进尺不得大于 1 榀钢拱架间距；IV 级围岩每循环进尺不得大于 1.5 榀钢拱架间距；III 级围岩按台阶法开挖，进尺不得超过 1.5 m。

③ 控制欠挖。拱脚、墙脚以上 1 m 范围内的断面严禁欠挖；减少超挖，不同围岩地质条件下的超挖值满足要求，超挖部分必须回填密实。

3. 初期支护

（1）支护简介

V 级围岩 S4-2 型衬砌的初期支护由工字钢拱架、系统锚杆、钢筋网及喷射混凝土组成；S4-1、S4 型衬砌的初期支护由钢筋格栅拱架、系统锚杆、钢筋网及喷射混凝土组成；III 级围岩的初期支护由系统锚杆、钢筋网及喷射混凝土组成。钢拱架之间采用纵向钢筋连接，并与系统锚杆及钢筋网焊为一体，密贴围岩，形成承载结构。

工字钢拱架在型钢加工厂按设计单元加工成型，加工机械主要有型钢冷弯机、联合液压冲孔机、等离子切割机、二氧化碳保护焊等。钢拱架在初喷砼和锚杆安装后架设，架设时与定位系筋焊接。钢拱架之间设纵向连接筋，钢架间用喷砼填平。钢架必须放在牢固的基础上，架立时垂直于隧道中线，钢架与围岩之间间隙过大时设置垫块，并用喷砼喷填。

钢筋网在型钢加工厂采用钢筋网排焊机加工成型。钢筋网在开挖面初喷砼及锚杆施作后铺设，用 ϕ8 mm 的钢筋。钢筋网格间距应符合设计要求，钢筋网可根据岩面的实际起伏状况铺设,也可预先在洞外拼成片块,再到洞内拼接,拼接的搭接长度不小于 10 cm。钢筋网与径向锚杆的连接处用细铁丝绑扎或点焊,使钢筋网在喷射时不易晃动。

喷射混凝土采用湿喷机械手进行,喷射作业面紧跟开挖面,尽量缩短开挖面暴露时间,每段长度按循环进尺确定。工作风压大于 0.5 MPa,水压比风压大 0.1 MPa,喷头与受喷面的距离为 1.5~2.0 m,喷射时先喷凹坑,喷头与受喷面保持垂直,喷射路线自下而上,呈"S"形运动。

(2)施工工艺要求

① 初期支护喷射混凝土采用湿喷工艺,湿喷混凝土的坍落度宜控制在 80~120 mm。

② 喷射混凝土支护与围岩紧密粘接,结合牢固,喷层不能有空洞,喷层内不允许夹有片石和木板等杂物,必要时应进行粘结强度测试,严禁挂模喷射。

③ 喷射混凝土作业时喷嘴垂直于岩面,喷射的混凝土必须直接喷在岩面上,喷枪头与喷面的距离控制在 0.6~1.2 m,喷射压力应控制在 0.1~0.15 MPa。

④ 喷射混凝土时由下至上分段喷射,初喷厚度宜控制在 40~60 mm,单次复喷厚度不得大于 10 mm。

⑤ 为保证注浆质量,系统锚杆与开挖面应垂直,各种锚杆均设置垫板,灌注早强水泥浆(水灰比 0.45∶1),锚杆孔内注浆密实饱满。

⑥ 系统锚杆严格按要求进行注浆,一般情况下,Ⅲ级围岩系统锚杆抗拔力不小于 100 kN,Ⅳ、Ⅴ级围岩不小于 80 kN。

⑦ 钢架靠围岩侧保护层厚度不小于 4 cm,靠二次衬砌不小于 2 cm;钢拱架与围岩之间的间隙应及时用 C25 砼楔形块顶紧,并覆喷至设计厚度,使钢架与喷射混凝土共同承受荷载,控制围岩松弛和塑性区扩大。

⑧ 钢支撑拱脚、底脚必须放在牢固的基础上,拱脚设置锁脚锚杆或用小导管注浆加固;钢架底脚悬空时应设置钢板或混凝土垫块调整,不得用块石、碎石砌垫。

4. 超前支护

本合同段的超前支护措施主要为洞口浅埋段的超前管棚支护、Ⅴ级软岩超前小导管支护、Ⅳ级围岩超前锚杆支护等。

(1)超前管棚支护

① 套拱施工

在明洞外轮廓线以外,紧贴掌子面支撑模板,套拱内埋设 3 榀 180 工字钢,在型钢上按管棚的设计间距及倾角(平行于路线纵坡)定位安装管棚的导向钢管（φ127 mm×4.0 mm），然后安设外模浇筑导向墙混凝土。

② 洞口长管棚支护

为保证施工安全，隧道进洞地段施工设长管棚超前支护，注浆加固后再进行开挖，各断面大管棚钻机一次施工完毕。

长管棚的有孔钢花管采用热轧无缝钢管，钢管前端呈尖锥状，尾部焊有加紧箍，管壁四周钻压浆孔。配备电动钻机，钻孔并顶进长管棚钢管；采用 C25 混凝土套拱做长管棚导向墙，在要施作长管棚地段前端 10 m 处先做上台阶成拱部管棚工作平台，模筑套拱，定位后进行长管棚施工；当长管棚在明洞段施工时，套拱在明洞轮廓线外施作。管棚按设计位置施工，先打有孔管，注浆后再打无孔管，无孔管作为检查管检查注浆质量，注浆管棚施工工艺流程如图 2-31 所示。

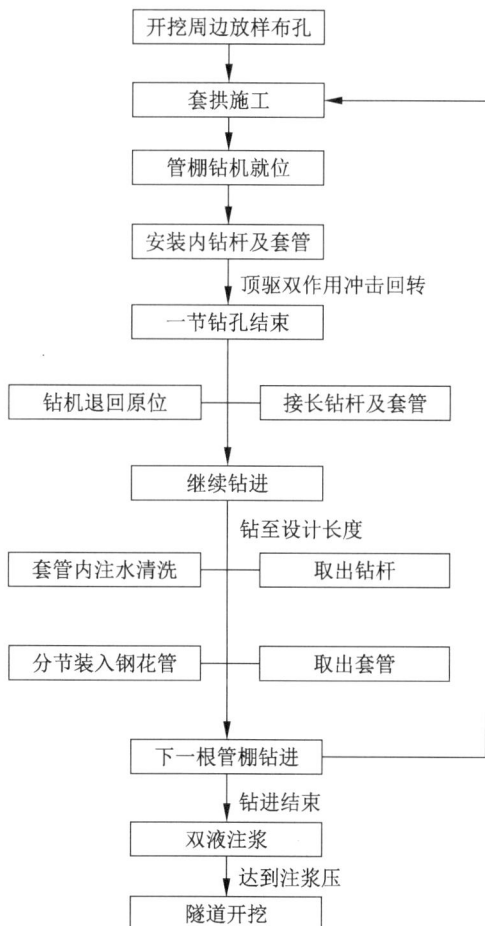

图 2-31　注浆管棚施工工艺流程图

钢管接头采用丝扣连接,丝扣长 15 cm,为避免钢管错接,在每孔的第一节打设时,奇偶孔分别用 3 m 和 6 m 的钢管。注浆采用分段注浆,施工时根据实际情况调整管棚设计参数和注浆量,管棚与其他超前支护的搭接不小于 1 m。

（2）超前小导管支护

超前小导管用于 V 级软岩。小导管施工时,钢管与衬砌中线平行并以 8°～14°仰角打入拱部围岩,钢管环向间距 40 cm,每打完一排钢管并注浆后,开挖拱部及第一次喷射混凝土,架设钢架。初期支护完成后,隔 2 m 再打另一排钢管,超前小导管保持 1 m 以上的搭接长度。超前小导管从工字钢拱架腹部穿过,注浆参数通过现场试验按实际情况确定,注浆压力一般控制在 0.5～1 MPa。注浆量按施工实际情况做相应调整,具体工艺流程如图 2-32 所示。

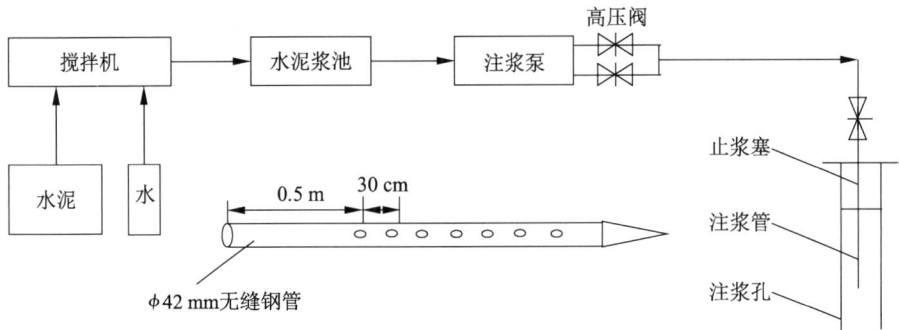

图 2-32　超前小导管施工工艺流程图

（3）超前锚杆支护

对于 IV 级围岩(S4-1)深埋地段,加固拱周软弱掩体。

布置孔位后用风枪钻孔,高压风清孔。普通砂浆锚杆采用快凝水泥药卷,孔内塞满药卷和砂浆后将杆体打入,封口后安装垫板。

5. 超前地质预报

隧道施工中的地质预报主要采用 TSP-202 超前地质预报仪,根据地表和已开挖隧道地段的地质调查、各种探测方法取得的资料以及地质推断法,预测开挖工作面前方一定长度范围内(一般每次预测长度为 10～20 m)围岩的工程地质和水文地质条件。超前地质预报包括隧道穿越较大断层预测、涌水地段预测和岩溶预测。预测方法有以下四种:用超前地质预报仪预测断层带;用相似比拟法预测隧道涌水;用超前地质预报仪预测岩溶;钻超前钻孔预测涌水量。

6. 监控量测

监控量测施工工艺流程如图 2-33 所示。

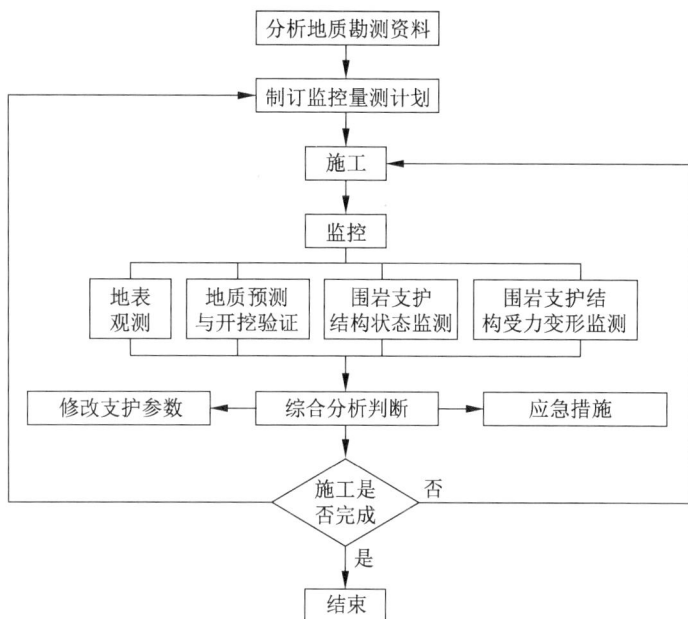

图 2-33　监控量测施工工艺流程图

（1）监控量测组织及人员配备

项目经理部成立施工监控量测小组,由工程技术部、量测队、现场技术员等 8 人及外委的第三方检测相关人员组成。工程技术部负责提出监控量测项目及方法,购置量测仪器和工具,确定测点布置方案和量测频率,指导和督促量测队和现场技术员按计划做好监控量测工作,并审查监控量测报告。量测队和现场技术员负责现场布点、数据采集以及量测数据分析、处理,根据现场需要定期或不定期出具监控量测报告。监控组每日均需将监控数据报告总工,以便项目部及时掌握。

（2）现场监控量测

现场监控量测是在隧道施工过程中对围岩和支护系统的稳定状态进行监测,为喷锚支护和模筑砼衬砌的参数调整提供依据。根据量测的数据,整理分析得到信息并及时反馈到设计和施工中,进一步优化设计和施工方案,达到安全、经济、快速施工的目的。围岩量测是施工管理中的一个重要环节,是施工安全和质量的保障。现场监控量测的目的包括:

① 了解围岩、支护变形情况,以便及时调整和修正支护参数,保证围岩稳定和施工安全;

② 提供判断围岩和支护系统基本稳定的依据,确定模筑砼衬砌时间;

③ 依据量测资料采取相应措施,在保证施工安全的前提下加快施工进度;

④ 积累量测数据资料,提高施工技术水平。

(3)现场监控量测项目、仪器及要求

① 量测项目、测点布置方法及量测频率

隧道量测项目、测点布置方法及量测频率见表2-5。

表2-5　隧道现场监控量测项目及要求

量测项目名称		方法及工具	测点布置	量测间隔时间			
				1~15 天	16 天~1 个月	1~3 个月	3 个月以后
必测项目	地质超前预报	地质雷达或其他方法	Ⅳ、Ⅴ级围岩及估计有不良地质处	在需要地段每 20 m 一次			
	地质及支护状态观察	岩性、结构面产状及支护裂缝观察和描述,地质罗盘及规尺等	开挖后及初期支护后进行	每次爆破后			
	水平收敛和拱顶下沉量测	各类型收敛计	Ⅴ级围岩每 10~50 m 一个断面,Ⅳ级围岩每 10~50 m 一个断面	爆破后 24 小时内进行			
				0~18 m	19~36 m	37~90 m	>90 m
				1~2 次/天	1 次/天	1~2 次/周	1~3 次/月
	仰拱隆起量测	水平仪、水准尺	Ⅴ级围岩每 1~20 m 一个断面,Ⅳ级围岩每 20~40 m 一个断面	仰拱开挖后 12 小时内进行			
				1~15 天	16 天~1 个月	1~3 个月	>3 个月
				1 次/天	1 次/2 天	1~2 次/周	1~3 次/月
选测项目	围岩内部位移量测(洞内设点)	洞内钻孔安设多点式位移计	每一级围岩选一断面,每个断面 1~11 个测点	爆破后 24 小时内进行			
				0~18 m	19~36 m	37~90 m	>90 m
				1~2 次/天	1 次/天	1~2 次/天	1 次/周
	锚杆内力量测	各类电测锚杆,锚杆测力计及拉拔器	每一级围岩段选一组,每组 1~5 根	锚杆施作后开始			
				0~18 m	19~36 m	37~90 m	>90 m
				1~2 次/天	1 次/2 天	1~2 次/周	1~3 次/月
	钢支撑内力量测	应变片及支柱压力计	每 20~30 榀钢支撑中选 1 榀,每段钢支撑均有测点	钢支撑施作后开始			
				0~18 m	19~36 m	37~90 m	>90 m
				1~2 次/天	1 次/2 天	1~2 次/周	1~3 次/月
	喷射混凝土应力量测	表面应力解除法	每一级围岩段选一组,每组 1~5 个测点	二次衬砌施作前进行			
	二次衬砌压应力量测	各类型压力盒	每一级围岩段选一组,每组 1~5 个断面,每个断面 1~11 个测点	二次衬砌施作后开始			
				1~15 天	16 天~1 个月	1~3 个月	>3 个月
				1 次/天	1 次/2 天	1~2 次/周	1~3 次/月

② 监控量测仪器配置

监控量测仪器配置见表2-6。

表 2-6　监控量测仪器

序号	设备、仪器名称	型号	产地国	单位	数量
1	全站型电子测距仪	Leica TCRA1201	瑞士	台	1
2	高精度水准仪	Leica NA2	瑞士	台	1
3	收敛仪	SLJ-2	中国	套	2
4	水准尺	铟钢尺	中国	把	2
5	振弦式混凝土喷层应力计	GPL-2	中国	支	若干
6	振弦式混凝土应变计	EBJ-50	中国	支	若干
7	振弦式表面应变计	EBJ-57	中国	支	若干
8	振弦式压力盒	TYJ-20	中国	个	若干

③ 断面设置

本项目监测断面分为标准监测断面和重点监测断面。标准监测断面数量较多,但监测内容较少,包括部分必测项目;重点监测断面布置数量相对较少,但监测内容较全,包括必测项目及部分选测项目。重点监测断面主要布置在地质薄弱部位,并且每条隧道的每类围岩代表性地段都宜布置 1~2 个,具体位置根据掘进的实际情况确定。

④ 现场量测要求

a. 喷锚支护施工 2 h 后即埋设测点,进行第一次量测数据采集。

b. 测试前检查仪表设备是否完好,确认测点是否松动或损坏,发现故障及时修理或更换,测点状态良好时方可进行测试工作。

c. 测试中按各项量测操作规程安装好仪器仪表,每个测点一般量测 3 次,3 次读数相差不大时,取算术平均值作为观测值;若读数相差过大则检查仪器仪表安装是否正确、测点是否松动,确认无误后再按前述要求进行复测。每次测试都要认真做好原始数据记录,并记录量测里程、支护施工情况及环境温度等,保证原始记录的准确性。量测数据应在现场进行粗略计算,若发现变位较大,应及时通知现场施工负责人。

d. 测试完毕后检查仪器、仪表,做好养护、保管工作。及时进行资料整理,监测资料须认真整理和审核。

(4) 施工监测

① 标准断面

标准断面以拱顶下沉和净空收敛量测为主,Ⅱ级围岩间距 50 m,Ⅲ级围岩间距 30~50 m,Ⅳ级围岩间距 10~20 m,Ⅴ级围岩间距 10 m。在洞口、围岩变化及断层破碎带处围岩间距应适当加密至 5 m。

收敛断面应根据施工方法和围岩地质条件来布置。例如,全断面法开挖布置一条基线;上下台阶法在拱顶、起拱线、边墙中部布置 5 点 6 线(主要量测两条水平基线);CD 或 CRD 法开挖应分别在左右导洞各布置两条水平基线;单侧壁导坑法要布置临时的 2 点 2 线(两条水平基线)。布置方法如图 2-34 所示。

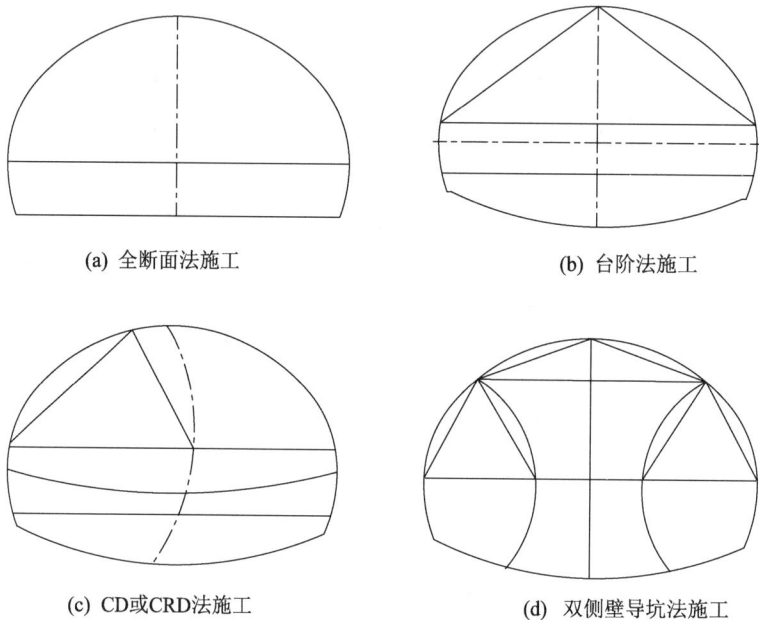

(a) 全断面法施工

(b) 台阶法施工

(c) CD或CRD法施工

(d) 双侧壁导坑法施工

图 2-34 收敛、拱顶下沉测点布置示意图

对Ⅲ级围岩,在收敛量测断面拱顶正中布置 1 个拱顶下沉测点;对于 V 级围岩,可以在中线两侧再各布置 1 个测点。施工方法不同,拱顶下沉测点位置布置将有所变化,应根据实际情况确定。

② 重点断面

a. 断面布置

原则上在每条隧道的各类代表性围岩与地质薄弱部位各布置 1 个断面,具体数量以招标文件为准,并根据实际情况和业主、监理沟通后进行调整。

b. 监测项目设置

重点断面设置的监测项目有地质和支护状况、周边收敛位移、拱顶下沉、地表下沉、围岩压力、两层支护间压力、钢架内力和锚杆抗拔力。周边收敛位移和拱顶下沉测点的布置同普通断面。

围岩压力、钢架内力、二次衬砌内力一般都设置 3 个测点,分别位于拱顶和两拱腰,必要时也可以根据实际地质情况,增加边墙两侧测点,部分测点可成对布置在钢架、衬砌内外缘。

地表下沉断面主要布置在洞口边坡及浅埋处,设置 2~3 个观测断面,每个断面布置 6~8 个测点,测点平均横向间距 2~5 m;每个洞口设置 2 个基准点,实施时测点埋设示意图如图 2-35 所示。

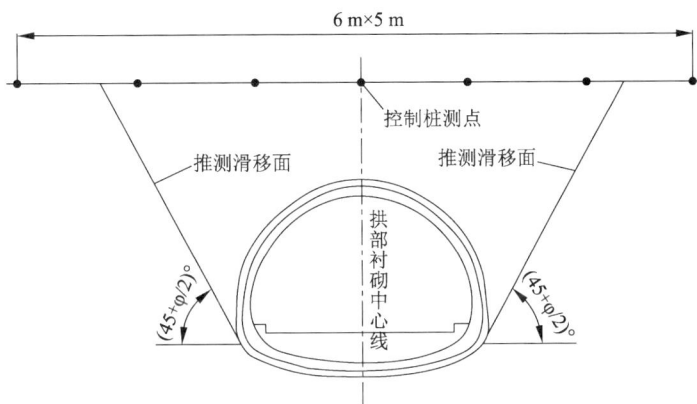

图 2-35　地表沉降测点埋设布置示意图

c. 围岩压力和两层支护间压力测点布置

围岩压力和两层支护间压力测点布置在围岩和初期支护界面及两层支护间界面的拱顶、两拱腰部位,每断面埋设 6 个振弦式双膜压力盒,详细布置如图 2-36 所示。

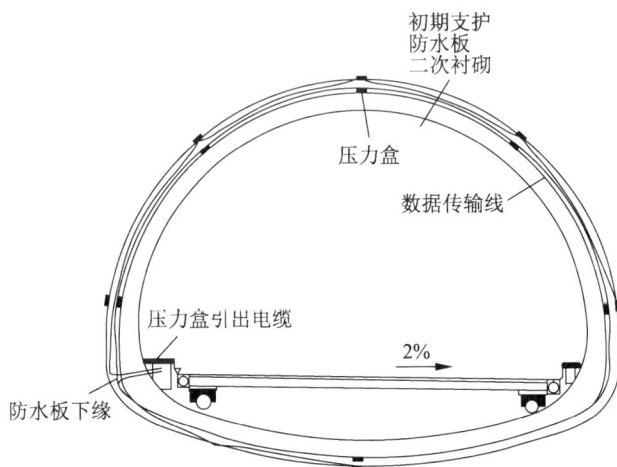

图 2-36　围岩压力和两层支护间压力测点布置示意图

d. 钢架内力测点布置

每个断面拟布置 3 个测点,分别位于拱顶、两拱腰处,每个测位在钢架主筋或型钢的表面安装振弦式钢筋计或振弦式表面应变计,详细布置如图 2-37 所示。

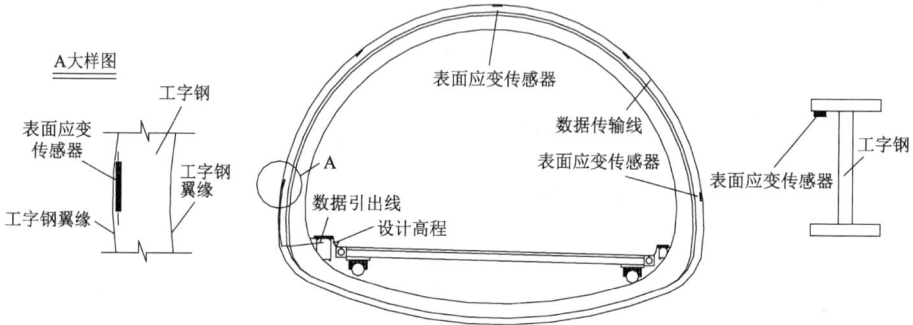

图 2-37 钢架内力测点布置示意图

e. 衬砌内力测点布置

采用振弦式混凝土应变计对二次衬砌中的素混凝土进行应变量测,每个断面拟布置 3 个测点,分别位于拱顶、两拱腰处,详细布置如图 2-38 所示。

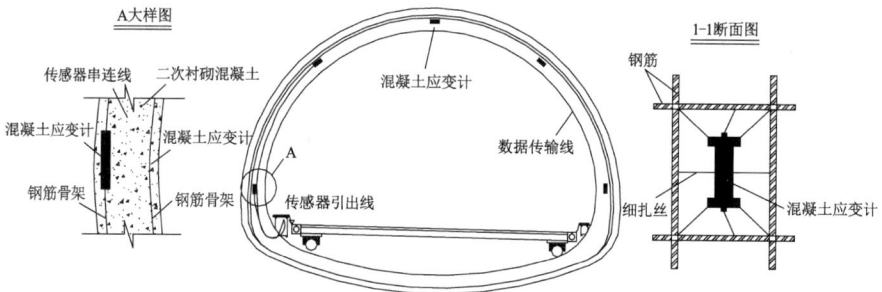

图 2-38 二次衬砌中混凝土应变计测点布置示意图

喷层应力量测断面位置根据实际情况而定。每个断面拟布置 3 个测点,分别位于拱顶、两拱腰处,每个测点埋设 1 支振弦式混凝土应力计,量测初期支护喷砼层的切向应力,布置如图 2-39 所示。

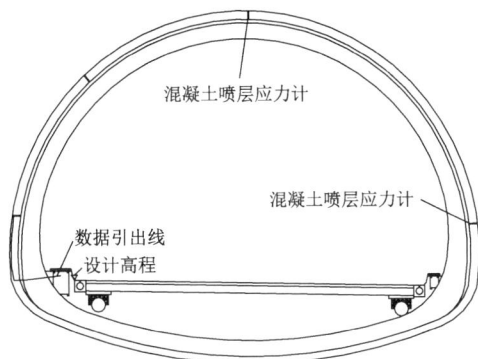

图 2-39　喷层混凝土应力计测点布置示意图

f. 二衬裂缝监测

裂缝监测点按实际出现的位置和数量施测,采用裂缝计或者游标卡尺进行。

（5）量测数据分析和信息反馈

对量测数据进行处理和分析,绘制时间-位移曲线。一般会出现两种时间-位移特征曲线,如图 2-40 所示。

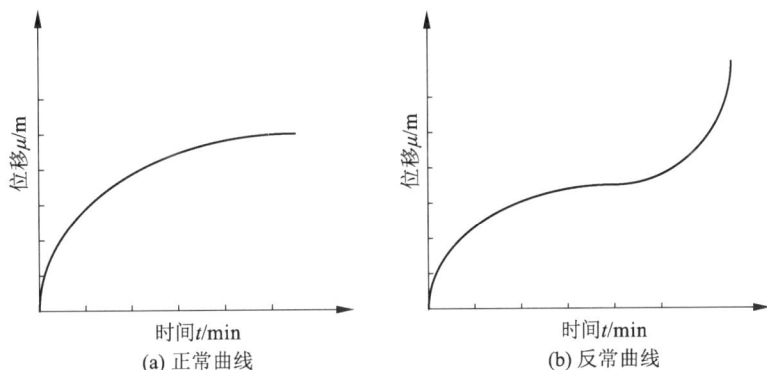

图 2-40　时间-位移特征曲线图

图 2-40a 表示绝对位移值逐渐减小,支护结构趋于稳定,可施工模筑砼衬砌。图 2-40b 表示位移变化异常,出现拐点,表明喷锚支护已出现严重变形,应及时通知施工管理人员,对该段支护采取加强措施,确保隧道不塌方。情况严重时,施工人员应撤离施工现场,保证施工人员安全。

7. 防排水

（1）洞身防排水施工

① 基面处理

铺挂前先对喷砼层进行必要的检查和处理,包括检查隧道净空、切割外露钢筋头、处理局部漏水点以及修整凹凸不平喷砼面等。

　　a. 对于钢筋网等凸出部分，先切断，再用锤铆平抹砂浆素灰；

　　b. 有凸出的管道时，用砂浆抹平；

　　c. 锚杆有凸出部位时，螺头顶预留 5 mm 切断后，用塑料帽处理；

　　d. 初期支护应无空鼓、裂缝、松酥，表面应平顺，凹凸量不得超过±5 cm。

　　② 防水板施工

　　在初期支护和二次衬砌之间设置复合防水层，防水板采用防水板台车铺设，土工布铺设采用射钉枪直接钉铺在喷砼面，防水板铺挂采用无钉热焊工艺拼接和固定，防水板铺挂台车施工方法如图 2-41 所示，防水板、土工布固定方法如图 2-42 所示。

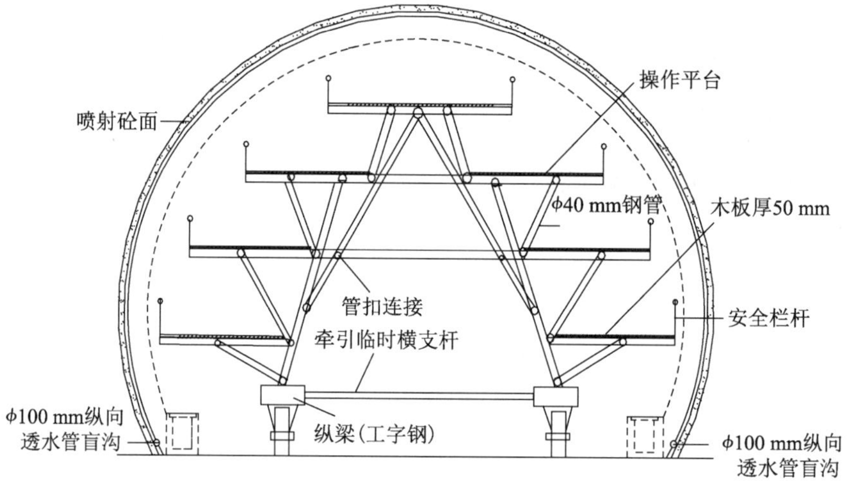

图 2-41　防水板铺挂台车施工图

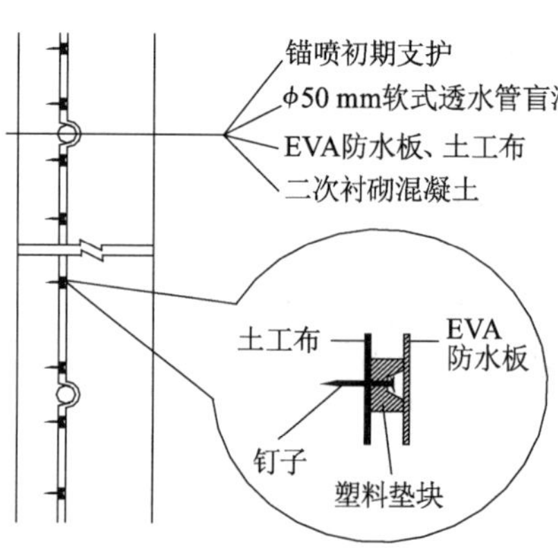

图 2-42　防水板、土工布固定方法

③ 结构缝防水

施工缝、沉降缝、变形缝处采用橡胶止水带和注浆止水条防水,施工时按照设计要求施作。

进行上一循环衬砌时,在挡头板中间安装环形垫块,使衬砌砼在端头面上形成一条环形凹槽。进行下一循环衬砌前,须将凹槽内清理干净,将新旧砼连接面凿毛并清洗干净,以保证接缝面砼接合紧密。在凹槽内刷上粘胶,将止水条嵌入其中,粘结牢固。结构缝防水构造示意图如图 2-43 所示。

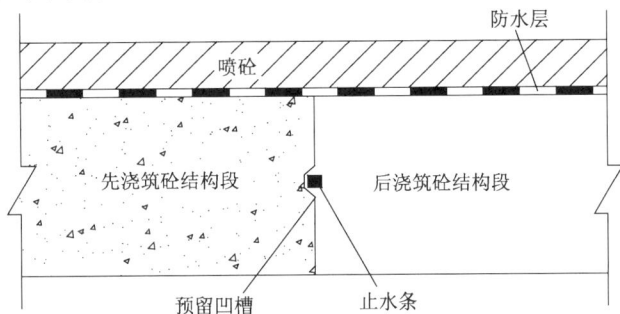

图 2-43　结构缝防水构造示意图

在模筑二次衬砌砼时,设置定位钢筋和钢筋夹,卡住止水带,并用挡头板夹住止水带,防止其在下一段衬砌灌注砼时变形移位。其安装方法如图 2-44 所示。

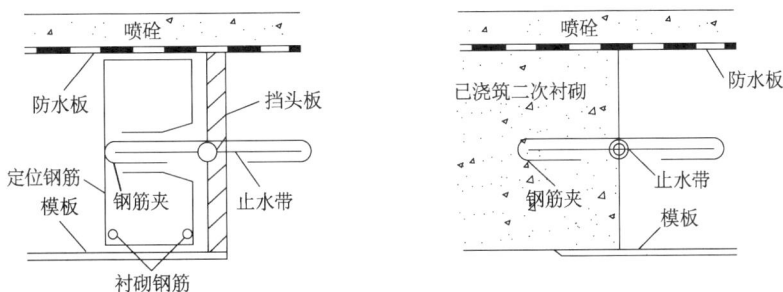

图 2-44　止水带安装示意图

④ 洞身排水

a. 支护排水

隧道初期支护与防水板背后设置软式透水环向盲管(局部富水地段设置间距可适当加密)引排基岩水,并通过设在边墙底部的纵向排水管、横向泄水管(ϕ110 mm HDPE 双壁打孔波纹管)引入隧道边沟再排出洞外。隧道壁和路面清洗污水及消防污水直接由洞内路面两侧排水边沟排出。

b. 洞内路基排水

隧道在路面下设纵横向排水盲管用来排出路基底部渗水,路基横向排水盲管及纵向排水盲管分别采用 ϕ50 mm、ϕ110 mm HDPE 双壁打孔波纹管。

⑤ 通风和防尘

隧道施工存在柴油机废气、炮烟及爆破、喷射砼粉尘等多种污染源,为降低洞内粉尘浓度,排出有害气体,必须加强隧道通风。

通风拟用压入式,通风机械设在洞口外大于 20 m 处,以免排出的废气再次进入洞内。压风采用 110 kW 型轴流排风风机,配 ϕ1000 mm 软式通风管,洞内管线布置如图 2-45 所示。

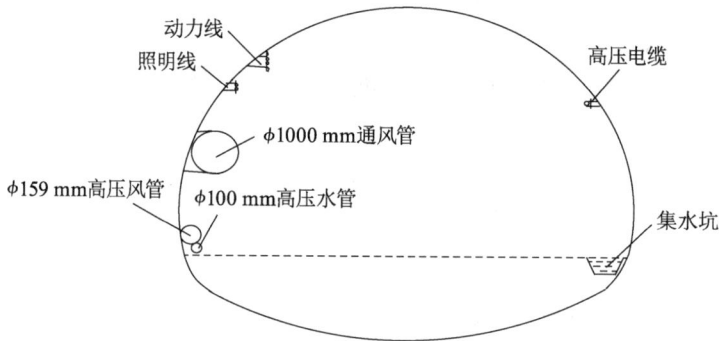

图 2-45　洞内管线布置图

(2) 隧道防排水施工

① 防排水原则

a. 隧道防排水遵循"防、排、截、堵相结合,刚柔相济,因地制宜,综合治理"的原则,对地表水、地下水妥善处理,洞内外形成一个完整畅通、便于维护的排水系统。施工中遇到与设计不相符的地段,应及时与设计单位沟通,不可盲目施工。

b. 隧道主洞防水等级为二级,即保证拱部、边墙、路面、设备箱洞不渗水,服务通道拱部不滴水,边墙不淌水。

c. 隧道防水以混凝土自防水为主体,以变形缝、施工缝等特殊部位防水为重点,辅以注浆防水和铺设防水层。

② 衬砌结构防水

a. 隧道衬砌采用模筑 C30 混凝土或 C30 钢筋混凝土,其抗渗等级不得低于 P8;拱墙衬砌背后铺设 EVA 防水板(厚度 1.5 mm)和无纺土工布($\geqslant$300 g/m²)。

b. 隧道环向施工缝设置中埋式橡胶止水带,纵向施工缝涂刷混凝土界面剂,并设置制品型遇水膨胀橡胶止水条。

c. 隧道沉降缝或变形缝设置背贴式橡胶止水带与中埋式橡胶止水带。

d. 明洞结构拱墙背后铺设 EVA 防水板,防水板内外侧分别涂抹 3~5 cm M10 水泥砂浆,以防防水板被尖锐物刺破。

e. 明洞回填顶面设置 50 cm 厚黏土隔水层,且与边坡搭接良好,以防地表水渗入,隔水层表面喷播植草,以防雨水冲刷。

③ 洞内排水

a. 隧道开挖后集中排水点,环向增设排水盲管或铺设排水板引排至拱脚纵向排水管内。

b. 防水板背后拱墙设置环向排水带,将地下水引排至纵向排水管内,纵向排水管每道间距 5~6 m,施工中结合施工缝设置,与纵向排水管连通。

c. 隧道边墙脚沿纵向设置 ϕ100 mm HDPE 双壁打孔波纹管(270° 范围内打孔),设置横向外径 ϕ100 mm PVC-U 排水管引排至侧式水沟。

d. 隧道内排水采用路缘沟和侧式管沟,路缘沟采用 C25 钢筋混凝土预制沟,内部预留 ϕ150 mm PVC 管,侧式管沟采用 ϕ315 mm PVC-U 排水管(270° 范围内打孔)。

e. 隧道内路面下设置 15 cm 厚级配碎石垫层,垫层底部设置横向排水带排除隧道底部渗水,排水带纵向每道间距 10~12 m,将路面以下积水引排至侧式水沟。

f. 隧道内纵向排水沟管坡度与路线纵坡一致,路面横向排水带坡度不小于 2%。

g. 停车带、洞室与正洞连接处的防排水工程应与正洞同时完成,其搭接处应平顺,不得有破损和褶皱。

④ 洞口排水

a. 隧道洞内侧沟与路堑侧沟设置检查井衔接,洞口出洞方向为上坡时,在洞口外 3~5 m 处设横向拦截水沟,避免洞外水流入洞内。

b. 截水沟坡度需结合现场实际地形设置,纵坡不小于 0.5%,水沟纵坡较陡段,设置跌水台阶或急流槽。

(3) 施工工艺要求

① 防水卷材及无纺布在初期支护验收合格后进行施工。同时,检查喷砼支护表面,除去露出的尖锐物,使其平整度符合 $D/L=1/6$ 的要求(L 为相邻凸出距离,D 为凹进深度)。

② 铺设防水卷材前先对初期支护的渗漏水情况进行检查,并采取埋管引排、局部注浆等措施进行处理。

③ 防水卷材的铺挂采用热风双焊缝无钉铺挂工艺,防水卷材搭接长度不

小于 10 cm,并保证接缝质量。

④ 水平施工缝应设置于路面设计标高以下大于 0.25 m,浇筑前先将其表面凿毛、冲洗干净,涂刷界面剂后再及时浇筑混凝土。

⑤ 侧式排水管采用内径 31.5 cm 的 PVC-U 双壁打孔波纹管,环向范围 270°,浇筑侧式排水沟及盲沟上层混凝土时,采取隔离措施,隔离材料采用双层防渗无纺土工布(300 g/m²),防止水泥浆下渗造成排水沟堵塞。

8. 二次衬砌及仰拱回填

(1)仰拱及隧底填充施工

仰拱采用自行式液压栈桥整体施工,仰拱力求紧跟开挖工作面,一般距离控制在 30~40 m。仰拱应及时施作,尽早使衬砌闭合成环,整体受力,保证支护结构的稳定性。隧道底两侧与侧墙连接处平顺开挖,避免引起应力集中。边墙钢架底部杂物应清除干净,确保钢架连接良好。

(2)二衬混凝土施工

根据监控量测的结果,在围岩位移收敛已经基本稳定的情况下,可进行二次混凝土衬砌。隧道模筑衬砌内安设钢筋时,先在洞外型钢钢筋加工厂进行钢筋下料预加工,然后运到现场进行人工绑扎。

① 衬砌钢筋

钢筋加工弯制前先调直,并将表面油渍、水泥浆和浮皮铁锈等均清除干净,加工后的钢筋表面不得有削弱钢筋截面的划痕。利用冷拉方法矫直伸长率,Ⅰ级钢筋伸长率不得超过 2%,Ⅱ级钢筋伸长率不得超过 1%。

② 二次衬砌施工

主洞隧道衬砌采用新型液压衬砌台车(配置分料系统),如图 2-46 所示,台车长 10 m,台车钢板厚 10 mm,车行横洞及人行横洞采用组合钢模支架法衬砌。混凝土采用拌合站集中拌制,混凝土罐车运输,砼输送泵泵送入模,插入式振捣器配合附着式振动器振捣。

(3)施工工艺要求

① 隧道边墙及拱部二次衬砌的浇筑采用移动式液压模板台车和泵送砼整体浇筑,以保证二次衬砌密实,超挖部分采用同级砼回填。每模衬砌砼应连续浇筑,一次完成。

② 为防止衬砌拱顶背后空洞,拱部应预留回填压浆管,每隔 4~6 m 预留注浆孔,衬砌达到设计强度的 100% 后压注 1∶1 水泥浆液,注浆压力不大于 0.10~0.15 MPa,注浆不能替代二次衬砌,仅起到使二次衬砌密贴初期支护的作用。

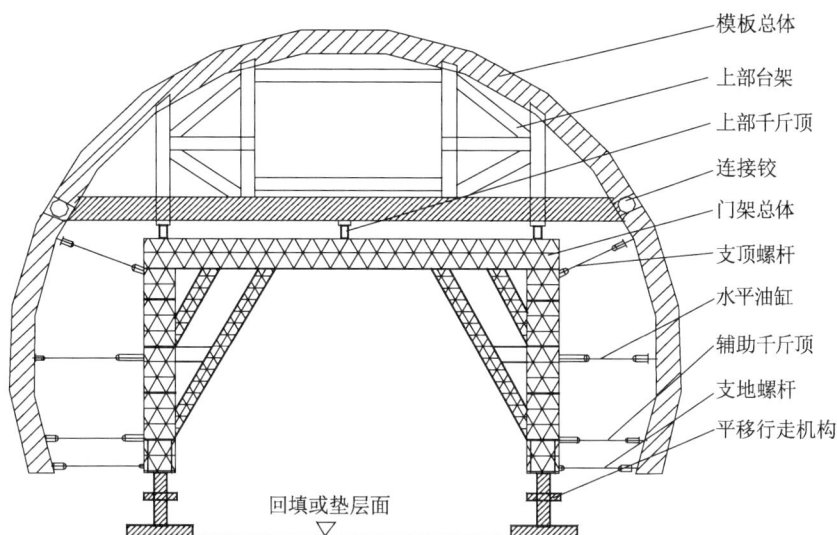

图 2-46 液压钢模衬砌台车

③ 二次衬砌应配备养护喷管,在拆模前冲洗模板外表面,拆模后用高压水喷淋混凝土表面,以降低水化热。洞口养护期不少于 14 天,洞身养护期不少于 7 天,对已贯通的隧道二衬养护期不少于 14 天。二次衬砌强度应达到设计强度的 100%,方可拆模。

④ 对浅埋、偏压、断层、节理密集带等软弱破碎围岩段应及时施作二次衬砌,V 级围岩不大于 50 m,Ⅳ级围岩不大于 70 m,以确保施工安全。

⑤ 受力主筋根据施工方法采用机械套筒连接;相邻受力钢筋接头位置应相互错开,位于同一连接区段内的受力钢筋接头面积百分率不大于 50%,且连接位置不得位于拱顶、拱腰等不利位置。

9. 隧道路面及沟槽施工

本隧道路面结构分砼板和沥青面层两部分,考虑到防火涂料施工易滴洒,沥青面层污染后难清洗,将沥青面层施工安排在涂料施工之后进行。洞内砼路面板的施工安排在仰拱、填充及衬砌施工完成后进行。路面施工在第一个车行通道完成后进行,先施工左洞或右洞,另一侧单洞作为通道。

(1)基面处理

在混凝土施工前,对基层面进行必要的处理和检查,使其标高、厚度、宽度、路拱、坡度及平整度符合设计要求,表面杂物清除干净,保持潮湿以便于粘结。

(2)施工放样

恢复中线和边线,定出拉线桩的位置和拉线高程。拉线桩平面直线段每

10 m 一个,曲线段每 5 m 一个,竖曲线段每 5~10 m 设置一个。

(3)模板的制作与安装

路面模板采用槽钢模制作,模板高度与砼路面厚度一致,钢制三角支撑。模板安装前,按模板支立边线,将基层与模板的接触带处理平整,然后沿立模边线将其贴立在基层顶面,对个别不平整处采取支持措施,并用砂浆填满。模板之间采用螺栓连接,使接头连接紧密;模板侧面埋设地锚牢固支撑,保证在浇注砼时能经受冲击和振动。在模板上按设计固定拉杆、传力杆。模板安装确保符合设计和规范要求,模板与混凝土接触面涂刷脱模剂。

(4)混凝土摊铺前的检查

混凝土摊铺前,对模板的间隔、高度、润滑情况、支撑情况及钢筋的位置和传力杆装置等进行全面检查,并认真清扫基层,适量洒水,拉线抽验路面板厚度。

(5)混凝土的搅拌和运输

各种原材料经检验合格后,严格按施工配比进行搅拌,搅拌楼的配套容量要满足摊铺进度要求,搅拌楼搅拌出的混凝土要严格符合各种规范要求。每 200 m³ 混凝土都要抽检坍落度、含气量、湿度、砂石料含量及混凝土容重,按规定预留一组抗折强度试件。在炎热或寒冷气候下施工时,应加检混凝土的温度、塌落损失率和粘接时间。混凝土的搅拌时间应根据现场实际观察具体确定。

根据施工进度、运量和运距选配好运输车辆,运力要比拌和能力略有富余。运送新拌混凝土装料时应防止离析,超过初凝时间的混凝土要移作他用。

(6)混凝土摊铺

砼运输车送砼至工作面,采用砼摊铺机摊铺,摊铺厚度应考虑振实预留高度。人工补料时,用锹反扣,严禁抛掷和搂耙,防止混凝土离析。

(7)钢筋安装

安放角隅钢筋时,先在安放钢筋的角隅处摊铺一层混凝土拌合物,摊铺高度比钢筋设计位置预加一定的沉落度。角隅钢筋就位后,用混凝土拌合物压住。拉杆和传力杆按设计位置在模板上设置预留孔。

(8)混凝土振实整平

使用砼振捣插入式振捣器从边角开始振捣,再用平板振捣器纵横交错全面振捣,然后用震动梁、提浆机提浆振平,同时辅以人工整平,最后用滚平机精平。精平后用木模揉压,然后用铝合金直尺检测平整度,平整度必须符合规范要求。振捣标准以混合料停止下沉,不再冒气泡,表面泛浆为准。振捣过程中随时检查模板和钢筋网片、拉杆、传力杆,发现下沉、变形、松动和移位等情况时,及时纠正。

（9）养护

待指压无痕时,用土工布覆盖洒水养护,保持湿润。

（10）切缝、刻纹

对于缩缝、施工缝上部的槽口应采用切缝法施工。当混凝土强度达到设计强度的 25% ~ 30% 时采用硬切缝机切割。切缝时间不得少于 24 小时,根据施工时白天和夜晚的温差采用软切缝施工,防止断板。温差小时,横向每隔 1 ~ 2 块板先软切一道缝,温差大时应全部软切。使用刻纹机刻纹时,保证刻纹深度和宽度符合规范要求。

（11）胀缝

隧道进出口按要求设置胀缝。按灌入法施工,灌前将缝内杂物清除干净,同时保持基层干燥。

（12）检修道盖板

检修道盖板采用洞外预制,电缆沟墙在路面施工后现场就地立模灌注施工,净空尺寸及高程符合设计要求。最后人工安装检修道盖板,并铺设平稳。

10. 其他工程

（1）预留设备洞室、横通道防排水与正洞同时施工,防水层转角衔接平顺,不得出现空白,洞室不得设于衬砌断面变化及各种衬砌接缝处。

（2）二次衬砌施工浇筑预留出各类孔、槽及边墙内的洞室,灌筑混凝土时确保各类预埋管件、预留孔、预留槽不发生位移,预留、预埋同步施工,不得遗漏。

（3）电缆槽盖板、水沟盖板采用工厂标准化预制,要求整齐、光滑、无翘曲,尺寸允许偏差±5 mm,平整度允许偏差±3 mm,电缆槽盖板、水沟盖板铺设应平稳,盖板与水沟缝隙用砂浆填平。

2.10.7　施工特点与难点

（1）湖美溪隧道整体结构为分离式隧道,炎陵端左右出口存在偏压。洞门设计为端墙式,采用变断面套拱进洞,并严格按照设计图纸进行回填处理。

（2）隧道出口与大演一号大桥相邻,左线 0 号桥台距离洞口较近,隧道洞外接路堑,需明确洞口施工工序:施作路堑及边坡防护→施作桥台→洞口掘槽开挖→施作套拱及管棚→暗洞掘进。

（3）湖美溪隧道工程本合同段 K169+330 ~ K170+120（Z1K169+320 ~ Z1K170+100）深大于 238 m,属硬质岩高地应力区,开挖过程中可能出现岩爆,洞壁岩体有剥离和掉块现象,新生裂缝较多,成洞性较差。通过开挖前措施（开挖超前导坑、超前钻孔爆破、超前钻孔注水）、开挖后措施（开挖面喷雾射水、径向钻孔注水)、施工工艺(分部开挖、短进尺、光面爆破)、加强支护(钢架/网喷砼、超前锚杆及加长系统锚杆)等多项措施达到软化围岩、释放应力、保护人员及设备、保证结构安全的目的。

(4) 隧道出口位于斜坡下部,山体自然坡度为 25°~30°,覆盖层较薄,围岩级别为V级,围岩稳定性差,洞顶岩土体厚度小、易坍塌,地下水水位标高高于隧道洞顶标高。施工时充分考虑受力要求,加强支护结构受力与排水措施。

2.10.8 绿色工程实施

1. 目标

莆炎高速三明段 YA11 合同段项目部创建绿色公路典型示范标段工作以交通运输部办公厅《关于实施绿色公路建设的指导意见》(交办公路〔2016〕93号)文件精神为指导,以"创新驱动、生态优先、循环利用、品质提升"为总体建设目标,力争打造成国内知名的精品生态示范路,树立山区绿色公路建设标杆,引领福建省公路建设绿色转型发展,推动我国公路建设整体水平提升。实施目标如表 2-7 所示。

表 2-7 莆炎高速三明段 YA11 合同段实施目标

分类	实施项目	实施目标	备注
保护土地资源,节约用地	永临结合,统筹布设临建场地及施工便道	全线	永临结合,统筹布设临建场地及施工便道、节约土地
资源循环利用	隧道弃渣综合利用	Ⅲ级围岩用	资源循环利用,用于还耕复垦
生态保护	野生动物通道保护	全线	
	隧道"零开挖"进洞	湖美溪隧道出口	洞门顶的高度和开挖面相接处点的高度相同,洞门以上标高的土体不开挖,尽可能不去挖路堑后再开进洞,遵循"早进洞、晚出洞、不破坏就是最大保护"的理念
	隧道用水处理	隧道排水	污水处理
智慧工地	二维码信息管控	全线	构造物信息、操作规程及技术交底
	远程视频监控	三集中场站、隧道作业区	

2. 实施性措施

(1) 永临结合

① 该工程与山面村政府沟通,拟租用当地山面大桥、当地既有水泥道路(需要进行拓宽,6#便道)及山间原有道路(1#便道),作为该工程从 206 省道

通往标尾和湖美溪隧道的施工便道,减少修建临时便道的工程量,节约成本,避免因新修便道大面积征地,有效保护原生态地形地貌。

② 提前施作隧道洞门及洞口工程,洞口临时性场地硬化与后续永久性路面工程实现永临结合,减少浪费,有效提高洞口段标准化水平。

（2）隧道弃渣综合利用

湖美溪隧道长 1926 m,三级围岩占 58.7%,总弃渣量约 53.7 万方,隧道弃渣的循环利用主要通过"三级筛选"进行,筛选后绝大多数就地加工破碎,优质碎石用于隧道衬砌、桥梁混凝土骨料,次级碎石用于路面碎石垫层,其余用于填筑路基和生产机制砂(图 2-47)。

图 2-47　机制砂

（3）隧道"零开挖"进洞

零开挖进洞是尽可能保持原生态平衡的一种方法,即洞门顶的高度和开挖面相接处点的高度相同,洞门以上标高的土体不开挖,遵循"早进洞、晚出洞"的原则。洞口施工工序:施作路堑及边坡防护→施作桥台→洞口掘槽开挖→施作套拱及管棚→暗洞掘进。零开挖进洞施工图如图 2-48 所示。

图 2-48　零开挖进洞施工图

（4）隧道用水沉淀

湖美溪隧道施工废水中固体悬浮物较多，且被混凝土或喷射混凝土所产生的碱性污染物污染，并含有少量油脂。该工程是上坡开挖，在隧道出口施工现场设置三级沉淀池（图 2-49）和污水处理系统，污水经三级沉淀池沉淀，通过污水处理系统净化完毕，达到排放标准后方可外排。

图 2-49　三级沉淀池

（5）拌合站污水处理

混凝土拌合站在生产过程中将产生大量的废水，造成资源浪费和环境污染。为了彻底解决冲洗搅拌机、运输车的废水排放问题，采用混凝土砂石分离设备、四级沉淀池和污水处理系统。砂石分离机又叫混凝土砂石分离机或混凝土砂石分离浆水回收设备，主要用于将清洗罐车的污水及残留在混凝土中的砂石清洗分离并回收利用。该装置机械结构简单，环保效益显著，分离出的砂石表面光洁，砂子含灰≤1%，含水≤3%~5%；洗车水循环使用，污水达到零排放；设备操作简单，便于清理检修。污水处理系统是把经过五级沉淀池的水再度处理，达到循环利用或零污染排放的目的。

（6）固体废弃物的处置措施

① 建立严格的固体废弃物管理制度，施工现场设置废弃物专用场地，集中管理。

② 项目部及各工区、生活区设置若干垃圾桶，集中贮存生活垃圾，定期运至指定的垃圾场处理。

③ 施工过程中的废弃物、边角料、包装袋等及时收集、清理，运至垃圾场。

④ 加强机械设备废弃物的回收管理制度。在维修或保养机械过程中严格执行废弃物回收制度，维修或保养机械过程中产生的废零件、废手套、废棉纱等指定专人负责回收，并设置专门收集废弃物的容器。

（7）推行高耐久性混凝土

高耐久性混凝土通过控制原材料的质量、严格设计配合比,合理掺入高效活性矿物掺料,采用高效减水剂制成具有良好工作性能、满足结构需求、耐久性能优异的混凝土。实现高性能混凝土的各项参数主要通过以下几个方面进行控制。

① 掺入高效活性矿物掺料

活性矿物掺料（硅灰、矿渣、粉煤灰等）中含有大量活性 SiO_2 及活性 Al_2O_3,它们能与水泥水化过程中产生的游离石灰及高碱性水化硅酸钙发生二次反应,生成强度更高、稳定性更优的低碱性水化硅酸钙,从而达到改善水化胶凝物质的组成、消除游离石灰的目的。有些超细矿物掺料的平均粒径小于水泥粒子的平均粒径,能填充于水泥粒子之间的空隙中,使混凝土的密实度大大提高,改善了混凝土的孔结构,降低了混凝土的孔隙率,提高了混凝土的抗渗性能,使环境水或化学物质不易侵入。

② 使用高效减水剂

高效减水剂可在不改变和易性的情况下大幅度减少用水量,其水灰比一般都在 0.38 以下。聚羧酸系第三代高效减水剂配置出的混凝土收缩小,体积稳定性有较大提高。同时,其掺量低,碱含量低,并有引气作用,混凝土流动性好,抗冻性好,坍落度损失低。

③ 采用合理的混凝土级配

高性能混凝土对骨料的要求比较高,一般要求最大骨料粒径比普通混凝土要小。骨料粒径过大时,水容易聚集在骨料下方,使该区域水灰比增大,硬化后界面过渡区性能下降,孔和微裂缝也相应地增多,大大地降低了混凝土的抗渗性。

④ 加强均匀振捣

为提高混凝土的密实性,施工时要振捣均匀,快插慢拔,严格控制振捣时间,防止偏振和漏振。

⑤ 认真养护

混凝土浇筑完成后,必须及时覆盖,及时进行洒水养护,采取一布一膜的防护措施,保证浇筑后至少 7 天内混凝土表面湿润。

3. 隧道标准化创建

（1）隧道开挖

隧道开挖拟采用多臂凿岩台车作业,该凿岩机具有钻爆掘进、加深炮眼施工、超前地质钻探、隧道径向锚杆施工、超前小导管、超前锚杆施工等多种功能。台车只需 2~3 名操作手,操作平台距隧道掌子面约 13 m,视线开阔,易于观察围岩变化,有效解决了传统隧道开挖中光面爆破效果差、超欠挖严重、拱部锚杆角度偏差大、掌子面施工人员密集导致的安全风险高、人工耗时长、耗能高、粉尘多、噪声大等问题,实现了快速精准、无忧钻孔,提高了操作员工的安全系数。多臂凿岩机施工图如图 2-50 所示。

图 2-50　多臂凿岩机施工

（2）混凝土湿喷机械手

本项目隧道长 1926 m,喷射混凝土达 17838 m^3,拟采用车载式湿喷机施工。车载式湿喷机弥补了传统小型湿喷机不能满足长、大隧道混凝土喷射的缺点,极大地改善了隧道内部混凝土喷射施工人员的工作环境,提高了施工效率,减少了混凝土消耗量,切实保证了施工质量。湿喷射混凝土机械手的应用能有效减少粉尘、降低回弹率、减少背后空洞的产生、保证工程质量、节省人工和时间成本。湿喷射混凝土机械手作业如图 2-51 所示。

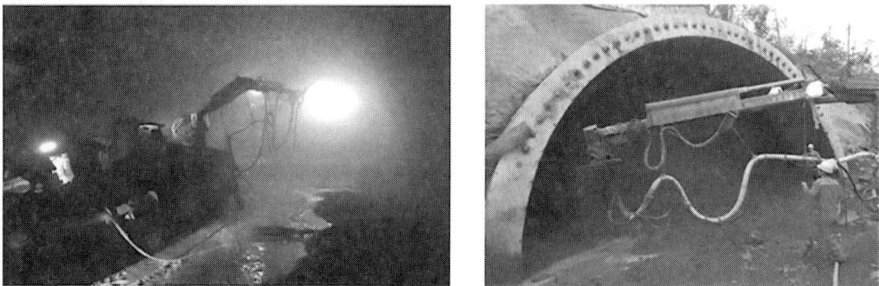

图 2-51　湿喷射混凝土机械手作业

（3）新型二衬作业台车

新型二衬作业台车采用滑槽逐窗分层布料系统,平台采用钢板满铺并相互连通形成整体作业平台,通道人员上下采用规范标准爬梯及临边围护,有效保障作业安全,同时提高作业效率。滑槽逐窗分层布料系统通过主料斗、主溜槽、"三通"分流槽、分流串筒和入窗溜槽结合的方式,简单操作相应的插板阀门,使混凝土流向各工作窗口,实现二衬拱墙混凝土的逐窗进料浇筑。
新型二衬作业台车和滑槽逐窗分层布料系统分别如图 2-52 和图 2-53 所示,
具有布料均匀、改善二衬外观质量等优点,主要亮点如下:

① 滑槽体系经济适用,一次安装可重复使用,现场操作简单便捷,一线工
人易于接受;

② 实现了衬砌边墙混凝土逐层逐窗入模,有效避免了混凝土离析、骨料
堆积、产生"人"字坡冷缝等弊端;

③ 全面提升了衬砌边墙混凝土浇筑的实体质量和外观质量;

④ 减少了边墙浇筑换管工序,降低了劳动强度,节约了浇筑时间。

图 2-52　新型二衬作业台车

图 2-53　滑槽逐窗分层布料系统

（4）隧道临建标准化建设,"零开挖"进洞

合理规划洞口周边临建设施用地,做到功能分区合理、外形与颜色统

一、布局错落有致,隧道洞口配备门卫室、领导带班室、班前教育讲台、安全体验区、门禁系统、标识标牌(含九条规定与十一项措施),全面做好施工用电、用气、排水与消防设施的布设工作,对场地周边进行硬化、绿化、美化,确保洞口场地排水通畅、坡面不露土,营造良好的人性化的生活区和作业区。

采用"零开挖"进洞技术避免了对隧道洞口仰坡的开挖,极大地减少了对坡面的破坏,保护了原生植被,保持了较好的景观效果。同时,优化了施工工序,洞口临时性硬化场地与永久性路面永临结合,待隧道进洞 150 m 左右时提前施工中央分隔带绿化景观,提高洞口标准化水平。隧道洞口标准化、隧道班台讲台和隧道内三相七线系统供电线制分别如图 2-54 至图 2-56 所示。

图 2-54　隧道洞口标准化

图 2-55　隧道班台讲台

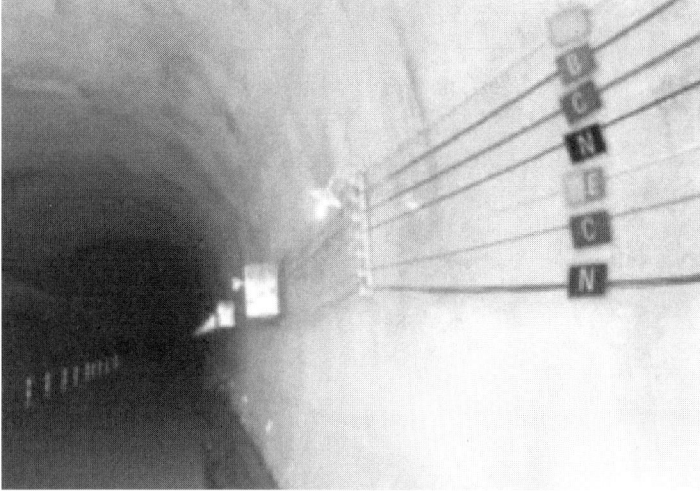

图 2-56　隧道内三相七线系统供电线制

（5）门禁及人员定位系统

洞口外设置值班室，由专人 24 h 值班；隧道洞口安装门禁系统和视频监控系统，有效提高进洞人员统计效率，及时、准确地反映洞内施工信息，提高隧道施工安全管理水平。门禁系统与人员定位系统分别如图 2-57 和图 2-58 所示。

图 2-57　门禁系统

图 2-58　人员定位系统

（6）隧道人车分离

洞内设置人行通道隔离带，分别设置人行通道、车行通道，实现人车分离，确保施工安全，如图 2-59 所示。

图 2-59　人车分离

（7）监控量测信息化

为保证隧道施工安全，通过监控量测数据信息实时反馈，做到动态设计、动态施工、动态管理，发现异常及时采取措施，调整支护参数，确保施工安全，如图 2-60 所示。

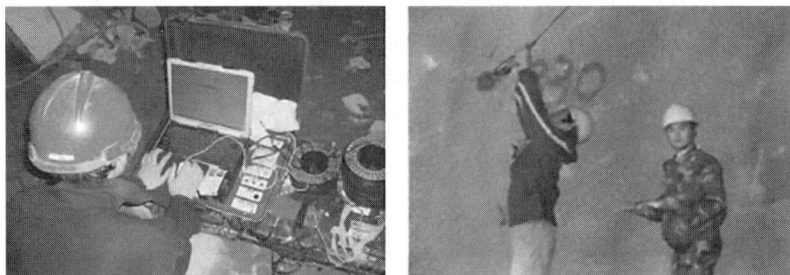

图 2-60　隧道超前预报及监控量测

（8）视频监控系统

隧道设置远程监控系统,摄像头采用高清防爆摄像头,内置存储与远程传输系统,24 h 不间断地对工程实施全过程进行监控,随时掌握施工现场情况,指挥、调度、协调组织施工。

综上所述,在隧道工程的施工过程中,钻眼、爆破炸药、装碴、喷射混凝土、内燃机械与运输汽车的排气以及开挖隧道时从地层中释放的有害气体会导致隧道施工狭窄空间内空气浑浊。为了保障建设施工过程中隧道内的空气新鲜,减轻对隧道施工人员的危害,需要选用合适的通风方法进行隧道通风。运用管道式通风、巷道式通风等不同的通风方式保证隧道内的空气质量,突破和推广新型的通风技术,采用新型施工模式控制隧道工程施工环境,通过重视环保、不断降低能耗等改进措施来保证隧道施工中机械通风的效果,合理配置通风系统,达到提高隧道施工工程环境空气质量的目的。

不断提高的城市化水平和日益严峻的资源与环境态势均对隧道的建设和运营提出了更高的要求。本章从"绿色隧道建造技术"出发,通过对其内涵的理解与发展方向的深入分析,结合目前隧道实际需求与发展状况,主要介绍了九种相关技术,针对隧道在设计、施工、运营、维修、养护等各阶段的关键问题,从装配式建造、噪声控制、通风环保、照明节能及除尘技术等方面分析了绿色隧道的技术发展水平,并结合其特征要素进一步提出了绿色隧道的发展方向,为初步构建绿色隧道基本框架体系提供了有益参考。未来可开发配套的绿色隧道评估软件,构建包括装饰、建材、结构形式等在内的基础数据库,从而建立科学的绿色隧道评估体系。此外,还应结合我国建筑市场和建设工程管理的特点,在政府监督和市场引导下,制定促进绿色隧道发展的运行机制和管理体制,通过绿色隧道评估体系规范行业管理,实现绿色隧道发展目标。

第 3 章　高性能混凝土及其制备技术

3.1　引言

自人类发明混凝土以来,其经历了从低强度、中等强度、高强度直到超高强度的发展历程,但是近几十年来,混凝土结构却面临着前所未有的严峻挑战。

(1) 随着科学技术的快速发展和人们生产、生活的需要,各种超高层、超长度混凝土结构以及恶劣环境下使用的混凝土结构在不断建设与发展。由于这些结构的施工环境恶劣,使用难度较大,且产生问题后维修相当困难,维修费用高,因此,需要发展施工性能好、使用年限长、质量稳定的混凝土结构。

(2) 在混凝土结构使用过程中,由于受到使用环境、自身质量缺陷及混凝土老化等因素的影响,有不少混凝土结构实际使用寿命远短于其设计使用年限,需要投入巨额资金进行维修和更新,造成资金的严重浪费。美国国家材料顾问委员会在 1987 年提交的报告显示,当时处于不同破坏程度的桥梁约有 25.3 万座,有的使用年限还不到 20 年。1991 年美国政府提交的国会报告《国家公路和桥梁现状》中提出,每年用于维修或更换有缺陷桥梁的费用高达 910 亿美元。英国一条长 21 km 的快车道和 11 座混凝土高架桥因受恶劣天气的影响,运行 15 年间的维修费高达 4500 万英镑,为当时建造费的 1.6 倍。日本每年修复房屋结构的维修费高达 400 亿日元,而日本的“新干线”工程使用几年就开始出现混凝土开裂现象,造成严重的经济损失。

我国混凝土工程建设虽比发达国家晚 30 多年,但一些已经建设完成的混凝土结构工程也因混凝土耐久性问题出现令人担忧的严重后果。据调查统计,我国现有的城镇房屋建筑工程近 50% 进入老化阶段,约有 15% 的房屋建筑需要加固改造才能继续使用。相对房屋建筑而言,我国道路、桥梁工程的耐久性及质量问题更为严重。2000 年全国公路普查显示,截至 2000 年底我国共有道路桥梁 278809 座,其中公路危桥 9597 座,每年的维修费高达 38 亿元。原水电部水工建筑物耐久性调查显示,我国所有建设的坝体都存在裂缝和渗漏问题,其中 18.8% 的坝体存在冻融破坏,68.7% 的坝体存在冲刷、磨损破坏,40% 的坝体存在因钢筋锈蚀引起的胀裂问题。

(3)混凝土作为目前工程结构使用量巨大的大宗材料,对自然环境资源的影响很大。传统混凝土的组成材料都是自然资源,每生产 1 t 水泥需大量的燃煤、电能和约 1.5 t 的石灰石,并排放相当量的二氧化碳,导致温室效应的加剧。同时,制备混凝土还需要大量的砂和石,需要开采矿石和砂,造成不少地方自然资源的破坏,严重影响自然环境。因此,未来的混凝土必须从根本上减少水泥使用量,减少对天然砂、石材料的使用,全面提高混凝土的综合性能,延长混凝土的使用年限。正是在这一背景下,高性能混凝土的研制、生产及使用才被人们重视和接受,需求的迫切性也日渐显现。

(4)结合中交集团莆炎高速公路(三明段)工程建设实情,桥隧混凝土结构工程中,大跨径 PC 箱形截面梁使用占比较大。大跨径 PC 箱形截面梁桥设计过程中均是按全预应力混凝土构件进行设计计算的,但是,既有类似工程使用过程中,梁体出现开裂现象是常见问题。这不但从视觉上给人一种不安全感,而且严重影响了结构的耐久性。混凝土开裂是因为空气等进入结构内部,直接与预应力钢束(筋)相接触,从而使钢束(筋)失去混凝土对其的保护作用。在年温差较大的北方地区,混凝土裂缝的出现给了水分滞留的空间,发生冻融循环作用,裂缝宽度将逐渐增大,使结构开裂更加严重,甚至出现混凝土脱落等现象;而且使更多的钢束(筋)暴露于空气中,导致钢束(筋)锈蚀更加严重,同时锈蚀钢束(筋)产生膨胀效应,对外围混凝土产生相当大的拉应力,致使混凝土裂缝进一步扩张,严重影响钢筋与混凝土之间的黏结作用,从而影响结构的整体性,降低结构的刚度和承载能力,严重影响结构的耐久性。

探究箱形截面梁产生裂缝的原因,按照外部影响因素分析,可以分为荷载引起的裂缝、温度变化引起的裂缝、材料收缩引起的裂缝、基础变形引起的裂缝、施工材料质量引起的裂缝、施工工艺质量引起的裂缝六种。其中,混凝土材料性能及浇筑施工技术是非常关键的因素,因此,将现代高性能混凝土制备技术探索性应用于莆炎高速公路(三明段)工程建设中,无论是对于工程本身质量的提升,还是对于中交集团第四公路工程局未来的发展,都具有极其重要的意义。

所以,围绕绿色公路品质工程施工关键技术研究与示范这一课题,结合编者有幸参与过江苏省住房和城乡建设厅组织开展的高性能混凝土推广应用试点的工作经历,在有特殊耐久性服役环境要求的工程项目中全面采用高性能混凝土,在超高层建筑和大跨度结构中推广应用 C60 及以上强度的高强高性能混凝土,在基础底板等采用大体积混凝土的部位推广应用大掺量掺合料、低水化热、高抗渗性的高性能混凝土,并对其制备技术及工程普及做相应的介绍。

3.2 高性能混凝土概述

3.2.1 高性能混凝土的释义

高性能混凝土(High Performance Concrete,HPC),简单地说就是除制备普通混凝土的主要原材料(水泥、水、集料)外,还掺加了足够数量的活性细掺合料和高性能外加剂的一种低水胶比混凝土。1990 年 5 月,美国标准与技术研究院(NIST)和混凝土学会(ACI)主办召开了第一次国际 HPC 研讨会,这次会议首次提出了高性能混凝土的概念,得到了各国工程界的广泛关注,被称为"21 世纪混凝土"。但不同国家、不同学者依照各自的认识、实践、应用范围和目的要求,对高性能混凝土有不同的定义和解释。我国混凝土科学技术的先驱与奠基人吴中伟院士综合各种观点后,对 HPC 的定义是:HPC 是一种新型高技术混凝土,是在大幅度提高常规混凝土性能的基础上,采用现代混凝土技术,选用优质原料,在妥善的质量管理条件下制成的混凝土。除水泥、集料、水以外,必须采用低水胶比,掺加足够的细掺料与高效外加剂。HPC 应同时保证耐久性、工作性、适用性、体积稳定性与经济合理性等性能以及力学性能。中国混凝土行业协会在 2000 年召开的会议上,建议将高性能混凝土定义为以耐久性和可持续发展为基本要求并适合工业化生产与施工的混凝土。

3.2.2 高性能混凝土推广应用中须加深理解的概念

(1)高性能混凝土与以前大量应用的普通混凝土显著的不同是低水胶比,普通混凝土的水胶比主要依据强度要求而定。为便于高性能混凝土的普及、推广及应用,建议规定高性能混凝土的水胶比不高于某一值(如 0.45,或最好规定在 0.42),混凝土强度不低于某一强度等级(如 C35),从而有利于结构设计阶段采纳。

(2)高性能混凝土几乎可与低水胶比混凝土画等号,它不仅能使钢筋混凝土结构更稳定,而且比普通混凝土更具有耐久性优势,但必须注意的是,混凝土浇筑成型及硬化过程中,较高水化热、较大水泥浆体干缩及未充分水化的水泥粒等因素,使硬化成型后的混凝土可能出现裂缝问题,且比普通混凝土要突出。

(3)某些情况下的高性能混凝土不需要高强度,也就是说高性能混凝土不等同于高强混凝土,虽然高强混凝土已含有大部分高性能混凝土的优良性能,特别是耐久性方面。例如,用于混凝土结构修补或具有特殊防腐功能要求的聚合物高分子材料复合高性能混凝土等。

（4）在设计确定某一种高性能混凝土组成之前,必须确认其使用目的,这需要混凝土结构设计者与结构物使用者之间进行全面的讨论。如果结构物的尺寸和重量不受限制,则可以在设计中增加额外部分,以满足结构对混凝土的高性能要求。当结构物受到中性或弱酸性水的经常性冲刷磨蚀或受到海洋环境中含泥沙水的磨蚀时,达到使用寿命的比较经济的方法是增加钢筋保护层的厚度,从而允许损失部分表面而结构物整体不受损坏。如果这种方法不可行,则需要考虑提高混凝土强度。

（5）吴中伟院士认为,混凝土能否长期作为最大宗的建筑结构材料,关键在于其能否成为绿色材料,并于 1997 年首次提出了绿色高性能混凝土（Green High Performance Concrete,GHPC）的概念。他认为,高性能混凝土应具有下列特征:①更多地节约熟料水泥,减少环境污染,即采用磨细的工业废渣作为最大的胶凝组分;② 更多地掺加以工业废渣为主的细掺料;③ 更大地发挥高性能优势,减少水泥与混凝土用量;④ 扩大 HPC 的应用范围,将现行 HPC 的强度低限从 C50~C60 降到 C35 左右;⑤ 强调高性能混凝土的绿色含量,着眼于混凝土的可持续发展。高性能混凝土应具有良好的性能与环境协调性,成为混凝土产业未来发展的方向。

3.2.3　高性能混凝土主要产品分类及特性描述

（1）超早强（VES）混凝土:在施工后 4 h 抗压强度至少达到 21 MPa,4 h之后不再对混凝土进行养护,但额外的养护是有益的。此类混凝土主要用于道路修补,以便在最短时间内开放交通。

（2）高早强（HES）混凝土:在施工后 24 h 抗压强度至少达到 34 MPa,用于道路建设时,HES 须使用机械施工,并且在 24 h 以后极少或不再进行养护。

（3）高强度（HSY）混凝土:在施工后 28 天抗压强度至少达到 42 MPa。

（4）超高强（VHS）混凝土:在施工后 28 天抗压强度至少达到 69 MPa,适用于体形较大的建筑,须加强养护以保证性能最优。

（5）纤维增强混凝土（FRC）:通过掺加足够体积的纤维增强混凝土,使混凝土的韧性至少达到对比混凝土应力应变曲线所包围面积的 5 倍。

（6）高耐久性混凝土（HDC）:水灰比≤0.35 时,混凝土经 ASTM C 666 方法检测,其耐久性指数（冻融循环）不小于 80%。选择最大水灰比为 0.35,是为了在相对短的养护时间内（正常为 1 天）获得非连续的毛细孔体系,从而使混凝土具有抗渗性能和抗化学侵蚀的能力。

（7）高强轻集料混凝土（HSLC）:利用轻集料配制混凝土,可以使轻混凝土体积密度较常规混凝土降低 20%～50%。某些轻混凝土的抗压强度超过 69 MPa,此类混凝土主要用于需要减少死荷载的场合。高性能混凝土在具备其高性能的同时,还体现其使用功能性和适用场景。

3.2.4 配制高性能混凝土的生产工艺

1. 主要原材料使用品种及性能概述

当前,制备高性能混凝土的原料主要有水泥、矿物细掺料、粉煤灰、硅粉、膨胀剂以及混凝土拌合用水等。

（1）水泥

用于高性能混凝土生产的水泥需要满足混凝土施工性能、强度、体积稳定性等各方面的要求,具体包括:

① 标准稠度用水量要低,从而使混凝土在低水灰比时也能获得较大的流动性;

② 水化放热量和放热速率要低,以免因混凝土内外温差大而使混凝土产生裂缝;

③ 水泥硬化后的强度要高,以保证可以使用较少的水泥获得高强混凝土;

④ 有时对水泥的含碱量还有特别要求。

（2）矿物细掺料

在配制混凝土时加入较大量的矿物细掺料可以减缓温升,改善工作性能,增大后期强度,改善混凝土内部结构,提高混凝土的耐久性和抗渗性。矿物细掺料尤其对碱-集料反应具有很好的抑制作用,这些矿物细掺料称为辅助胶凝材料。在配制高性能混凝土时,通常使用硅酸盐水泥或硅酸盐水泥掺加矿物细掺料。不同的矿物细掺料混合或矿物细掺料与水泥混合均称为复合胶凝材料,矿物细掺料基本可以分为四类:

① 有胶凝性(潜在活性)的。如粒化高炉矿渣和水硬性石灰。

② 有火山灰活性的。火山灰活性指本身没有或极少有胶凝性,但其粉末在有水存在时,能与 $Ca(OH)_2$ 在常温下发生化学反应,生成具有胶凝性的组分。如粉煤灰、硅灰等。

③ 同时具有胶凝性和火山灰活性的。如高钙粉煤灰或增钙液态渣及固硫渣等。

④ 其他具有一定化学反应的材料。如磨细的石灰岩、石英砂、白云岩及各种硅质岩石的产物。

（3）粉煤灰

优质粉煤灰是必用的矿物细掺料之一。用粉煤灰代替部分水泥,在低水胶比条件下,水泥的水化条件相对改善,因为粉煤灰水化缓慢,使混凝土的水灰比增大,水泥的水化程度因此提高,这种作用机理随着粉煤灰的掺量增大愈加明显(掺量为58%左右时,初期水灰比约为0.65)。水泥水化程度的改善有利于粉煤灰作用的发挥,与此同时,需要粉煤灰水化产物填充的空隙已经大大缩小,其水化能力差的弱点在低水胶比条件下被掩盖,减缓温升等其他优点依然起着有利于提高混凝土性能的作用。

粉煤灰作为燃煤电厂的副产品,量大且来源稳定。在工程中添加粉煤灰作为混凝土成分,节约了混凝土制备成本,提高了混凝土的强度,明显改善了混凝土的工作性能、力学性能和耐久性,具有显著的经济和社会效益。

(4) 硅粉

硅粉中 SiO_2 的质量分数因生产国家和生产方法而异,其质量分数越高,硅粉在碱性溶液中的活性越大。一般来讲,用作混凝土掺合料的硅粉,其 SiO_2 的质量分数应在90%以上,其中活性的 SiO_2(在饱和石灰水中可溶)在40%以上。硅粉之所以可以作为一种辅助性胶凝材料改善硬化水泥浆体的微结构,首先是因为硅粉具有很高的火山灰活性;其次是因为硅粉的微集料特性,它可以填充硬化水泥浆体中的有害孔隙,其二次水化产物也可以填充硬化水泥浆体中的有害孔隙,从而改善硬化水泥浆体的孔隙结构。目前,硅粉还是制备强度要求高(如大于80 MPa)或耐久性好的高性能混凝土的必选材料。

(5) 粒化高炉矿渣

粒化高炉矿渣简称矿渣,是具有胶凝性(或称潜在活性)和火山灰活性的矿物细掺料,除了在水淬时形成的大量玻璃体外,矿渣中还含有黄长石和很少量的硅酸钙或硅酸二钙等结晶态组分,因此它具有很微弱的自身水硬性。矿渣磨得越细,其活性越高,且用磨细的矿渣取代混凝土中的部分水泥后,可以延缓混凝土的初凝时间、降低混凝土的早期水化热,混凝土早期强度可与硅酸盐水泥混凝土相当,但后期强度高、耐久性好。

(6) 细骨料

细骨料即砂子,宜选用石英含量高、颗粒形状浑圆、洁净、具有平滑筛分曲线的中粗砂,细度模数在2.6~3.2之间。

(7) 粗骨料

粗骨料即石子,其形状和表面特征对混凝土的强度影响很大,在高强混凝土中,骨料的形状和表面特征影响更大。表面较粗糙的结构,可使骨料颗粒与水泥石之间形成较大的粘结力,即得到较大的粘结强度。但针、片状骨料会影响混凝土的流动性和强度,因此,针、片状骨料含量不宜大于5%。

由于混凝土内各个颗粒接触点的实际应力可能会远远超过所施加的标称压应力,所以要求骨料的强度高于混凝土强度的正常值。但过强、过硬的骨料不但没有必要,反而可能因温度和湿度的因素使得混凝土发生体积变化,使水泥石受到较大的应力而开裂。因此,从耐久性意义上来说,强度中等或适当低的骨料反而对混凝土有利。

高性能混凝土粗骨料最大粒径值的选择与普通混凝土不同,普通混凝土粗骨料最大粒径的控制主要是由构件截面尺寸及钢筋间距决定的,粒径大小对其强度的影响不大。但对高强混凝土来说,最大粒径的数值对混凝土强度的影响较大,加大骨料尺寸,会使混凝土强度下降,且强度等级越高越明显,其主要原因是骨料尺寸越大,粘结面积越小,造成混凝土的不连续性的不利影响也就越大,尤其对水泥用量多的高性能混凝土影响更为明显。因此,高强高性能混凝土的粗骨料宜选用最大粒径不大于 25 mm 的碎石。另外,有试验证明,细化粗骨料粒径可有效地降低高强混凝土的脆性。

(8)高性能混凝土减水剂

为了使高强高性能混凝土的胶凝材料用量大,水灰比低,混凝土拌合物黏性大,必须采用高性能减水剂。高性能混凝土的减水剂既具有高减水率(20%~30%),又有控制坍落度损失的性能,从而使人们能按指定性能设计和控制混凝土。目前,用于混凝土制备的高效减水剂主要有萘系减水剂、脂肪族减水剂和聚羧酸盐减水剂。高性能混凝土要求混凝土必须具有高流动性、抗离析性、优良间隙通过性和填充性等高工作性能,而要实现对混凝土产品技术性能的要求,混凝土外加剂的性能起着很重要的作用。目前,高性能混凝土外加剂一般选用具有高效减水、缓凝、保塑等复合性能的聚羧酸系列,减水率要求不低于25%。

(9)膨胀剂

尽管前文提到,在配制高性能混凝土的过程中复掺粉煤灰、矿渣粉等掺合料是减少混凝土干缩变形和有害裂缝从而提高耐久性能的重要技术途径。但对于混凝土干缩性能有特定要求的高性能混凝土,最有效的技术途径还是掺加适量的混凝土微膨胀剂,利用约束条件下的膨胀变形来补偿混凝土的收缩,其膨胀率取决于膨胀剂的品种和掺量。一般情况下,随着膨胀剂掺量的增大,混凝土的膨胀率会增大,但强度会有所下降。这就要求选择适当的膨胀剂品种并控制其掺量,使之既达到设计要求的膨胀值,又不显著影响强度。较常用的膨胀剂产品有以石灰系为主的复合膨胀剂和钙矾石系膨胀剂。

2. 混凝土主要原材料质量检测与控制适用规范

① 水泥依据 GB 175—2007《通用硅酸盐水泥》进行;

② 粉煤灰依据 GB/T 1596—2017《用于水泥和混凝土中的粉煤灰》进行；

③ 磨细矿渣粉依据 GB/T 18046—2017《用于水泥和混凝土中的粒化高炉矿渣粉》进行；

④ 粗骨料依据 GB/T 14685—2011《建设用卵石、碎石》进行；

⑤ 细骨料依据 GB/T 14684—2011《建设用砂》进行；

⑥ 水依据 JGJ 63—2006《混凝土用水标准》进行；

⑦ 高性能减水剂依据 GB 8076—2008《混凝土外加剂》进行。

3. 混凝土生产线工艺设备功能要求

目前，对于高性能混凝土的制备技术研究，学术层多关注原材料的性能、配合比设计及混凝土性能检测等方面，而高性能混凝土稳质稳产的实现，离不开功能适配、工艺先进的生产设备。

① 高性能混凝土产品生产设备（俗称混凝土搅拌站）一般至少要建有两条 HZS120-180（环保型）混凝土生产线，其搅拌站主机优先选用拌合性能优良的强制式卧轴搅拌机。

② 每条生产线配有粗细骨料配料仓和水泥等粉料筒仓的数量，要与高性能混凝土制备所需的原材料品种数量相匹配，使得各种原材料加入时都能实现计算控制下的自动化称量（如微膨胀剂等功能性粉剂）。此外，配置双套外加剂称计量系统，以满足当今高性能混凝土生产对混凝土外加剂的多样性要求。

③ 水泥等粉料筒仓料位计量采用称重法，这有助于防止水泥进仓时因料位不明出现外溢粉尘污染事故，同时动态监控水泥等胶凝材料消耗量，保证其计量结果准确。

④ 整个生产线有扬尘点的地方均应配有粉尘收集装置及生产污水回收循环再利用设施，以满足高性能混凝土绿色生产环保要求。

⑤ 混凝土配料工控系统安装有砂含水在线测湿装置和原材料温度传感器，并在工控页面上显示关键工艺参数，可以实时监控计量精度、混凝土搅拌均质性、水泥和拌合水温度、废水利用情况等，确保高性能混凝土的生产质量。

⑥ 混凝土产品运输搅拌罐车的装料、运输、卸料及泵送等过程均由 GPS 或北斗卫星导航远程监控系统控制。

由此保证高性能混凝土的制备全过程作业稳定可靠，产品生产及运输全过程质量可追溯，且生产过程安全有序、环保措施落实到位，以达到现代企业生产控制及管理水准。

4. 混凝土生产工艺控制流程

混凝土生产工艺控制流程如图 3-1 所示。

```
                    ┌─────────────┐
                    │ 认定合格供应商 │
                    └──────┬──────┘
                           ↓
                    ┌─────────────┐
                    │  原材料进厂  │
                    └──────┬──────┘
                           ↓
                    ╱─────────────╲
                    ╲  原材料检验  ╱
                     ╲───────────╱
                           ↓
              ┌──────────────────────┐
         ┌───→│ 混凝土配合比设计、试拌、调整 │←───┐
         │    └───────────┬──────────┘     │
         │                ↓                │
         │          ╱──────────╲      N    │
         │         ╱  混凝土     ╲──────────┘
         │         ╲  开盘鉴定   ╱
         │          ╲──────────╱
         │                ↓ Y
         │          ┌──────────┐
    ┌────┼─────────→│ 混凝土搅拌 │
    │    │          └─────┬────┘
    │    │                ↓
    │    │    Y    ╱──────────────╲    N
    │    └────────╱ 混凝土坍落度      ╲────┐
    │            ╲ 检测、混凝土抽查    ╱    │
    │             ╲──────────────╱      │
    │                    ↓ Y            │
 ┌──────┐        ┌──────────────┐       │
 │混凝土交付│        │ 混凝土试块操作、养护 │       │
 └───┬──┘        └───────┬──────┘       │
     ↓                   ↓              │
 ╱────────╲       ╱──────────╲  N  ┌────┐│
╱ 现场混凝土 ╲      ╲ 混凝土性能 ╱────→│处置││
╲  坍落度   ╱N     ╲──────────╱     └────┘│
 ╲────────╱              ↓ Y            │
     ↓ Y         ┌──────────────────────┐│
 ┌──────┐        │ 交付混凝土性能检测报告、原材料检测 │
 │混凝土交付│        │  报告、混凝土出厂合格  │
 └──────┘        └──────────────────────┘
```

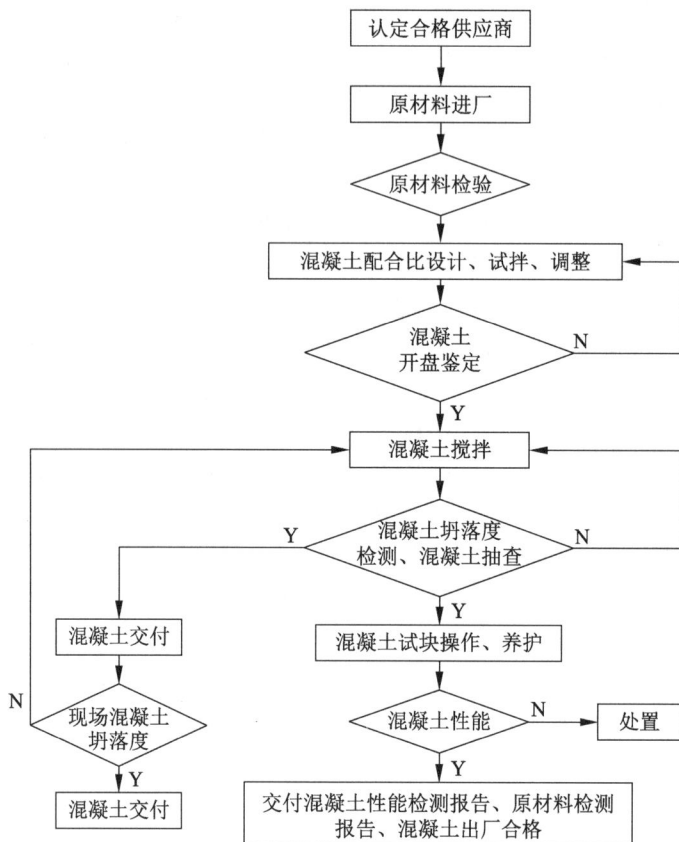

图 3-1　混凝土生产工艺控制流程图

3.2.5　高性能混凝土生产过程质量控制

1. 概述

高性能混凝土将耐久性也作为混凝土重要性能指标组成部分,具有高耐久性(抗渗性、抗氯离子渗透性、抗冻性、护筋性、耐磨性)、高体积稳定性(抗裂、低收缩、低徐变)、高工作性(匀质性、流动性、和易性、无泌水性)、高强度(增强及后期强度高)、经济性好(低水泥用量、低廉的矿物掺合料)等产品特质。与普通混凝土出厂质量控制要求相比,高性能混凝土增加了混凝土拌合物温度、含气量、泌水率的检测,对骨料的碱活性、水泥及矿物掺合料的碱含量、氯离子含量加以限制,增加了混凝土的 56 天强度、抗冻性、抗渗性、电通量(抗氯离子渗透)等耐久性项目检测要求。

2. 高性能混凝土制备材料仓储环节质量控制要求

(1)砂、石粗细骨料采购入库时,一定要按材料品种(压碎值指标)、规格

（粒径指标）分仓存放，严禁混装。

（2）水泥、磨细矿渣、粉煤灰等胶凝材料按配置或规定存储在各自的粉料筒仓，且进灰管口在卸完材料后要上锁或关闭（切断）阀门，以防水泥等粉料相互进混，特别是防止将粉煤灰等材料误卸入水泥罐中。

（3）专用于高性能混凝土生产的聚羧酸系列高性能减水剂应设置专有存储罐，严禁不同性能（特别是不同种类）的混凝土外加剂混入。

（4）上述材料存放用仓、罐等均应标有明显的材料品名标识。材料入库过程由仓管员监督进行，确保无差错。

3. 高性能混凝土生产配合比设计要点

（1）虽说高性能混凝土不完全等同于高强混凝土，但由于高强混凝土水胶比低、孔隙率低、耐久性好，自然具有高性能混凝土所具有的性能。所以，目前高性能混凝土配合比设计大多基于高强混凝土原理，尤其在力学性能参数设计方面。

（2）粉煤灰、硅粉、磨细矿渣等矿物掺合料的大量使用，虽然在很大程度上改变了以硅酸盐水泥胶材定义的水灰比参数概念，但在矿物掺合料掺量有试验验证范围规定的情况下，用水胶比代替水灰比后，对于强度不高于 C50 的混凝土，混凝土强度与水胶比的反比关系仍然成立，并适用生产配合比的设计。

（3）为了提高和有效控制高强高性能混凝土体积稳定性，对 C50 及以上高强混凝土的胶材掺入量应设有上限控制要求：最高用量不高于 550 kg/m³ 为宜，特殊情况除外。

（4）考虑到矿物磨细掺合料的配制技术应用，高性能混凝土的制备尽可能优先选用强度在 C52.5 以上的纯硅酸盐水泥。

（5）在充分试验及符合相关质量规范的前提下，结合高性能混凝土外加剂应用的技术支持，尽量提高粉煤灰、矿渣粉等在高性能混凝土中的掺入量。

（6）根据聚羧酸混凝土高效减水剂的性能特性，同时避免因外加剂计量精度或水泥与外加剂适配性的意外变化等引起混凝土出机后坍落度敏感性波动，生产强度等级不高于 C60 的高性能混凝土时，建议不使用减水率高于25% 的高浓性外加剂。

（7）超高层泵送高强高性能混凝土高工作性（匀质性、流动性、和易性）的实现与石子最大粒径、砂率、外加剂性能及矿物掺合料比例等密切相关。

4. 高性能混凝土的搅拌

采用混合性能优良的强制式搅拌机拌制高性能混凝土是必须的。搅拌延续时间主要根据搅拌机类型、混凝土坍落度等因素确定，一般不得少于 60 s。高强混凝土应分序投料并分为干拌和湿拌两个阶段进行,即砂→石子→水泥→掺合料→干拌 30 s→水→边搅拌边加外加剂,搅拌时间 60~90 s 为宜,当然,最佳搅拌时间要根据混凝土中胶材的品种及总掺入量多少、搅拌过程中胶凝材料与混凝土外加剂相互作用的敏感性及气温高低等因素试拌确定。

3.2.6 高性能混凝土生产质量在线管控措施

(1)基于高强高性能混凝土对原材料的性能及质量要求远高于普通混凝土,其混凝土的制备要求设置专门的混凝土配料生产线,且考虑到混凝土浇筑施工的连续不间断要求,还应设置备用生产线预案。生产及供货前要向施工方有关人员做好必要的技术交底及现场技术服务等准备工作。

(2)高性能混凝土的原材料均应按质量计量,并使计量偏差尽可能小,否则会对混凝土的强度产生较大影响。水的计量精度对混凝土强度的影响如表 3-1 所示。

表 3-1　水的计量精度对混凝土强度的影响

水的计量误差/%	±1	±2	±3	±4	±5
混凝土强度波动幅度/%	±3	±6	±9	±12	±15

其他原材料的计量精度应不超过如下规定:

① 水泥、矿物质掺合料:±1%;

② 粗、细骨料:±2%;

③ 外加剂:±1%。

(3)生产过程中,要定期(至少按月度)对生产线的设备进行系统检修维护,特别是对粉料秤、水及外加剂秤进行校秤工作,确保相关物料的称量准确。

(4)生产投料前,要对输入的生产配合比及相应的骨料仓号、水泥筒仓号及外加剂罐体号进行一一核对,确保没有任何差错。

(5)适时抽检混凝土制备过程中所用砂石骨料的含水率,确保混凝土实际配制过程中的相对含水率输入正确,即保证制备的高性能混凝土水胶比符合配比设计值。

(6)在线抽测混凝土出机时的容重与相对应的生产配合比理论计算容重的误差是否控制在±2%以内,也可抽测混凝土运输整车容重(更方便操作),该过程获得的统计数据经分析后,对混凝土制备系统计量的准确率及拌制混凝土的匀质性等可做到非常实用的质量评估。

(7)抽测混凝土出机 1 h 坍落度的损失值,并使之与试配(或试拌)时的目标值一致,以满足施工现场混凝土浇筑要求。

3.2.7　混凝土的运输及泵送过程质量管控

（1）搅拌车装料前要确保罐体清洗后残留的水排净，以防罐体残留水导致罐体中的高性能混凝土强度降低，这也是混凝土生产过程中时常发生的质量管理问题。

（2）运输 C60 及以上高强混凝土的搅拌车，中途不允许换运其他品种混凝土，并在车窗前标明混凝土品种标识，方便施工现场用户辨别。

（3）混凝土运输及泵送卸料过程禁止任何向罐体内加水的违规行为，并确保随车水箱放水阀不误开，理由同上述（1）。

（4）运至现场的 C60 及以上强度的高强混凝土，施工方在放料前一定要进行混凝土品种确认（检查混凝土随车送货单验货），确保没有将其他品种混凝土错泵入高强混凝土浇筑部位。

（5）C60 及以上强度的高强高性能混凝土的泵送作业有别于普通混凝土（C40 及以下），防止泵送作业过程的堵管事故，事关高性能混凝土施工的质量保证。特别是对于超高层建筑的高强高性能混凝土泵送施工，保持混凝土的流动性至关重要。当然，混凝土泵的输送泵压、排量及弯头数量更是关键因素。

3.2.8　高性能混凝土浇筑施工要点

因为 C60 及以上高强混凝土的水灰比低，水泥用量大，流动性大，有很多普通混凝土不具备的特性，所以高性能混凝土的浇筑施工也有别于普通混凝土。

（1）现场坍落度：浇筑前，需派专人对每车混凝土进行和易性检查，并做好相关检测记录，绝对不能现场加水，离析的混凝土不能浇筑。

（2）浇筑时间：因高强混凝土水泥用量大，用水少，初凝时间相对较短，一般在 6~8 h，所以必须严格控制好浇筑时间；在现场要做好出站时间、到达时间、开始浇筑时间、浇筑完时间的记录。混凝土出站后因某些突发原因未能及时入模浇筑且混凝土又接近初凝时，不得再进行浇筑。一般要求混凝土在试验确定的坍落度和初凝前浇筑完毕（拌制后 2~3 h）。

（3）振捣：因为高强大流动性混凝土具有一定的自密实性能，所以振捣的时间和频率可以相对缩短，以免混凝土分层离析。

（4）预防温度裂缝的产生：因高强混凝土水泥等胶材用量大，混凝土因水化反应产生的水化热自然也大，在用于浇筑剪力墙（特别是高层或超高层建筑核心筒结构）时，墙板厚度使墙体中心部位（或里侧）与墙体表面存在较大温差，产生贯穿性结构裂缝的可能性很大，因此，采取必要的降低中心水化热或防止外表温度下降太快等施工措施是非常必要的。

3.2.9　高强高性能混凝土养护

对于暴露在侵蚀性环境中或者可能产生钢筋锈蚀的混凝土结构,特别是高速公路及桥梁、港口等重大交通工程而言,养护对其强度和耐久性有至关重要的影响。养护是为了保证混凝土构件内的水泥充分水化以达到设计强度。但对于高强混凝土来说,在养护问题上可能存在一些冲突:第一,水灰比低而水化快,即水在拆模之前就被结合了;第二,水化水泥浆体结构致密而水的蒸发量低;第三,由于这种密实结构,外部水分不能进入混凝土构件内部。因此,高强高性能混凝土的养护技术措施要求远比普通低强混凝土的复杂(后者主要防止早期表面干缩裂缝),需要不断实践研究。目前可采取的相关施工措施如下:

(1)对于高性能混凝土,由于水胶比小,浇筑以后泌水量很少。当混凝土表面蒸发失去的水分得不到充分补充时,混凝土塑性收缩加剧,而此时混凝土尚不具有抵抗变形所需的强度,就容易导致表面塑性收缩产生裂缝,影响耐久性和强度。对此有效的措施是,混凝土浇筑后立即用塑料薄膜贴覆或喷养护剂进行表面保湿。

(2)高性能混凝土胶凝材料用量大,水化温升高,由此导致的自收缩和温度应力也在加大,特别是墩台或厚板结构的高性能混凝土浇筑施工,要对其内部温升及与表面温差进行适时的跟踪,并采取内部事先设置物理降温水管、表面覆盖或蓄水保温等技术措施。

(3)对于流动性很大的高性能混凝土,由于其胶凝材料量大,在大型竖向构件(如桥墩、高层建筑核心筒等)成型时,会造成混凝土表面浆体所占比例较大,而混凝土的耐久性受近表层影响最大,所以加强表层的养护对高性能混凝土显得无比重要。具体做法是,充分保湿的前提下确保带模养护时间不少于7天,重要构件养护可延长至14天,拆模后最好再用塑料薄膜贴覆,这点对旷野施工环境的交通工程(如高速公路及桥梁工程)尤为重要。

3.2.10　高强高性能混凝土养护重要性体现试验案例

德国斯图加特大学建筑材料研究所《养护对高强混凝土水分损失、强度和渗透性的影响》的试验研究主要内容摘要如下:

(1)高强混凝土试验设计强度等级为 C85,水胶比为 0.33(水 150 kg,水泥 450 kg,硅粉 30 kg),骨料为莱茵河上流河谷的圆形沙砾和碎石。新拌混凝土容重为 2450 kg/m^3,含气量为 1.9%。工作性采用坍落度试验,其值大于 50 mm。制作成边长为 100 mm 的立方体试块,先湿养护 7 天,再在 20 ℃、65%RH(相对湿度)下养护 21 天后,根据德国标准 DIN1048 的标准试验测得抗压强度为 107 MPa。立方体试块成型 24 h 后,拆模并按表 3-2 所示的给定条件养护。

表 3-2　立方体试块的养护

编号	养护条件
1	水中 7 天,然后置于 20 ℃、65%RH 的空气中
2	20 ℃、65%RH 的空气中
3	15~25 ℃、(40%~45%)RH 的空气中
4	密封于铝箔和尼龙薄膜中

测试 7 天、28 天、56 天、91 天和 180 天龄期的重量损失,7 天、28 天、180 天的抗压强度,以及 28 天和 180 天后的渗透性。

（2）试验结果分析

① 采用编号 1（即德国 DIN1048 标准）给出的养护条件时,试块能达到德国标准 DIN1045 规定的 28 天标准抗压强度,但 180 天试块抗压强度较 28 天的值减少 15%。

② 采用编号 4 给出的试验设计养护条件时,28 天试块抗压强度只能达到德国标准 DIN1045 规定的 28 天标准抗压强度的 90%,但 180 天试块抗压强度较 28 天的值增长了 10%。

③ 采用编号 2、编号 3 给出的试验设计养护条件时,试块 28 天、180 天抗压强度均达不到德国标准 DIN1045 规定的 28 天标准抗压强度,且 28 天至 180 天期间试块抗压强度无增长。

由此不难证明高强高性能混凝土较长时间的覆盖（有条件可采取密封措施）、保湿养护的重要性,所以积极探索研究高强高性能混凝土的养护施工技术意义重大。

3.3　高性能混凝土的配合比设计

由于高性能混凝土强度高、水灰比低、遭受的影响因素多,因此,作为混凝土配合比设计基础的鲍洛米（Bolomey）公式对其已不再完全适用,高性能外加剂及矿物掺合料的使用是主因。但是,迄今为止,国际国内尚没有适合高性能混凝土配合比设计的统一标准方法,各国的研究人员也都是在各自的试验基础上,参考有关试验方法粗略地计算具体的配合比,然后通过重复性试配,确定最终配合比。

3.3.1 高性能混凝土配合比设计的基本要求

高性能混凝土配合比设计的任务,就是根据配合设计所需要原材料的物理化学性能、工程要求及施工条件,合理经济地选择原材料,确定既能满足工程要求又具有较好技术经济性的各组成材料用量。

普通混凝土配合比设计的基本原理和配制方法主要遵照强度和耐久性原则,但是设计高性能混凝土配合比时,须着重考虑改善混凝土的内部结构,在确保混凝土强度和耐久性的基础上,使其某方面性能有突出表现,以满足混凝土结构工程的某种特殊需要。高性能混凝土配合比设计是将混凝土单纯的"强度设计"过渡到全方位的"性能设计",例如,欧洲的 RILEM 就此制定了混凝土性能设计准则;1995 年美国混凝土学会修订的 ACI318 建筑法则,根据性能设计原则,对原来的条款进行了不少修改。为此,我国现行的《普通混凝土配合比设计规程》(JGJ 55—2000)也参照 CEB-FIP 模式增加了按性能设计的相关条款。高性能混凝土配合比设计的基本要求如下。

1. 高耐久性

高性能混凝土配合比设计与普通混凝土的不同点在于明确了混凝土耐久性指标设计要求,主要有抗渗性、抗冻性、抗化学侵蚀性、抗碳化性、抗收缩与裂性指标、碱-骨料反应指标等。

2. 高强度

高强度是高性能混凝土的基本特征,但高强度并不一定意味着高性能。高性能混凝土与普通混凝土相比,要求抗压强度的不合格率要更低,以满足构筑物寿命使用周期长的基本要求。由于高性能混凝土在制备和施工过程中工作要素和不确定因素增多,所以结构混凝土的抗压强度离散性更大,这点通过工程应用实例相关数据分析也能得到证明。为保证结构的安全,必须控制不合格率。

我国规范规定,普通混凝土的强度等级的保证率为 95%,即不合格率为 5%。对于高性能混凝土,不合格率则要求控制在 2.5% 以下。

3. 高工作性

提到高性能混凝土的工作性,最想要的结果是其具有自密实混凝土拌合物的特点,即高流动性且无离析,而高流动性和抗离析性是互相矛盾的。如何达到高流动性和抗离析性的平衡,是高性能混凝土配合比设计的关键技术之一。坍落度是表征新拌混凝土流动性大小的实用性评价指标,也是混凝土浇筑施工操作时最重要的一项实控指标,且在混凝土黏聚性有保证的前提下,坍落度越大,流动性越好,工作性表现也越好。但为了处理好前述的平衡关系,在施工操作允许的条件下,建议不要一味地追求大流动度。通常情况下,混凝土入模坍落度控制在 18~22 cm 即可,有自流平、自密实施工要求的按试配结果确定。

4. 经济性

混凝土配合比的经济性是配合比设计时需要着重考虑的问题之一。为了满足高性能混凝土的制备要求,其所选用原材料的性能(尤其是质量指标等方面)要高于普通混凝土,所以水泥、砂石、高性能减水剂及特殊功能性混凝土外加剂等价格均较高。因此,在满足结构对混凝土性能及质量要求的前提下,诸如水泥、特种矿物性外加剂等价格较昂贵的材料用量越少越经济,不必要的功能性设计要求越少越经济。并且,降低混凝土单位水泥消耗,还可因熟料水泥生产量的减少,减少环境污染。反之,在结构用混凝土中,水泥用量增大,还会导致干缩和水化热增大而引发混凝土开裂。通过高效减水剂的使用减少混凝土配制基准用水量、采用优质矿物掺合料替代部分水泥等是实现高性能混凝土制备经济性日趋成熟的技术途径。此外,充分利用并根据当地原材料的性能进行配合比设计是实现高性能混凝土经济性最重要的考量。

3.3.2　高性能混凝土配合比的设计原则

高性能混凝土的配合比设计相关指标参数主要有水胶比,水胶比确定下的浆骨比,水胶比和浆骨比确定下的砂率和高效减水剂,矿物掺合料的种类及用量。配合比设计的任务就是正确地选择原材料和计算设定合理的配合比参数,具体内容包括初步配合比计算、试配和调整等步骤。

1. 配制强度的确定

由于影响高性能混凝土强度的因素多,变异系数大,因此应控制混凝土的不合格率。通常情况下,高性能混凝土的不合格率宜控制在 2.5% 以下,即高性能混凝土强度的保证率为 97.5% 以上。

当设计要求的高性能混凝土强度等级已知时,混凝土的配制强度可按下式确定:

$$f_{cu,o} = f_{cu,k} - t\sigma \tag{3-1}$$

式中:$f_{cu,o}$ 为混凝土的配制强度,MPa;$f_{cu,k}$ 为设计的混凝土立方体抗压强度标准值,MPa;t 为概率度,当混凝土强度的保证率为 97.5% 时,对应的 $t = -1.960$;σ 为混凝土强度标准差,MPa。

如果施工单位有近期的同一品种混凝土强度资料,则混凝土强度标准差 σ 应按下式计算:

$$\sigma = \sqrt{\frac{\sum_{i=1}^{n} f_{cu,i}^2 - n\bar{f}_{cu}^2}{n-1}} \tag{3-2}$$

式中：$f_{cu,i}$为统计周期内同一品种混凝土第 i 组试件的强度值，MPa；f_{cu}为统计周期内同一品种混凝土 n 组强度的平均值，MPa；n 为统计周期内同一品种混凝土试件的总组数，$n \geqslant 25$。

如果施工单位没有高性能混凝土施工管理水平的统计资料，当 σ 无资料可查时，对于强度为 C50~C60 的混凝土，σ 取值 6 MPa；对于强度大于 C60 的混凝土，σ 取值应根据施工单位的具体情况确定。

2. 确定初步试验水胶比

根据已测定的水泥实际强度 f_{ce}（或选用的水泥标号 $f_{ce,k}$）、粗骨料种类及所要求的混凝土配制强度（$f_{cu,o}$），同济大学提出如下关系式。

对于用卵石配制的高性能混凝土：

$$f_{cu,o} = 0.296 f_{ce}\left(\frac{C+M}{W} + 0.71\right) \tag{3-3}$$

对于用碎石配制的高性能混凝土：

$$f_{cu,o} = 0.304 f_{ce}\left(\frac{C+M}{W} + 0.62\right) \tag{3-4}$$

当无水泥实际强度数据时，f_{ce} 值可按下式确定：

$$f_{ce} = \gamma_c \cdot f_{ce,k} \tag{3-5}$$

式中：γ_c 为水泥标号的富余系数，该值应按实际统计资料确定；C 为水泥用量；M 为矿物掺合料量。

由有关文献可知，对矿物掺合料（如粉煤灰等）比例不超过合理上限、强度等级不超过 C50 的高强混凝土，混凝土强度与水胶比 $\dfrac{W}{C+M}$ 有线性关系的假设仍是成立的。

事实上，混凝土制备技术发展到目前为止，水胶比的确定已经不再主要靠计算得出（尤其是 C60 及以上高强混凝土），依据相关经验数据分析进行选择已成为工作常态。在根据混凝土强度等级选择水胶比时，人们不会将某一强度等级的水胶比固定在一个数值，而是在一个区间，并且其与矿物掺合料品种及掺量密切相关，掺量选择又与混凝土结构工程的性质、部位、强度和耐久性要求相关。

3. 选取每立方米混凝土的用水量

普通混凝土工作性主要取决于混凝土单位用水量，尤其是低强混凝土配合比设计。所以，我国现行混凝土设计规范中混凝土用水量的取值是依据混凝土坍落度和石子最大粒径确定的。而设计高性能混凝土配合比时，用水量已不再是满足其工作性的主要条件，大部分情况是根据混凝土结构的密实性、胶凝材料用量上限控制及所选用高效减水剂的性能等综合因素选定。

由于高性能混凝土水胶比低,混凝土水化引起的早期自收缩有时达到混凝土总收缩的 50% 以上,所以早期养护不当的高性能混凝土常出现开裂问题。解决这一问题的有效途径是设法降低胶凝材料用量,减小混凝土总收缩。这样在高性能混凝土水胶比确定的情况下,设法通过相关技术手段降低混凝土单位用水量是最正确的做法,所以对不同强度等级的高性能混凝土设定用水量上限是必要的。如日本的设计规范设定:C50~C60 混凝土,单位用水量为 165~175 kg/m³;C75 混凝土,单位用水量为 150 kg/m³;C75 以上的混凝土,强度每增加 15 MPa,每立方米混凝土用水量减少 10 kg。国内情况也大致相同,即在和易性允许的条件下,混凝土的单位用水量应尽可能小,一般高性能混凝土基准用水量(W_0)不大于 175 kg/m³,且在砂石材料质量有保证的情况下,C60 及以上强度混凝土用水量不大于 165 kg/m³。

4. 计算混凝土的单位胶凝材料用量

根据已选定的每立方米混凝土基准用水量(W_0)和确定的水胶比 $\dfrac{W}{C+M}$ 值,可求出胶凝材料用量:

$$C_0 + M_0 = \frac{C+M}{W} \cdot W_0 \tag{3-6}$$

5. 矿物质掺合料掺量的确定原则

(1)粒化高炉矿渣、粉煤灰、硅灰等矿物掺合料的引入对混凝土性能有诸多好的改善效应,但其作用并不一定都为正。

(2)复掺粒化高炉矿渣、粉煤灰、硅灰等矿物掺合料的四元胶凝材料的混凝土,其综合性能要优于复掺矿粉、粉煤灰的三元胶凝材料的混凝土,亦优于单掺矿粉的二元胶凝材料的混凝土,更优于单元水泥混凝土。这是因为多元复合胶凝材料对混凝土性能的改善与其在混凝土中形成的良好微级配、微集料效应、形态效应、界面效应、火山灰效应等有关。

(3)配合比设计阶段,根据各种矿物掺合料的物理性能合理控制掺量比例等参数,可最大化发挥多元胶凝材料的复合效应,改善混凝土的综合性能。

(4)多元胶凝材料复合效应对于混凝土宏观性能的改善最突出的体现是混凝土抗渗性能的提高,即耐久性能的提高。

(5)矿物质掺合料掺量建议值。

矿物质掺合料的掺量视活性 SiO_2 的含量、混凝土浇筑结构及环境等综合因素而定,一般内掺量为 $C \times (10\% \sim 20\%)$。活性 SiO_2 含量高(如硅粉、磨细矿渣),取下限;活性 SiO_2 含量低(如优质粉煤灰),取上限,但利用粉煤灰的填充、紧密堆积及流动效应时,也可取下限。各矿物质掺合料单掺量为硅粉 5%~10%、磨细矿渣 10%~20%、粉煤灰 10%~20%,复合掺量为 20%~30%。道路交通工程施工用高性能混凝土也可参照交通部公路科学研究院编制的《公路工程水泥混凝土外加剂与掺合料应用技术指南》有关条款取值。

6. 高性能混凝土配合比设计有关密实性、胶骨比等参数应用

(1)从提高或保证高性能混凝土密实性方面考虑,混凝土中胶凝材料的体积应略多于集料的空隙体积。根据吴中伟院士的研究结果,砂石配合适当时,集料最小空隙率为

$$\alpha = \frac{视密度-体积密度}{视密度} \tag{3-7}$$

式中,α 通常在 20%~22%之间。在进行混凝土配合比计算时,根据原材料与工作性的要求,决定胶凝材料浆量的富余值(β)。对于大流动性混凝土,富余值为 9%~10%。

(2)根据美国混凝土专家的观点,高性能混凝土同时达到最佳的施工和易性和强度性能时,其水泥浆与骨料的体积比应为 35∶65。

上述两项重要指标可根据混凝土制备所用原材料的已知表观密度、各组合状态下的紧密堆积密度、孔隙率等试验数据进行验算。

7. 选取合理的砂率值

合理的砂率值(SP)主要根据混凝土拌合物的坍落度、黏聚性及保水性等特征确定。由于高性能混凝土的水胶比小,胶凝材料用量大,水泥浆的黏度大,混凝土拌合物的工作性容易保证,所以砂率可以适当降低。但对于施工流动要求较大的高强高性能混凝土(超高层泵送混凝土),砂率取值就不能太低。合理的砂率值一般应通过试验找出,通常在 36%~45%之间选用。而自密实混凝土的砂率在 45%~55%范围内取值比较合适。

试验表明,砂子在砂浆中的体积含量超过 42%时,堵塞概率随砂体积含量的增加而增大;当砂子的体积含量达到 44%时,堵塞概率为 100%。

以下三种情况,计算砂率时要对确定的砂率值进行必要的修正:砂子中大于 5 mm 颗粒超标时;粗细骨料的表观密度差偏大时,特别是砂子的表观密度高于石子时;砂子细度模数偏离 2.5~2.8 区间值较大时。

8. 粗细骨料用量的确定

粗细骨料的用量可用假定高性能混凝土表观密度法或紧密体积堆积法进行相关计算确定。所以,进行高性能混凝土配合比试配时,要对砂石粗细骨料表观密度、紧密堆积密度等物性指标进行实际检测。具体确定步骤如下:

(1)根据假定的混凝土表观密度和已知的水泥等胶凝材料浆量,计算出

粗细骨料质量。

（2）根据确定的砂率，计算出砂子用量 W_s 和石子用量 W_g。

9. 高性能减水剂用量的确定

高性能减水剂是配制高性能混凝土必不可少的组分。高性能减水剂既能增大坍落度，又能控制坍落度损失。高性能减水剂的掺量应同时满足混凝土拌合物所要求的工作性、凝结性和经济性，具体确定步骤或注意事项如下：

（1）试验外加剂与水泥（包括矿物掺合料）性能的适配性。

（2）通过胶砂试验，了解并掌握外加剂掺量与减水率的线性关系，以求掌握经济掺量。

（3）具体混凝土制备掺量一般可依据外加剂产品说明书推荐掺量、混凝土施工条件（如季节、气象及出机后混凝土保塑时间等要求），通过多次混凝土试配试验确定。

10. 配合比的试配、调整与确定

高性能混凝土配合比的试配、调整与确定的方法和步骤与普通混凝土相同，但其中水胶比的增减值应为 0.02~0.03。

混凝土的密实性是保证其高性能的重要技术原理，因此，按有关规范要求精确检测出新拌混凝土容重与理论设计容重的误差值，并通过骨料用量的微调将其误差值调整至±2%以内是必须的。

高性能混凝土设计配合比提出后，还须用该配合比进行 6~10 次重复试验，验证设计强度保证度。

3.3.3 高性能混凝土配合比设计实例

某主楼高超过 200 m 的超高层房建工程核心筒要求 C60 高性能混凝土并要能泵送至 155 m 层高部位，现场混凝土入模施工坍落度不小于 20 cm，并留足高层泵送过程坍落度损失量。试配比设计及试配工作如下。

1. 试配主要原材料性能

（1）水泥：选用某水泥公司生产的 P.Ⅱ52.5 硅酸盐水泥，3 天抗折强度指标不低于 3.5 MPa，28 天抗折强度指标不低于 52.5 MPa。

（2）粉煤灰：选用某发电有限公司出产的Ⅱ级粉煤灰，45 μm 细度不超过 10%，需水量比 98%。

（3）磨细矿粉：选用南钢嘉华矿粉有限公司出产的 S95 磨细矿粉，比表面积不低于 410 m^2/kg，28 天活性指数不低于 98%。

（4）石子（粗骨料）：选用 5~25 mm 连续级配，分别由 5~15 mm 和 16~25 mm（或 10~20 mm）碎石按 3.5∶6.5 的比例混合组成，强度指示（即压碎值）不高于 9.7%，表观密度 2696 kg/m^3，紧密堆积密度 1640 kg/m^3，空隙率 39%。

（5）砂子（细骨料）：选用细度模数 2.7 的中粗湖砂（其中 5 mm 以上筛余 8.9%），含泥量不大于 1.5%，砂子外观干净无杂质（特别是腐蚀物），表观密度 2670 kg/m³，紧密堆积密度 1718 kg/m³，空隙率 36%。

（6）混凝土外加剂：选用江苏某知名公司的聚羧酸高效缓凝型减水剂，固含量 20%，掺量 1.3%～1.5% 时，减水率 25%，厂家建议掺量 1.2%～1.7%。此外，要具有较好的保坍功效，以满足混凝土出站 2 h 坍塌度损失不大于 20 mm 的要求。

2. 配合比设计计算过程

（1）确定配制强度：

$$f_{cu,o} = f_{cu,k} - t\sigma$$
$$= 60 - (-1.960) \times 6 = 71.8 \text{ MPa}$$

（2）试算试配用水胶比：

$$f_{cu,o} = 0.304 f_{ce} \left(\frac{C+F}{W} + 0.62 \right)$$

$$f_{ce} = 60 \text{ MPa}$$

虽然高强高性能混凝土中胶材作用包含工作性、强度、耐久性等诸多方面，鲍罗米公式中的水灰比参数已不能够满足现在高性能混凝土的配合比设计需要，但是混凝土的强度与水胶比成反比的相关性应该仍然存在。此处，根据商品混凝土搅拌站大量的 C60 高强混凝土生产配合比经验值统计分析可得，选用粉煤灰（Ⅱ级以上）和磨细矿渣（S95 等级以上）双掺法，合计掺量小于 30% 时，其水胶比取值一般为 0.29～0.31。

（3）理论用水量 $W_0 = 155 \text{ kg/m}^3$，实际用水量 $W = 160 \text{ kg/m}^3$（其中约有 5 kg 水由外加剂引入）。

（4）确定胶凝材料用量：

$$C + F = W_0 \cdot \frac{C+M}{W} = 160 \times \frac{1}{0.30} = 533 \text{ kg/m}^3$$

$$m_0 = F_0 + K_0$$
$$F_0 = 533 \times 12\% = 64 \text{ kg/m}^3$$
$$K_0 = 533 \times 12\% = 64 \text{ kg/m}^3$$
$$C_0 = 533 - 64 - 64 = 405 \text{ kg/m}^3$$

① 粉煤灰、矿粉双掺时，各掺量比例首先按相等质量确定，最后根据混凝土强度进行调整：如果强度偏高，则降低矿粉掺量比例；如果强度偏低，则降低粉煤灰掺量比例。

② 根据(2)中确定的水胶比,本 C60 高强混凝土试配用粉煤灰、磨细矿渣矿物掺合料掺量应小于 30%,实际用量小于 25%(约为 24%)。

(5) 砂率(SP)取 43%(取稍高值),以满足高层泵送施工对高强混凝土大流动性及高性能混凝土体积密实性等要求。

(6) 砂石用量:

为了方便生产配合比设计及相关工作参数调整计算,本配合比砂石材料用量的确定计算采用质量法。即根据已知经验数据假定混凝土拌合物容重为 2430 kg/m³,水泥等胶凝材料表观密度经验取值为水泥 3100 kg/m³、粉煤灰 2300 kg/m³、磨细矿粉 2900 kg/m³,由此进行如下计算:

$$G_0 + S_0 = 2430 - C_0 - K_0 - F_0 - W_0 = 1742 \text{ kg}$$
$$S_0 = (G_0 + S_0) \times SP = 749 \text{ kg}$$
$$G_0 = 1742 - S_0 = 993 \text{ kg}$$

(7) 高效减水剂用量:

$$PC \text{ 用量} = 533 \times 1.4\% = 7.5 \text{ kg/m}^3$$

1 m³ 混凝土材料用量如表 3-3 所示,试验结果如表 3-4 所示。

表 3-3　1 m³ 混凝土材料用量

强度等级	水胶比	设计砂率	实际砂率	水	52.5水泥	S95矿粉	Ⅱ级粉煤灰	天然砂	碎石5~25 mm	外加剂
C60	0.30	0.43	0.47	155	405	64	64	800	930	7.5

表 3-4　1 m³ 混凝土试验结果

强度等级	设计容重	实测容重	坍落度		扩展度		抗压强度	
			初始	1 h后	初始	1 h后	7 天	28 天
C60	2433	2428	245	230	650	530	67.1	78.6

(8) 试拌混凝土相关参数验算:

① 试拌时,将砂子中粒径小于 5 mm 的卵石按粗骨料计,约占比 8.9%。即上述配比表中粗骨料用量扣减了 71 kg,砂子用量增加了 71 kg。

② 混凝土湿拌容重实测值为 2428 kg/m³,与配合比理论计算容重 2433 kg/m³ 相差不超过 0.2%,近乎一致,所以各组合材料用量无须再调整,同时也可推测出此混凝土拌合物趋于较良好的紧密体积堆积程度。

③ 水泥等胶材浆与骨料的体积比约为 34.9∶65.1。

④ 试拌混凝土出机流动性较好,且静放后流动性保持能力也较好,即混凝土无扒底现象,完全能满足混凝土高层泵送要求,这应该与上述砂石骨料

级配比较合理有关。

3. C60 高强高性能混凝土试拌实录

混凝土配制用砂石原料如图 3-2 所示,C60 高强高性能混凝土试拌出机状态如图 3-3 所示。

图 3-2　混凝土配制用砂石原料

图 3-3　C60 高强高性能混凝土试拌出机状态

3.4　提高混凝土耐久性的技术途径

提高混凝土的耐久性是高性能混凝土制备技术的一项核心研究内容。随着国民经济的发展和科学技术水平的提高,各种在恶劣环境条件下工作的大型或超大型工程结构物,如近年来已经或正在修建的高速铁路、公路等各类大型交通基础设施工程,这些结构物的初始投资巨大,施工难度也大,使用时一旦出现结构性质量事故,后果不堪设想。而用于这些大型工程建设的混凝土长期处于各种环境介质中,如果不符合设计要求的耐久性能,往往会造成不同程度的损害,甚至完全破坏。造成损害和破坏的原因包括外部环境和混凝土内部的缺陷及组成材料。前者如气候的作用,极端温度的出现,磨蚀、天然或工业液体或气体的侵蚀等;后者如碱-骨料反应,混凝土的渗透性,骨料和水泥石热性能不同引起的热应力等。外部环境往往是客观存在的,几乎无法改变。因此,要提高混凝土的耐久性必须从减少混凝土的内部缺陷和改善其组成材料着手,从混凝土的制备及施工过程加以实现。

3.4.1　混凝土耐久性机理分析

混凝土的耐久性主要是指其抵抗物理和化学侵蚀如冻结、高温、碳化、硫酸盐侵蚀等的能力。这种能力主要取决于其抵抗腐蚀性介质浸入的能力,即硬化水泥浆中毛细孔隙率和引入的空气量。一旦侵蚀性介质浸入混凝土中,混凝土耐腐蚀的性能将受水化产物的组分和分布的影响。因此,就耐久性而言,孔隙率和材料本身抵抗化学侵蚀的能力两者都很关键,其性能如下所述。

1. 抗渗性

混凝土的抗渗性与耐久性有极其密切的关系。抗渗性是指混凝土抵抗水通过混凝土毛细孔向其内部渗透的能力,即影响渗透的主要因素是水泥内部由毛细管或某些微裂缝所形成的透水通路。这些通路是配制混凝土时为得到一定的施工流动性而多加的水分在混凝土硬化时蒸发所留下的。通常来说,抗渗性好的混凝土的密实性高,混凝土的耐久性也较好。这是因为许多有害物质是随介质渗透到混凝土内部而起破坏作用的。例如,冻融损坏、钢筋锈蚀都是由于水及腐蚀性物质渗入混凝土内部对混凝土产生破坏作用的。

2. 抗冻性

抗冻性是指混凝土抵抗冻融破坏的能力。影响抗冻性的主要因素是混凝土内部构造、混凝土中孔隙率和孔隙特征等,密实并具有闭口且不互相连通的混凝土具有较好的抗冻性能。另外,水泥品种及强度等级对混凝土抗冻性也有影响。

3. 抗碳化性能

空气中的二氧化碳由表及里地向混凝土内部扩散的过程就是混凝土的碳化。影响混凝土碳化的主要因素有周围环境、施工及材料等。周围环境因素是指周围介质的相对湿度、温度、压力及二氧化碳的浓度等。

抗渗性、抗冻性和抗碳化性能三者之间有着高度统一的表现,即抗渗性好、内部密实性高的混凝土,其抗冻性、抗碳化性能也高。另外,它们还有一个重要共性,即都与混凝土搅拌、振捣和养护等施工因素密切相关。此外,避免混凝土结构出现施工裂纹和裂缝对于抗渗性、抗冻性尤为重要。

4. 碱-骨料反应

当水泥中的氧化钠和氧化钾含量较多时,它们水解后与骨料中的活性氧化硅发生化学反应,在骨料表面形成一层复杂的碱-硅酸凝胶,并吸水产生膨胀压力致使混凝土开裂的现象,称为碱-骨料反应。这种凝胶遇水膨胀,使骨料与水泥石界面胀裂,界面粘结强度下降。水泥中的碱和骨料中的活性氧化硅反应一般进行得很慢,由此引起的破坏反应往往在几年后才出现,但其反应破坏的混凝土是无法恢复的,应进行有效预防。

5. 抗化学侵蚀

混凝土的化学侵蚀主要是环境中的化学液体或气体引起的侵蚀,而其抵抗化学侵蚀的能力关键在于硅酸盐水泥水化产物抵抗化学侵蚀的能力,这也是检验和评价混凝土耐久性能的重要指标。硅酸盐水泥混凝土的溶蚀和膨胀破坏机理如表3-5所示。

表3-5　硅酸盐水泥混凝土的溶蚀和膨胀破坏机理

	侵蚀性液体	受侵蚀的浆体组分	反应及产物
溶蚀	酸(无机/有机)	$Ca(OH)_2$、CSH、CAH	分解、转化、溶解、离子交换、浸析
	碱(强碱)	CAH	
	铵盐	$Ca(OH)_2$	
	H_2S、SO_2、HCl、CO_2	$Ca(OH)_2$、CSH、CAH	
膨胀破坏	硫酸盐	$Ca(OH)_2$	石膏
		铝酸盐	三硫型硫铝酸盐
	镁盐	$Ca(OH)_2$	$Mg(OH)_2$
		CSH	硅酸镁
	碱金属氧化物	反应性硅质骨料	碱硅酸盐凝胶

6. 氯化物、碳化及钢筋锈蚀

混凝土孔溶液的高碱度(pH 大于 12.6)可保护钢筋免遭锈蚀。组分中CH 与其他碱形成的高碱度使钢筋表面形成一层保护性氧化薄膜(惰性膜)。当碳化导致 pH 值下降或存在氯化物时,这一保护层会被破坏,随之产生的锈蚀便是一个电化学过程,这种腐蚀的必要条件是氧、足够高的温度及导电性。锈蚀的速率主要取决于氧气在混凝土中的输送速度和混凝土的电阻率。

3.4.2　高强高性能混凝土耐久性关注的问题

(1)正视高性能混凝土仍存在某些性能缺陷:由于掺用了高效减水剂,泌水大大减少,塑性收缩明显增加;水灰(胶)比的降低又使得混凝土自收缩增加。上述两种作用带来的开裂质量问题,如果不能从配合比设计特别是抗裂功能性外加剂应用技术上加以应对,将使高性能混凝土的抗渗、抗化学侵蚀等耐久性提高的效果付之东流。

（2）低水胶比混凝土耐久性（水灰比≤0.3）：有水分子扩散进入的低水灰比的硬化水泥浆体将继续水化，其凝胶产物的体积是未水化水泥的 2.1 倍。但这时由于没有可供凝胶生长的空间，于是内压力增大并可能导致微裂纹。理论上，在水灰比小于 0.36 时此过程就会进行，低水灰比下混凝土中的水泥水化不完全，水泥凝胶阻止了水的扩散，且水的活化能大小取决于相对湿度。德国柏林工业大学建筑结构与强度研究所的一项专门试验研究也证明了这一点，即认为混凝土耐久性指标长达 100 年的时间范围，水向混凝土内的缓慢扩散过程可能导致后期继续水化，随后产生微裂纹并导致强度下降。当然，干燥环境下不可能发生自破坏。

3.4.3　提高混凝土耐久性的措施

1. 使用外加剂

使用混凝土外加剂提高耐久性的方法包括使用减水剂以大幅度降低水灰（胶）比，提高混凝土的强度和致密性。使用外加剂提高混凝土的耐久性已成为我国混凝土行业普遍采用的技术。

（1）使用高效引气剂使混凝土中产生孔径小、间隔均匀的封闭气孔，提高混凝土的耐冻融性、对渗入的有害物质的阻隔性和对有害应力的缓冲性等。

（2）使用膨胀剂以补偿混凝土凝结硬化过程中的体积收缩，减少或消除混凝土中的微裂纹和宏观裂缝，提高混凝土的抗渗性以及后期强度等。

（3）对于大体积混凝土，使用缓凝剂以延迟水泥水化放热高峰的时间，降低混凝土的极限温升，避免混凝土出现温差裂缝等。

总之，高性能混凝土的制备没有高性能外加剂的技术配合是不可行的，特别是强度在 100 MPa 以上的高强混凝土，没有高性能减水剂更是不可能实现的。

2. 使用矿物掺合料

（1）使用硅灰以大幅度地提高混凝土的强度。不掺硅粉，仅靠水胶比的降低，制备 80 MPa 以上的高强混凝土是不可能的。试验证明，当硅粉掺量增加到水泥重量的 10% 时，不同品种的混凝土的渗透性平均可降低 70%。

（2）使用粉煤灰和磨细矿渣以降低水泥用量，提高混凝土的后期强度，减小水化热，并使二次水化产物堵塞水泥石中的孔隙以提高抗渗性及减轻或消除混凝土中的碱-骨料危害等。

（3）其他矿物掺合料还有沸石粉、煅烧高岭土、磨细珍珠岩尾砂粉等。沸石粉具有吸附性、分子选择性和离子交换性，同时具有优良的火山灰特性，除了能提高强度外，还能吸引钠离子，抑制碱-骨料反应；煅烧高岭土提高混凝土强度的效果甚至优于广为称道的硅灰;珍珠岩尾砂粉提高混凝土各龄期强度亦都非常显著。

3. 配合比设计及施工中的措施

混凝土配合比设计与混凝土耐久性的关系,在前面的高性能混凝土配合设计相关章节中已有论述。一个重要措施是在保证强度要求的前提下尽可能降低水泥用量,而目前工程中用到的高性能混凝土大多与高强混凝土相关,低水胶比制备的高强混凝土其水泥等胶凝材料用量肯定远远高于普通强度混凝土,因此,水泥用量低只能是个相对意义上的概念,其措施的作用与前面提到的措施密切关联,其主要作用是为了减少或避免因水泥水化热大、硬化水泥浆体干缩等引发的开裂风险。施工措施,如混凝土浇筑时充分振捣密实和加强混凝土养护等也极为重要。特别要注意一些特殊的、不易养护的部位,例如墙板、梁和柱等。

4. 抑制碱-骨料反应

抑制碱-骨料反应的措施是消除反应发生的必要条件,如选择非活性骨料,控制水泥含碱量(包括外加剂和掺合料引入的碱)不超过 0.16%,防止外界水分渗入混凝土。

对于防止碱-骨料反应要求较高的结构工程而言,通常情况下选用非活性骨料是最可行的措施,有一定活性骨料配制的混凝土,碱-骨料反应膨胀随水泥的碱含量增加而增大。此外,在混凝土中加入活性氧化硅的细粉能使碱-骨料反应膨胀减小或消除,而具有活性氧化硅的细粉的掺合料硅粉、优质粉煤灰等也是当前混凝土生产的常用掺合料。

5. 掺加密实抗渗剂

在混凝土中掺加无机或有机密实抗渗剂,可以形成某种胶体或络合物,填充、堵塞毛细孔缝,从而提高混凝土的抗渗能力。常用的密实抗渗剂有氯化铁、氯化铝、三乙醇胺、有机硅等,但是目前最有发展前途的是复合型密实抗渗剂。这类特种功能外加剂兼具高效减水、微膨胀、引气和憎水等功能,掺入混凝土中能显著降低其水胶比,细化毛细孔径并使混凝土憎水化,消除微裂纹,并引入一定量独立的微小气泡,使得混凝土的抗渗性和抗冻性均大幅度提高,即混凝土的耐久性显著增强。

6. 控制硬化混凝土的体积稳定性

随着环境温湿度的变化,组成混凝土的水泥石和骨料会发生胀缩变形,这种变形往往是一个长期的过程,如果导致有害裂纹或裂缝产生,混凝土的耐久性就无从谈起。因此,控制混凝土结构件体积稳定性的技术措施值得研究。

（1）影响硬化混凝土体积变化的物相

根据复合材料理论观点，普通素混凝土可被视为三相材料，即含有水泥浆体、骨料、浆体与骨料之间的界面区这三相。混凝土中发生干缩的主要组分是水泥石，因此，减少水泥石的相对含量可以减小混凝土的收缩，其中骨料起着限制收缩的作用。所以，骨料的数量和弹性模量对混凝土的收缩有很大影响。

（2）骨料的相关物理性能与硬化混凝土体积稳定性的关系

一般来说，骨料的含量越多，混凝土的收缩越小，但为了满足高强高性能混凝土的工作性及强度（低水胶比），骨料用量往往不能太高。因此，通过增加骨料数量控制高强高性能混凝土的体积稳定性理论上可行，但落实到高性能混凝土的制备过程中时往往不切实际，所以只能从骨料性能的选用上考虑。这是因为骨料的弹性模量也决定着对水泥石收缩的限制程度，弹性模量越大，限制收缩的作用越大。另外，水泥石和骨料的热膨胀系数也不相同，温度发生变化，水泥石和骨料必然产生不同的变形值。因此，混凝土中水泥石和骨料的不均匀变形会在骨料和水泥石的界面上产生分布极不均匀的拉应力，从而形成许多分布很乱的界面裂缝，削弱混凝土的密实性。

（3）改善混凝土硬化体积稳定性的技术措施

试验证明，中等或偏低强度和弹性模量的骨料对维持混凝土的耐久性很重要。若骨料是可压缩的，则由湿度和热的原因引起的混凝土的体积变化会在水泥石中产生较低的应力。因此，骨料的可压缩性可减少混凝土的龟裂。此外，粗骨料的粒径尺寸越大则凝结面积越小，造成混凝土内部组织的不连续性越大，特别是水泥用量较多的高强混凝土更为明显。因此，在条件许可时，应尽可能选用小尺寸骨料。也有试验证明，细化粗骨料粒径可有效降低高强混凝土的脆性。

3.4.4　改善并提高高性能混凝土抗裂性的应用技术介绍

高性能混凝土的抗裂技术措施对于确保混凝土耐久性不受各类有害裂缝出现的影响极为重要，特别是 C60 及以上的高强混凝土，因其水泥等胶凝材料用量大、水泥石体积占比大，出现多种原因引起的裂缝的风险远高于普通混凝土。因此，高性能混凝土裂缝控制技术的研究成为近年来混凝土制备技术的热门研究课题，并取得了许多实际的工程应用成果。

1. 高性能混凝土抗裂性设计指标（江苏省《高性能混凝土应用技术规程》）

高性能混凝土凝结硬化前，应采取保湿养护措施，控制表层空隙负压不大于 15 kPa，抑制塑性裂缝的产生。通过试验采用有限元方法测试结构混凝土服役环境参数与材料参数,计算混凝土入模温度、内外温差、绝热温升比、收缩变形等指标,在不具备上述试验参数时,可查表3-6取值。

表3-6　混凝土试验参数

结构部位	结构厚度 δ/m	一次性最大浇筑长度/m	入模温度 $T_0/℃$	绝热温升比/%	温降速率 $R_T/$（℃/天）	收缩变形	
						7天自生体积变形	28天变形
墙体	$0.5 \leqslant \delta < 0.7$	20	$30 \leqslant T_0 < 35$	$\leqslant 50$	$\leqslant 5$	$\geqslant 200 \times 10^{-6}$	$\geqslant 50 \times 10^{-6}$
		40	$5 \leqslant T_0 < 30$				

注:参数适合于混凝土强度C50以下结构;"一次性最大浇筑长度"表示施工过程中混凝土浇筑块不出现收缩裂缝时所允许的最大浇筑长度,即施工缝最大间距;夏季施工时,混凝土入模温度难以满足表中要求,在入模温度不高于35 ℃的条件下,可采取降低温升等技术措施。

2. 抗裂性专项技术措施(高性能土木工程材料国家重点实验室提供)

(1)提升混凝土抗裂性专用添加剂选用建议(表3-7)

表3-7　提升混凝土抗裂性专用添加剂选用建议

施工季节及结构形式				塑性裂缝抑制		硬化阶段裂缝抑制		
结构部位	结构特点	施工季节	厚度 δ/m	A	B	C	D	E
板式结构	/	夏季	/	○	△	–	–	△
	/	其他		–	–	–	–	–
墙体结构或受强约束结构	超长/薄壁	/	$\delta \leqslant 0.4$	/	/	○		△
	/	/	$\delta > 0.4$	–	–	–	–	○
/	大体积	/	/	–	–	–	○	–

注:A—水分蒸发抑制剂;B—合成纤维;C—氧化钙类膨胀剂;D—氧化镁膨胀剂;E—温控膨胀抗裂剂。○表示宜采用;△表示可采用;–表示一般不采用。夏季指每年6—8月,春、秋季指每年3—5月、9—11月,冬季指每年12月至次年2月。

(2)高抗裂混凝土制备技术效果说明

① 水分蒸发抑制剂专项技术

减少混凝土水分蒸发75%以上,缩短毛细管负压诱导期1倍以上,降低塑性收缩50%左右,有效改善结壳、起皮现象。各对比图如图3-4至图3-6所示。

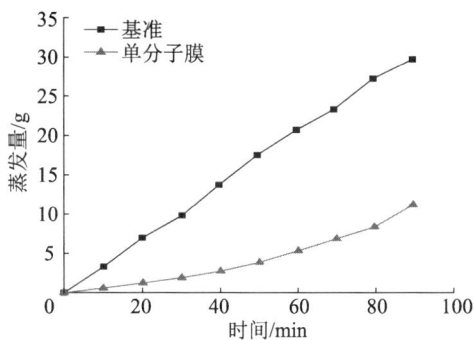

图 3-4　水分蒸发量对比

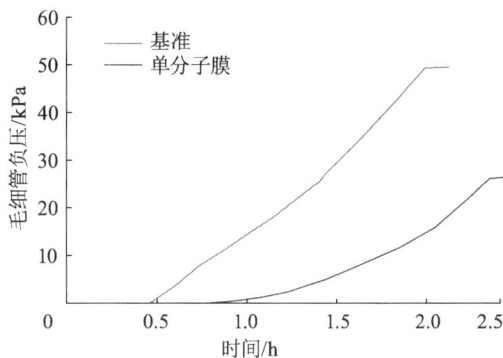

图 3-5　毛细管负压变化对比

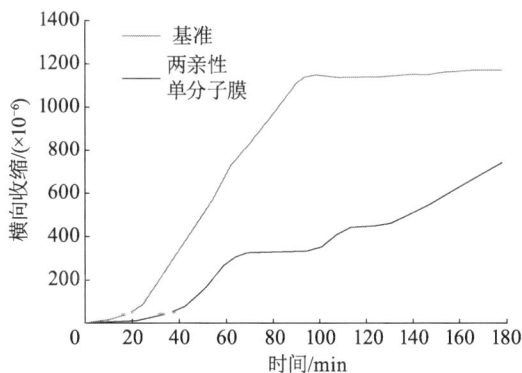

图 3-6　横向收缩变化对比

② 特种矿物类外加剂抗裂专项技术

特种矿物类外加剂抗裂术如图 3-7 所示。

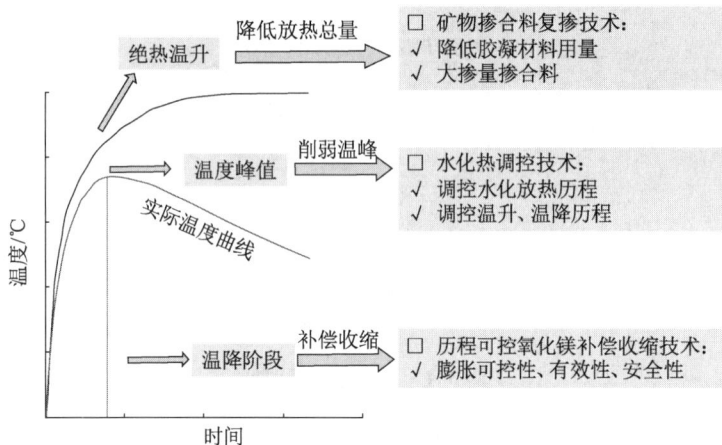

图 3-7　特种矿物类外加剂抗裂技术

如上所述的高抗裂混凝土制备专项技术已在港珠澳大桥、太湖隧道及江苏某核电站等工程中取得了非常好的应用效果，是实现高性能混凝土"可设计、可制备、可检测"推广行动目标的具体体现。

3.5　机制砂用于高性能混凝土制备的研究

随着我国交通、城建基础设施建设等现代土木工程的持续发力，工程用量最大、用途最广的混凝土材料需求不减，但作为混凝土三大重要组成之一的建筑用砂，因其自然资源的属性，近年来随着我国农田、河道及湖泊环境保护措施的逐步加强，采量逐步减少，市场价格成倍上涨，已难以满足当今各类土木工程建设持续发展的需要。此外，长期过量的无序开采也导致天然砂质量日益下降，并严重影响了混凝土的产品质量和技术发展。

我国幅员辽阔，岩石资源遍布全国各地，尤以石灰石资源最为丰富，将石灰石机械破碎、筛分生产机制砂，不仅有充足的数量保证，而且可确保混凝土用砂的质量。如果机制砂的使用技术日趋成熟规范，今后的某些工程施工组织将可能发生转变，如高速铁路、公路等工程中的隧道施工，将围岩较好的隧道施工中采掘的块石料就地加工成混凝土制备所需的碎石和机制砂，不仅可以实现隧道掘进施工过程的资源合理利用，而且也解决了因交通不便造成的材料采购难题，其环境和经济效益是不言而喻的。

因此，机制砂在混凝土中，尤其是高性能混凝土中的应用是必然之事，机制砂高性能混凝土也必将在土木工程建设中被广泛采用。

3.5.1　机制砂在混凝土制备中的应用情况

1. 分行业应用情况

机制砂制备混凝土的应用以水电行业最为成熟,但其要求也相对较高,基本是自产自用,机制砂制备多为大中型先进工艺生产线,我国的三峡工程、黄河小浪底工程均使用机制砂配制混凝土。公路、铁路等交通工程和建筑等工程的应用则较晚一些,因其混凝土的制备用砂(包括机制砂)大多由社会提供,机制砂生产工艺及品质参差不齐,影响了机制砂在这一工程领域的推广力度,尤其是在交通工程方面。

2. 使用地域分布情况

各地机制砂应用水平和程度也不一,河砂资源相对较丰富的地方如北京、福建、深圳,机制砂应用规模较小,仅一些不重要的工程有少量应用;河砂资源较匮乏的云南、贵州、重庆等地,机制砂应用较普遍。另外,我国香港地区河砂的储藏量比较少,一直依赖广东番禺和东莞供给,不仅在使用量方面受到限制,而且不同质量的河砂也影响了建筑工程的质量。因此,我国香港在机制砂使用方面有着较长的历史。

3. 国外机制砂应用简况

美国、德国等国家出于对自然资源的保护或其他原因,有着相对丰富的使用人造机制砂的经验。例如,德国不仅将机制砂较早地应用于建筑,同时还开发出用机制砂制成的建筑工程预制件和各种工程构件。

4. 配制混凝土强度情况

目前,机制砂的应用主要集中在强度等级 C40 及以下的普通混凝土中,即使是在机制砂应用较普遍的云南、贵州、重庆等地区,在一些重要工程部位和特种高性能混凝土中,依然主要用河砂,如桥梁工程的梁板结构。未见到高性能混凝土制备全部采用机制砂的报道,这应该与当前的机制砂生产工艺设备不完备、产品质量不受控制、机制砂使用不合规范等因素有关。

5. 机制砂推广应用面临的问题

虽然,GB/T 14684—2011《建设用砂》标准中对机制砂相关质量标准的描述也证明了机制砂配制混凝土的合规性,但用石灰岩类(包括尾矿)生产的机制砂在重大基础设施工程中的推广还是比较困难,原因是其外观、颗粒级配与天然砂明显不同,特别是干法生产的原状机制砂看上去就像石头粉(或土),使人心存疑虑,不敢使用。但大约从 2016 年起,各地商品混凝土企业生产的 C40 及以下强度等级的混凝土大量掺用上述品质的机制砂代替部分天然砂,较好地解决了天然砂供应不足或细度模数不稳定等问题,并为企业获取了良好的经济效益。

3.5.2 机制砂的性能缺陷及制备混凝土的特性概述

1. 机制砂的缺点

(1) 天然砂颗粒浑圆,表面光滑,天然中砂细度模数多为 2.6~3.0,级配较好,对混凝土的工作性十分有利。机制砂颗粒尖锐,多棱角,表面粗糙,细度模数多为 3.0 以上,与天然砂相比,机制砂的颗粒级配稍差,大于 2.5 mm 和小于 0.08 mm 的颗粒偏多,导致配制的混凝土和易性较差,容易造成混凝土的外观质量缺陷。机制砂母材的变化会引起机制砂质量的波动,给施工质量的控制带来一定难度。但是,机制砂的这些性能缺陷可以通过选择合适的加工工艺设备,在配制过程中合理利用砂中含石粉量调整砂率、选用合适的外加剂等措施来克服。

(2) 机制砂含有一定量的石粉。石粉和泥的粒径虽然都小于 0.075 mm,但是它们的成分不同,细度相差也较大。泥颗粒大多小于 0.016 mm,而石粉颗粒大都在 0.016~0.075 mm 之间。泥颗粒吸附在砂的表面,会妨碍砂与水泥的粘结。机制砂的石粉含量完全可以通过合适的加工工艺加以控制,且适量的石粉可填充在水泥、细砂的空隙之中,增强机制砂混凝土的工作性。

2. 机制砂混凝土的性能特点

(1) 硬化前混凝土的特性

机制砂混凝土硬化前的性能主要涉及稠度、和易性(工作性)、可塑性、可加工性(可修饰或可抹平)等方面,这些性能并不是孤立的,而是有一定的相互关联,从不同角度表现新拌混凝土的特性。

在水灰比相同的条件下,机制砂混凝土坍落度要小于河砂混凝土,这主要是因为机制砂本身具有裂隙、空隙及孔洞,其有一部分颗粒为矿物颗粒集合体,这样就增大了砂子的比表面积,吸附了更多的水,导致混凝土的需水量增加,坍落度减小。机制砂混凝土的和易性改善措施与天然砂混凝土的有许多共性,只是难点较多,主要体现在粒形和级配等方面。石粉含量也是影响机制砂混凝土和易性的重要指标,石粉含量太低(小于 5%)时,混凝土的和易性、泌水性较差;石粉含量控制在 6%~9% 时,对混凝土强度的影响不是很大,混凝土的和易性也很好。按机制砂的特点进行混凝土配比设计,通过合理利用机制砂中的石粉和调整机制砂的砂率,可以配制出和易性好、适合泵送的机制砂混凝土。

(2) 机制砂混凝土的力学性能

混凝土的力学性能指标包括抗压强度、抗拉强度、抗折强度、抗弯强度、弹性模量、粘结强度、疲劳强度、收缩徐变特性等。针对这些指标进行深入研究的还比较少,只有抗压强度和弹性模量这两个主要指标,国内外有较丰富的实验资料。

由于机制砂一般采用硬质岩石破碎,其本身的抗压强度甚至比天然砂还高。所以,机制砂混凝土与天然砂混凝土相比,各项力学性能指标不低,甚至更高。当然,混凝土的强度、弹性模量等力学性能指标除了与砂的强度有关外,还与其他因素有关,如机制砂中的石粉含量和混凝土配合比中的砂率等。砂率如果超过 50%,不但强度有所下降,而且静力弹性模量也显著降低,这与天然砂的性能是相同的。

（3）机制砂混凝土的耐久性能

混凝土的耐久性能是指混凝土在长期使用过程中,具有抵抗冻融循环等气候条件、酸碱等物理化学侵蚀作用、光热作用、流水冲蚀作用的能力。混凝土越密实,抗渗性和抗冻性越好。对于机制砂对混凝土耐久性的影响,其含有的石粉是值得研讨的重要因素之一,且有部分研究者认为,机制砂中的石粉是一种有效的填料,虽然不具有活性,但提高了混凝土的密实性,增强了水泥石与骨料界面的粘结性;也有人认为石粉能加速 C_3S 的水化,并与 C_3A、C_4AF 反应生成结晶水化物,改善水泥石的孔隙结构,使制备的混凝土的抗渗性能得到提高。此外,大量的试验及实际工程应用也有所证明,机制砂和天然细砂混合配制出的混凝土在抗冻性、抗渗性、抗氯离子渗透、抗硫酸盐侵蚀及抗碳化性能方面并不亚于甚至优于中砂混凝土。

3.5.3　机制砂高性能混凝土制备的针对性技术措施和途径

机制砂与天然砂的主要区别在于:天然砂颗粒浑圆、表面光滑、细度模数多为 2.6~2.8,对混凝土的工作性十分有利;机制砂颗粒尖锐多棱角、表面粗糙、细度模数多为 3.0 以上,且颗粒级配分布也不如天然砂,对混凝土的工作性影响较大。因此,对于机制砂在混凝土生产中的应用,尤其是配制大流动度高性能混凝土时,如何解决机制砂的性能缺陷问题显得尤为重要。常采取的措施有以下几种:

（1）选用部分天然中粗砂,最好是细度模数 2.0~2.4 的Ⅲ区砂与机制砂按试验最佳比例混合使用。在解决机制砂颗粒级配中 0.3 mm 以下颗粒含量较少的问题时,掺入细颗粒含量较多的天然细砂可以很好地弥补机制砂的这一缺陷。

（2）掺入粉煤灰(可以超掺)等混合材料,提高混凝土中胶凝材料的含量,是弥补掺用机制砂导致混凝土施工流动性下降缺陷的可行且经济实用的技术路径。

（3）为了克服和改善因机制砂掺量增加而产生的混凝土粘结性降低问

题,在混凝土外加剂中加入微量增稠组分,提高其胶凝材料浆液的黏性和骨料表面的润滑性也是可行的技术路径。

3.5.4　C50 机制砂高性能混凝土配合比试验研究

1. 设计思路

机制砂高性能混凝土配合比设计的关键是如何根据机制砂的特定物理性能,以科学适用的配合比设计原理为基础,开展相关的试配试验工作。

通过相关试验找出不同颗粒、不同粒形混合组成的粗细骨料颗粒的最佳堆积状态是非常重要的。通常骨材体积占混凝土体积的 60%~75%,所以直接试验控制不同颗粒级配的粗细骨料的用量比例可有效获得最小骨料紧密堆积空隙值。

2. 原材料来源及相关性能分析

(1) 试验所用机制砂是中交第四公路工程局有限公司莆炎高速公路三明段项目部湖美溪隧道施工现场自建的碎石骨料加工线生产的机制砂(实为碎石生产线上 5 mm 筛余石屑料)。试验所用机制砂的主要物性检测指标结果如表 3-8 和表 3-9 所示。

表 3-8　试验用机制砂颗粒级配

筛孔尺寸/mm	4.75	2.36	1.18	0.600	0.300	0.150	筛底
分计筛余/%	9.0	29.0	17.5	16.0	12.2	7.6	8.6
累计筛余/%	9	38	55	71	84	91	100

表 3-9　试验用机制砂主要物性指标

骨料种类	表观密度/(kg·m⁻³)	细度模数	含粉量/%	含泥量/%	压碎指标/%	空隙率/%
机制砂	2762	3.2	9	—	23.9	33

注:含泥量计算在石粉含量中,未做专项检测。

(2) 由于本试验所用机制砂为非专用机制砂生产线生产的产品,单独掺用制备的混凝土工作性达不到项目施工要求,因此,需要掺入一定比例的天然砂调配成混合砂,以满足高强高性能混凝土制备对细骨料的性能和质量的要求。试验用天然砂的主要物性指标检测结果如表 3-10 和表 3-11 所示。

表 3-10　试验用天然砂颗粒级配

筛孔尺寸/mm	4.75	2.36	1.18	0.600	0.300	0.150	筛底
分计筛余/%	1.3	10.8	11.0	17.2	26.0	26.1	7.6
累计筛余/%	1	12	23	40	66	92	100

表 3-11　试验用天然砂主要物性指标

骨料种类	表观密度/(kg·m^{-3})	细度模数	含粉量/%	含泥量/%	压碎指标/%	空隙率/%
天然砂	2660	2.3	—	1.6	—	35

（3）混合砂配制及颗粒级配变化如表 3-12 至表 3-14、图 3-8 至图 3-11 所示。

表 3-12　混合砂（30%机制砂+70%天然砂）颗粒级配

筛孔尺寸/mm	4.75	2.36	1.18	0.600	0.300	0.150	筛底
分计筛余/%	3.9	16.5	13.5	17.3	21.4	20.4	7.0
累计筛余/%	4	20	34	51	73	93	100

注:细度模数为 2.6。

表 3-13　混合砂（50%机制砂+50%天然砂）颗粒级配

筛孔尺寸/mm	4.75	2.36	1.18	0.600	0.300	0.150	筛底
分计筛余/%	4.3	20.5	14.9	16.9	18.9	16.9	7.5
累计筛余/%	4	25	40	57	75	92	100

注:细度模数为 2.8。

表 3-14　混合砂（70%机制砂+30%天然砂）颗粒级配

筛孔尺寸/mm	4.75	2.36	1.18	0.600	0.300	0.150	筛底
分计筛余/%	5.9	22.5	15.7	16.9	17.0	13.6	8.4
累计筛余/%	6	28	44	61	78	92	100

注:细度模数为 2.9。

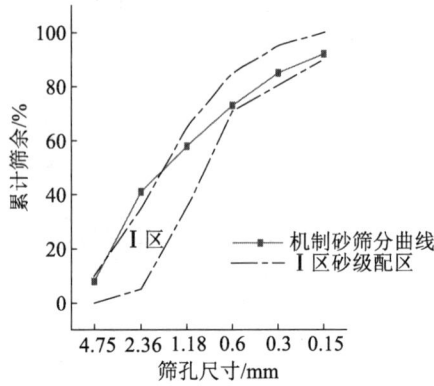

图 3-8　机制砂筛分曲线

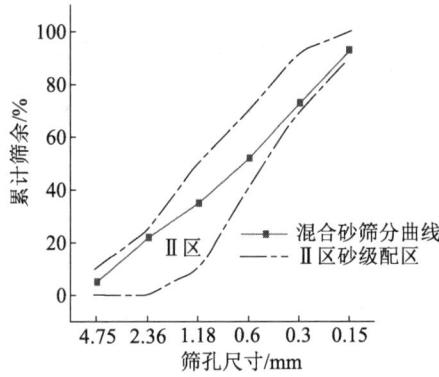

图 3-9　混合砂(机制砂：天然砂=3：7)筛分曲线

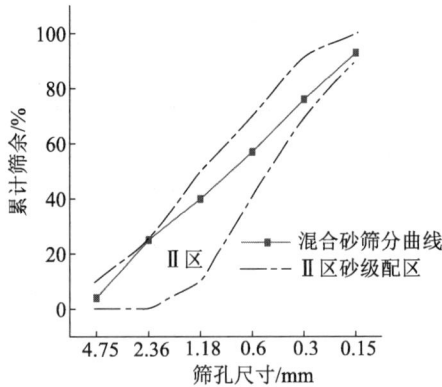

图 3-10　混合砂(机制砂：天然砂=5：5)筛分曲线

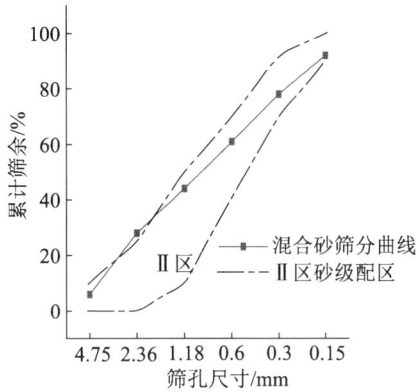

图 3-11　混合砂(机制砂∶天然砂=7∶3)筛分曲线

（4）水泥等其他试验用原材料主要物理性能：

① 水泥:选用江苏鹤林水泥有限公司生产的 P.Ⅱ 52.5 硅酸盐水泥,3 天抗压强度 29.6 MPa,28 天抗压强度 56.7 MPa,28 天抗折强度 8.5 MPa。

② 粉煤灰:选用镇江发电有限公司出产的Ⅱ级粉煤灰,45 μm 细度 10%,需水量比 98%。

③ 磨细矿粉:选用南钢嘉华矿粉有限公司出产的 S95 磨细矿粉,比表面积不低于 410 m²/kg,28 天活性指数不低于 98%。

④ 石子(粗骨料):选用 5~25 mm 连续级配,分别由 5~15 mm 和 16~25 mm(或 10~20 mm)碎石按 3.5∶6.5 的比例混合组成,压碎值 9.7%,表观密度 2696 kg/m³,紧密堆积密度 1640 kg/m³,空隙率 39%。

⑤ 混凝土外加剂:选用江苏苏博特新材料股份有限公司生产的聚羧酸减水剂,固含量 20%,减水率 25%。

3. 混凝土试配配合比方案及结果

混凝土试配配合比如表 3-15 所示。

表 3-15　1 m³ 混凝土材料用量

试配编号	强度等级	水胶比	砂率	水	水泥	粉煤灰	天然砂		碎石 5~25 mm	外加剂
							机制砂	天然砂		
SP1	C50	0.34	0.43	160	380	90		755	990	6.5
SP2	C50	0.34	0.43	160	380	90	230	525	990	6.5
SP3	C50	0.34	0.44	160	380	90	385	385	980	7.0
SP4	C50	0.34	0.44	160	380	90	540	230	980	7.0
SP5	C50	0.34	0.44	160	380	90	540	230	980	7.5

混凝土拌合物性能及立方体抗压强度如表 3-16 所示。

表 3-16　混凝土拌合物性能及立方体抗压强度

编号	细骨料种类	初始坍落度	初始扩展度	1 h 坍落度	1 h 扩展度	和易性	抗压强度/MPa	
							7 天	28 天
SP1	天然砂	230	510	220	500	优	55.8	67.7
SP2	30%机制砂+70%天然砂	240	540	220	510	优	55.6	64.9
SP3	50%机制砂+50%天然砂	225	510	195	485	良	53.2	68.3
SP4	70%机制砂+30%天然砂	210	490	180	450	良 -	58.3	69.6
SP5	70%机制砂+30%天然砂	240	530	210	500	良 +	54.7	63.5

注:SP5 试配中添加 12 g 浓度为 1%的纤维素醚增稠试剂,用以改善混凝土的粘结性和流动性。

4. 掺用机制砂混凝土的试配试验结果讨论

(1)初拌试验结果表明,配比中的细骨料全采用机制砂时,混凝土的工作性无法满足泵送施工浇筑要求,原因有三点:其一,机制砂由人工破碎而成,棱角较多,颗粒机械咬合力较大,间隙较多,导致混凝土的流动性减小;其二,从一般机制砂的级配可以看出,机制砂筛余 0.300 mm 以下所占比例较小,而《混凝土泵送施工技术规程》(JGJ/T 10—2011)中指明,泵送混凝土细骨料通过 0.300 mm 筛孔的筛余不应小于 15%,虽然本试验所用机制砂 0.300 mm 筛孔的筛余不小于 15%,但其中石粉含量占比有 9%之多;其三,该机制砂实质是碎石加工的副产品加以综合利用。

(2)机制砂与细度模数为 2.0~2.4 的天然砂混合使用,在机制砂掺量不大于 50%的情况下,随着机制砂掺量的增加,混凝土拌合物初始坍落度和扩展度增大,1 h 坍落度保留值也较大,和易性得到很好的改善,从坍损和同龄期的强度来看,优势也非常显著。

(3)在机制砂掺量达到 70%的情况下,混凝土拌合物初始坍落度减小,扩展度也有所减小,1 h 坍落度保留值及和易性等状态都不如 50%的情况,但同龄期的强度几乎不受影响。

(4)在机制砂掺量达到 70%的情况下,在试配中加入微量增稠保水组分(实际生产中可加入混凝土外加剂中),混凝土的工作性能可得到非常好的改善,即混凝土拌合物初始坍落度增大,扩展度增大,1h 坍落度保留值也较大,和易性得到很好的改善。同龄期的强度与不加增稠保水组分的试配相比,混凝土 7 天和 28 天的抗压强度下降 6%~8%,这主要是增稠保水组分的引入增加了拌制后混凝土的含气量所致,但这对于提高混凝土的抗冻性及抗裂性有显著的良性效果,况且其强度完全能满足 C50 混凝土的设计强度。

（5）掺用此类品质的机制砂（即尾砂）制备高性能混凝土，建议用 50% 的机制砂与 50% 的细度模数不低于 2.0 的天然砂混合作为细骨料，能满足高性能混凝土高工作性等要求，即表 3-15 中 SP3 试配试验结果。在中交集团四公局莆炎高速公路（三明段）工程的桥隧混凝土结构大跨径 PC 箱形截面梁及墩台基础施工中，C50 机制砂高性能混凝土生产制备有重要的参考应用价值，且配比中的机制砂掺量足以耗用完工程隧道开凿挖出的块石所生产的机制砂（即粒径 5 mm 以下的石屑）。

3.5.5　制备高性能混凝土所用机制砂的质量控制要点

1. 机制砂的质量标准

《建设用砂》（GB/T 14684—2011）中新增了人工砂的质量标准，《普通混凝土用砂、石质量及检验方法标准》（JGJ 52—2006）也已将机制砂列入其中。前者是产品标准，源于《中华人民共和国产品质量法》，是砂石生产企业应遵守的法规；后者是工程应用规范，源于《中华人民共和国建筑法》，是砂石使用企业（混凝土站、水泥构件厂和工程公司等）应遵守的法规。砂出厂根据前者进行检查，矿山负责砂质量到产品上车为止，砂经运输、卸车、堆放到使用时，经使用者检验符合后者规定后才能投入混凝土生产。

2. 机制砂关键质量指标控制

（1）机制砂压碎指标

压碎指标是指机制砂在外力作用下抵抗破坏的能力，是间接表达机制砂坚固性的一个重要指标。压碎指标直接影响所配制混凝土的和易性和强度，对于高强混凝土的影响最大。

相关的混凝土试配试验证明，随着压碎指标的增大，混凝土和易性逐渐变差，强度也逐渐降低。压碎指标在 20% 以下时影响不是很大，当压碎指标大于 20% 时，和易性变差，强度降低很多。因此，配制高性能混凝土时压碎指标控制在 20% 以内比较合适，最高不能高于 25%。

非专业机制砂厂生产碎石筛留下的石屑，试验压碎指标值一般在 30% 以上，有些甚至能达到 40%。这种石屑虽然也可以作为混凝土细集料使用，但只能限制在强度等级较低的混凝土或砂浆中。总之，配制高性能混凝土机制砂的压碎指标应控制在 25% 以下，有条件的最好控制在 20% 以下。例如，重庆市地方标准对机制砂压碎指标要求，如表 3-17 所示。

表 3-17　重庆市地方标准对机制砂压碎指标要求

混凝土强度等级	≥60	≥30	<30
压碎指标/%	≤25	≤30	≤30

（2）机制砂棱角性及粗糙度

不同细度模数的河砂、机制砂的粗糙度指标流值和棱角性系数空隙率及对混凝土性能的影响如表 3-18 所示。

表 3-18 河砂、机制砂的流值和棱角性系数空隙率试验记录

种类	河砂				机制砂		
编号	1	2	3	4	5	6	7
细度模数	2.1	2.4	2.8	3.0	2.8	3.0	3.3
级配	Ⅲ区差	Ⅱ区良	Ⅱ区良	Ⅱ区差	颗粒方	针片状多	颗粒方
粗糙度指标流值/s	12.8	13.2	13.6	14.5	15.6	18.7	14.8
棱角性系数空隙率/%	30.8	21.9	16.7	32.7	26.6	48.7	22.9
坍落度/mm	120	180	190	160	185	110	165

注：砼配合比为水泥∶特细砂∶机制砂∶石子∶水∶粉煤灰∶膨胀剂∶减水剂 = 349∶242∶566∶956∶160∶110∶47.6∶3.17。

由表 3-17 可以看出，不同细度模数的机制砂和河砂，其粗糙度指标流值和棱角性系数空隙率差别较大，棱角性系数空隙率大的砂配置的水泥混凝土有较大的内摩擦角和抗流动变形的性能，即混凝土和易性较差。

棱角性系数空隙率主要受颗粒形状、表面结构和级配的影响，总体来说，河砂颗粒表面光滑，摩擦力小，粗糙度指标流值较小。同样级配的情况下，机制砂的棱角性系数空隙率比河砂大。从表 3-17 数据及大量实践得出，级配好的河砂和机制砂棱角性系数空隙率在 25% 左右。

总之，配制高性能混凝土的机制砂的细度模数应控制在 2.6～3.2，棱角性系数空隙率应小于 25%，粗糙度指标流值应在 15 s 以下。

（3）机制砂石粉含量

机制砂中的石粉通常是指粒径小于 0.08 mm 的颗粒。一般机制砂中石粉含量在 4%～20%，而通常使用的河砂中粒径小于 0.08 mm 的颗粒含量在 0～5% 范围内。

《普通混凝土用砂、石质量及检验方法标准》（JGJ 52—2006）中规定：① 砂中粒径小于 0.16 mm 的颗粒含量应在 0～10% 范围内；② 砂中粒径小于 0.08 mm 的尘屑、泥土含量强度在高于 C30 的混凝土中不大于 3%，强度低于 C30 的混凝土中不大于 5%。

重庆市地方标准《混凝土用机制砂质量及检验方法标准》（DB 50/5017—

2001）规定的机制砂含粉量指标如表 3-19 所示。

表 3-19　重庆市地方标准规定的机制砂含粉量

机制砂母材种类	石灰岩		砂岩
混凝土强度等级	≥C40	<C40	≤C30
含粉量/%	≤5	≤7	≤10

吴明威等的研究认为,机制砂中的石粉主要是磨细的岩石粉末,对水泥仅起到一种惰性掺合料的作用,石粉掺量在水泥重量的 15%(0.16 mm 以下颗粒)以内时,无论对标准稠度、凝结时间、安定性还是胶砂强度都无不良影响;当掺量达到 20%(0.16 mm 以下颗粒)时,强度明显降低。因此,石粉含量在一定限值的机制砂是可以应用于高性能混凝土中的。

（4）机制砂中的石粉对混凝土拌合物的影响

石粉是一种惰性掺合料,细度小,它不但补充了混凝土中缺少的细颗粒,增大了固体的表面积对水体积的比例,从而减少了泌水和离析,而且石粉能与水泥和水形成柔软的浆体,即增加了混凝土的浆量,从而改善了混凝土的和易性。

① 对混凝土拌合物坍落度的影响

在相同水泥用量条件下,对不同石粉含量机制砂混凝土进行的对比试验结果表明,机制砂中适量的石粉含量可增加混凝土的坍落度,但细颗粒含量较多的高性能混凝土的坍落度增加较少。对于高性能混凝土,一般石粉含量应控制在 4%~8%,与水泥重量之比控制在 6%~12% 为最佳。

② 机制砂中的石粉对混凝土力学性能的影响

相关试配试验表明,砂中含有少量石粉使得混凝土各龄期的抗压强度和其他物理力学性能均略有提高,这是因为石粉是惰性材料,不参与水泥的水化,石粉中的微细颗粒进入水泥水化产物的晶体中起了一点微集料的填充作用,能够增加混凝土的密实度,因而对强度的增加是有限的。当砂中的石粉含量达到 8% 时,混凝土强度即下降。就高性能混凝土强度控制而言,砂中粒径小于 0.08 mm 的石粉含量控制在 2%~8% 较合适。

③ 机制砂中石粉含量对混凝土碳化、干缩及抗渗性能的影响

在其他材料相同的条件下,采用不同石粉含量的机制砂进行对比试验,结果如表 3-20 所示。

表 3-20　石粉含量对混凝土碳化、干缩及抗渗性能的影响

使用砂情况	渗透高度/mm	180 天混凝土干缩率/10^{-6}	180 天混凝土碳化深度/mm	配合比
河砂(不含石粉)	30	405	5	
机制砂(含 2%石粉)	25	385	5	水泥∶砂∶石子∶
机制砂(含 4%石粉)	30	395	5	水∶粉煤灰∶膨
机制砂(含 6%石粉)	26	410	5	胀剂∶减水剂= 349∶808∶895∶
机制砂(含 8%石粉)	24	470	5	956∶160∶47.6∶
机制砂(含 10%石粉)	30	510	5	3.17

注:表中渗透高度按快速加压法一次加压 2.4 MPa,24 h 后劈裂测得。

从表 3-19 可看出,含有少量石粉的高性能机制砂混凝土抗渗性能明显优于河砂混凝土,干缩率和碳化深度也与河砂混凝土相当,但当石粉含量超过8%时,干缩明显变大,而且试件表面有细小的龟裂纹。

(5) 机制砂母材强度

对于高性能混凝土,尤其是强度大于 C50 以及有抗冻、抗渗等耐久性要求的混凝土,机制砂母材应选择坚硬、风化程度低的石灰岩和花岗岩等,对于山砂破碎生产机制砂,应选择钙质胶结的原料,不能用泥质胶结的原料。配制高性能混凝土所用机制砂的母岩强度应大于 70 MPa,母岩强度低于60 MPa 的机制砂不能用于高性能混凝土。

3. 机制砂的制砂工艺

制砂机的选型及使用的可靠性是保证机制砂质量的关键。适合制砂的破碎设备主要有棒磨式、锤式反击破、旋盘式、立式冲击破、鳄式破等。一般的小型生产厂,尤其是临时设立的机制砂生产厂,多采用鳄式破生产机制砂,也有一些采用锤式反击破生产机制砂,这两种生产机具生产的机制砂的质量差别较大,具体试验指标如表 3-21 所示。

表 3-21　不同生产机具生产的机制砂质量对比

序号	1	2	3	4	5	6
砂产地	云南石屏	云南石屏	云南昆明	云南建水	云南昆明	云南建水
生产机具	锤式	鳄式	锤式	鳄式	锤式	鳄式
砂种类	机制砂	机制砂	机制砂	机制砂	机制山砂	机制山砂
细度模数	3.2	3.4	2.8	3.0	3.1	3.1
粉尘含量	4.5	5.1	5.0	5.8	6.3	6.9
压碎指标/%	12.7	25.6	16.7	28.6	20.7	19.6

　　对于机制砂,对比 1 和 2、3 和 4 可以看出,锤式生产工艺的质量明显优于鳄式生产工艺的质量;对于机制山砂,对比 5 和 6 可以看出,两者无明显的质量差别。

　　机制砂生产工艺分为干法和湿法两种,临时生产多采用干法生产;湿法生产相应会增加一些成本,一般专业生产厂家才会应用。高品质的机制砂大多为湿法生产,其采用旋风收集器,或静电收尘系统、水洗除粉工艺,能有效地把机制砂石粉含量降低到 4% 以下,对机制砂品质有很好的保证。

　　3.5.6　配制高性能混凝土对机制砂的具体技术指标要求

　　根据前文的试验,得出配制高性能混凝土时机制砂的具体技术指标要求如表 3-22 所示。

表 3-22　配制高性能混凝土对机制砂的具体技术指标要求

指标	要求
压碎值指标	控制在 25% 以下,有条件时最好控制在 20% 以下
细度模数	控制在 2.6~3.2,棱角性系数空隙率小于 25%,粗糙度指标流值在 15 s 以下较好
石粉含量	控制在 4%~6%
砂当量	控制在 70% 以上
原料岩石母体	抗压强度不小于 70 MPa
机制砂加工方法	条件许可的情况下,建议采用湿法生产

第4章　预应力混凝土及其智能张拉技术

钢筋混凝土桥梁是公路工程中的重要组成部分,为防止混凝土在外力、温度等作用下发生开裂,混凝土桥梁一般采用预应力来提高其开裂荷载,本章对预应力混凝土的相关内容及其主要施工方法进行了阐述。

4.1　预应力混凝土

4.1.1　概念

美国混凝土学会(American Concrete Institute,ACI)对预应力混凝土有如下定义:预应力混凝土是根据需要人为地引入某一数值与分布的内应力,用以部分或全部抵消外荷载应力的一种加筋混凝土。对预应力混凝土通俗的解释是:为解决混凝土抗拉能力低所带来的一系列问题,人们对荷载作用下的受拉区混凝土预先施加一定的压应力(即预压应力)使其能够部分或全部抵消由荷载产生的拉应力。其本质是利用混凝土较高的抗压能力来弥补其抗拉能力的不足。

对预应力混凝土有三种不同的理解:第一种是预加应力使混凝土由脆性材料成为弹性材料;第二种是预加应力充分发挥了高强钢材的作用,使其能与混凝土共同工作;第三种是预加应力平衡了结构外荷载。这三种理解并不相互矛盾,仅仅是从不同的角度来解释预应力混凝土的原理。第一种理解正是全预应力混凝土弹性分析的依据;第二种理解则是强度理论,它指出预应力混凝土也不能超越其材料自身强度的界限;第三种理解则为复杂的预应力混凝土结构的设计与分析提供了简捷的方法。

4.1.2　施工技术

近几年我国积极开展对基础工程的建设和投入,公路桥梁工程是我国的重点民生工程,在公路桥梁工程建设过程中,预应力混凝土施工技术发挥着至关重要的作用。所谓的预应力混凝土施工,就是在荷载作用下,在结构内部建立起内在应力,然后根据预应力作用大小和布设情况,减少外部荷载产生的内在应力。预应力混凝土施工流程极为复杂,涉及很多专业知识和技

能,包括管道安装、模板施工、先张法施工浇筑及养护等。在当前工程施工建
设过程中,一般采用大型设备搅拌制备混凝土,这样可以节约施工成本,提高
工作效率,但是对于混凝土材质的要求极为严格,在一定程度上,混凝土材料
直接影响着工程的整体质量,需要严格控制混凝土材料的质量。在混凝土浇
筑完成之后,还需要通过压实机进行压实处理,在规定时间内进行混凝土养
护。预应力混凝土施工技术是当前桥梁建设中保障施工质量的重要方式,因
此,对预应力混凝土施工技术应用和质量控制要求极为严格。

4.1.3　结构特点

1. 抗裂性与刚度强

普通钢筋混凝土结构或构件在服役过程中,由于混凝土的抗拉强度和极
限拉应变(为 $0.10 \times 10^{-3} \sim 0.15 \times 10^{-3}$)都很低,而钢筋达到屈服时的应变大得多
(为 $0.5 \times 10^{-3} \sim 1.5 \times 10^{-3}$),因此在外荷载作用下,钢筋混凝土受拉、受弯等构
件通常是带裂缝工作的,裂缝的存在使构件刚度大为降低。为避免钢筋混凝
土结构过早开裂,同时充分利用高强度钢筋,对混凝土施加预压力,由此减小
或抵消外荷载作用引起的混凝土拉应力,使混凝土的开裂荷载增大,抗裂性
增强,裂缝的减少提高了钢筋混凝土构件的刚度。

2. 高耐久性

道路和桥梁的建设在城市工程建设中起着非常重要的作用。在桥梁的
整个施工过程中,预应力技术的应用可以有效降低桥梁结构的承载重力,提
高桥梁的抗压性能,避免或减少桥梁表面裂缝,从而有效提高结构的耐久性、
稳定性和可靠性。此外,在道路和桥梁工程中使用预应力技术可以防止出现
不同结构的间接接缝,并显著改善整个项目的美观性、平坦性和安全性。

3. 良好的抗渗性和抗震性

预应力混凝土结构在实际使用中不具有高收缩性能,从而可能在使用阶
段出现质量问题。比较预应力混凝土结构与常规混凝土结构,数据显示前者
可以避免受到恶劣天气的不利影响,不会出现雨水渗漏问题。同时,预应力
混凝土结构具有很强的稳定性和抗渗性,这种特性也为建筑项目提供了很好
的质量保证。

4.2　预应力混凝土常见质量问题及修复方法

4.2.1　预应力混凝土容易出现的质量问题

1. 波纹管堵塞

在混凝土浇筑施工完成之后,可能会出现波纹管堵塞的现象,这极易导

致预应力钢绞线无法穿过,或在张拉预应力时钢绞线的实际伸长值与设计值差距过大,进而影响施工的正常进行。波纹管堵塞通常是由于波纹管在安装时没有按照规范操作,波纹管的定位不准确,导致波纹管弯折或扭曲。另外,在对混凝土进行振捣时,如果振捣操作失误,也有可能导致波纹管破裂,使混凝土渗透到波纹管中导致堵塞。

2. 孔道压浆不饱满

在预应力孔道压浆时,容易出现孔道压浆不饱满的问题,使浆体不能与混凝土结构紧密连接。预应力钢绞线也不能全部被水泥浆包裹,进而会出现锈蚀现象,使桥梁整体结构的稳定性降低。压浆不饱满的原因可能是压浆管堵塞,使水泥浆无法完全填充到管内;也可能是波纹管内存在残留水,使压浆不能充满。另外,水泥浆的配合比不合理或者养护工作不到位,也可能影响浆液的饱满问题。

3. 孔道灌浆不密实

在曲线孔道的上曲部位灌浆后,容易出现较大的空隙。这种现象在大曲率的曲线孔道中比较常见,因为孔道在灌浆之后,其中的水泥浆在重力的作用下,水泥向下沉积,水向上浮,使泌水在曲线孔道的上曲部位积存,当水分蒸发或者被吸收后,就会在曲线孔道上曲部出现空隙。在较高的液体压力下,泌水会进入钢绞线的缝隙,再向上流动到顶部锚头的下面,产生空隙;另外,在水泥浆的配制过程中,如果水灰比过大,或者掺入的减水剂和膨胀剂过少,也会导致孔道泌水问题严重,进而产生空隙;灌浆施工时,如果灌浆的压力不足,水泥浆不能被压送到位,就会出现浆体不密实或者顶部泌水排不出去的现象。

4. 钢绞线滑丝或断丝

钢绞线滑丝和断丝现象在预应力混凝土施工中也较常见。滑丝是指在预应力张拉后,夹具夹不住钢绞丝或钢丝,使钢绞丝或钢丝滑动;断丝是指张拉钢绞丝或钢丝时,钢绞丝或钢丝被夹片咬断。滑丝、断丝问题出现的原因,可能是夹片的硬度不符合设计要求,也可能是钢绞丝或钢丝的直径不符合要求,导致材料质量不稳定。另外,如果绞线或者锚具存在质量问题,也可能导致绞线受力不均匀而发生断丝。

5. 曲线孔道竖向位置偏差

在预应力桥梁施工过程中,经常会出现跨中处坐标偏高而支座处坐标偏低的问题,这种问题尤其容易出现在多跨连续预应力桥梁中。曲线孔道竖向坐标的偏差问题会对桥梁的承载力和抗裂性能产生严重影响,出现这种问题的原因可能是控制孔道竖向坐标的钢筋支座在计算或者安装时位置不准确,也可能是竖向坐标节点处的纵横钢筋过多导致曲线孔道在安装时无法精确到位。此外,由于工人的操作失误,钢筋在安装与绑扎过程中位置控制不准,也是影响曲线孔道竖向坐标偏差的原因之一。

4.2.2　预应力混凝土桥梁施工的质量控制要点

1. 严把预应力材料质量控制关

选购信誉度高、质优价廉的厂家的产品,严格"三证"管理,产品应具有出厂合格证与质量检验合格证等相关证件,产品进场后进行严格检验,只有各项质量指标达到国家标准和设计施工规定的基本要求方可使用。减少对波纹管的电焊作业以加强保护程度,采用长 20～30 cm、规格大一号的波纹管作为套管,确保管道接头处对齐、居中,用胶带将两端缝隙粘牢封闭。采用振捣棒进行混凝土振捣时,切记不要碰击波纹管与波纹管接头位置。

2. 严格预应力锚具质量控制

为确保预应力锚具质量,应严格选用强度高、耐久性强的预应力钢材,依照相应的施加荷载的要求,测量锚具与每级预应力钢材间的相对位移,并合理确定预应力钢筋受力指数与相对位移是否成正比,随时观察预应力钢材是否出现滑动,及时控制滑丝现象的发生。

3. 合理控制预应力管道的安装质量

确保波纹管内外清洁,无附着物、无锈蚀、无空洞和折皱以及无脱扣等,方可进行预应力管道安装。进行预应力管道安装时,应确保端头钢板与波纹管孔道的中心线保持垂直,并保证能抵抗外荷载作用,防止结构变形,在进行混凝土浇筑过程中,有效避免水泥浆渗入管内的现象发生。应依照设计图纸的要求,根据预应力钢筋的坐标在侧模板进行弹线,或者以波纹管底为基准,确定波纹管的曲线位置;也可利用梁底模板作为基准,参照预应力钢筋的曲线坐标,准确测量出相应点的位置,来确定波纹管的曲线位置。进行波纹管固定时,可采用间距为 600 mm 的钢筋托架加以固定,将钢筋托架牢固地和箍筋焊接。

4. 杜绝滑丝、断丝现象以及处理措施

由于千斤顶的工具式夹片在使用过程中经常发生磨损,易引起滑丝现象,因而要确定工具式夹片具有出厂合格证,并加强现场的复验工作,严格检查钢绞线的硬度、椭圆度及直径偏差等。处理滑丝现象时,立即对压力机进行回油,同时更换工具式夹片,清理夹片和锚具锥孔之间的杂物后重新进行张拉。若持续发生滑丝现象,应将锚具、钢绞线等重新检测,并准确将千斤顶油压表加以标定,力求避免滑丝现象发生。断丝现象主要是由于锚具和绞线等存在一定的质量问题,或是绞线受到了较大不均匀力的牵扯。由绞线或锚具本身质量问题产生的断丝现象,必须更换合格的绞线或锚具。

5. 做好预应力张拉前的各项准备

应加强对各种构件的严格检验,检测各项性能指标是否符合技术标准要求,合格后方可进行钢筋的预应力施加作业。张拉时应保证混凝土强度符合设计的基本要求,若无具体要求,则不得小于设计强度指标的 75%。采用砂浆填补块体、拼砌构件的接缝时,确保砂浆强度值不低于 15 MPa。端部铁板和锚具连接处的焊渣和各种黏着物等清理干净,同时利用通孔器对预留孔道进行压气或压水等全面检查。进行钢筋穿束时,先用编织袋将螺丝端杆的丝扣处包裹 2~3 层,再用铁丝将其扎牢;进行钢绞线束、钢丝束等穿束时,保持一端齐整,并进行数字编号。进行较长束穿引时,应使用穿束器通过牵引设备从一端拉出。使用夹片式锚具时,应保持夹片齐整,并在张拉前用钢管捣实。

6. 合理控制混凝土浇筑质量

预应力混凝土尽可能使用高强混凝土,以满足跨径大的要求,有效降低构件的自重,减小截面尺寸;高强混凝土弹性模量相对较高,能抵抗各种荷载力引起的弹性变形和塑性变形,有效降低预应力损失;高强混凝土具有较高的局部承压力、抗拉力以及与钢筋之间的粘结力,因而延缓了构件截面产生裂缝的时间,加固了预应力钢筋的牢固性。使用高效减水剂提高混凝土的强度与和易性,可使混凝土在 3 天内强度达到实际强度的 60% 以上,同时弹性模量和轴心抗压强度都远高于干硬性混凝土。另外,配制高强混凝土时必须严格选择水泥的强度等级,应优先选购强度较高的普通硅酸盐水泥进行配制。

7. 严格预应力张拉的质量控制

由于混凝土的弹性模量和强度保持着不同步的增长速度,预应力张拉过早会增大预应力损失,使桥梁的承载力降低而产生较多裂缝。大跨度现浇预应力连续梁板和梁底多采用从一端张拉的方式施加预应力。依据预应力相关要求,对于大于 30 m 跨度的预应力桥梁,应通过两端对称张拉的方法,建立跨中抵抗弯矩和有效预应力,从而提高跨中的承载力,有效避免截面裂缝的产生。

8. 严格执行预应力孔道的压浆工序

对预应力孔道进行压浆能提高预应力钢筋和结构共同作用的承载力,并有效防止预应力钢筋产生锈蚀。事实上留孔位置、浆体配制及施工工艺等问题会导致压浆不饱满及漏浆等现象,为避免这些质量问题,应注意以下几点:确保水泥强度超过 325 MPa,科学合理地配制质量高的浆体,要求泌水率小于 3%,水灰比在 0.10~0.45 之间;提前清理干净杂物后再进行灌浆作业,可通过高压水进行冲洗以确保管道通畅无阻,并选择由低到高的方向进行压浆;若一次压浆不符合要求,可在初凝后进行第二次压浆。

4.3　预应力混凝土智能张拉技术

随着我国社会发展速度的加快,基础设施的建设工期显得越来越重要,作为基础交通设施的重要节点,桥梁工程的工期越来越紧张,每一项施工任务都要争取在尽可能短的时间内完成。采用预制装配式施工可以大大缩短工期,是目前中小跨径桥梁的主要施工方法。张拉预应力钢筋作为预制箱梁过程中的重要施工阶段,对整个主梁的性能有重要影响,传统张拉方法精度有限,且需耗费较多的人力和时间,而智能张拉技术可以通过设定张拉力值、张拉时段及持荷时间等指标自动完成张拉工作,施工过程中需要施工人员亲自动手的工序并不多,在很大程度上解决了桥梁工程中人力资源紧张的问题。并且,通过自动化的张拉,钢筋的预应力数值更为准确,张拉数据非常稳定,几乎不会出现较大的误差。在张拉效率、张拉质量等方面,预应力智能张拉技术都有非常显著的优势,将逐渐取代传统的手工张拉施工技术。

4.3.1　研究现状

预应力张拉技术是预应力混凝土桥梁建设工程中最常用的技术,它的出现旨在克服桥梁制作工艺的缺陷,提高桥梁建设工程的质量。20 世纪 50 年代到 90 年代,相比于普通混凝土桥梁和钢桥等,预应力混凝土桥梁在工程中得到了更为广泛的应用,尤其在大跨度桥的建设方面,传统的钢桥已被承载能力优越的预应力混凝土桥梁所替代。随着预应力桥梁技术的不断完善和预应力桥梁方面的一些新问题的出现,传统的预应力张拉技术已无法和现代化预应力结构设计技术相适应,这将严重影响预应力桥梁的进一步发展。因此,预应力桥梁建设工程中首先需要解决的问题是如何通过现代化技术改进传统的预应力张拉技术,这受到了国内外研究者的高度重视。

国内外研究人员针对传统预应力张拉技术存在的缺陷,从不同方向研究预应力张拉的控制问题,研究如何有效地提升预应力张拉的控制精度以及转变传统预应力张拉施工技术的落后局面,研究的重点放在预应力信息化张拉施工和计算机自动控制油泵压力输出两个方向。

1. 预应力信息化张拉施工的研究

信息化施工技术是将计算机技术、测量技术和管理技术等多项技术结合起来的新型技术。预应力信息化张拉施工利用多类测量仪器实时采集施工现场的张拉数据,同时对这些张拉数据进行分析处理并得出分析结果,将其作为依据对原来的设计施工方案做出相应的修改,并反馈至下一个张拉施工过程,以便分析及预测下一阶段的施工过程,从而确保整个张拉工程能够安全、顺利、经济地完成。此张拉方法把力传感器长久地安放在钢绞线两端,计算机对力传感器信号进行采集及分析处理,一旦张拉力实际值超过设计值,计算机就会提示此时应该停止张拉,这样就实现了张拉施工的信息化,且取得了很好的张拉效果。

预应力信息化张拉施工能够使油压表读数精度低、读数缓慢等缺陷得到有效改善,同时能够提升预应力张拉控制精度,但是对于张拉力与伸长量的双控依然不能实现。在这个过程中,大量传感器跟随钢绞线被永远埋在了构件里,造成张拉完成之后不能够收回进行多次利用,这无疑会增加张拉施工的成本,并且整个张拉过程的数据是通过计算机进行采集及分析处理的,这就对张拉施工的操作人员提出了极高的要求。因此,预应力信息化张拉施工技术一般只应用于一些极其重要的预应力结构,不能从根本上替代传统的预应力张拉技术。预应力智能张拉仪如图 4-1 所示,图 4-2 所示为预应力智能张拉系统在现场施工。

2. 计算机自动控制油泵压力输出的研究

国外最先提出了从计算机控制油泵的方向进行研究,英国的 CCL 公司和德国的 PAUL 公司均在预应力张拉的数字化显示记录上有所突破,它们成功研制了一种同时具备控制、记录及打印油液压力值等功能的多功能数显压力记录仪,同时通过在液压系统中安装传感器来采集压力并传送给记录仪进行处理,从而完成张拉力的记录及数字化显示。然而,该记录仪不能够判断张拉力的实际值是否到达预设值,因而不具备智能控制功能,从油泵上卸掉记录仪,张拉力依然可以通过油压表来显示。北京市建筑工程研究院的周正等在国外研究的数显仪基础上继续进行了同样的研究,研制出了计算机自动控制的预应力张拉油泵,这是世界上第一台张拉数控油泵。该油泵通过压力传感器采集压力数据并反馈给控制器进行数字化显示,同时通过比较测量的压力实际值和预设值完成对液压回路上电磁阀动作的控制,从而实现对张拉施工过程的自动控制。

相比于传统的手动操作油泵,计算机自动控制油泵能够对预应力张拉进行数字化控制,能够实现压力的自动采集与控制,有效地减轻了施工人员的劳动强度,避免了人为误差的影响,使预应力张拉控制精度得到了有效的提高。

图 4-1　预应力智能张拉仪

图 4-2　预应力智能张拉系统现场施工

4.3.2　智能张拉操作原理

智能张拉是指利用计算机智能控制钢绞线的张拉全过程,整个过程由千斤顶和油压泵自动完成,并由位移传感器自动采集数据的施工技术,如图 4-3 和图 4-4 所示。智能预应力张拉设备对传统张拉设备进行了改造,增加了复合力传感器、位移传感器、智能控制箱、变送器等。智能预应力张拉仪的核心部分是 PLC 控制器,其由 PLC、模拟量输入模块、开关量输出模块和触摸屏等组成,核心模块简化如图 4-5 所示。预应力智能张拉系统仍然以规范中的张拉双控为控制方式,以张拉应力为控制指标,以伸长量进行校对,缺一不可,互相制约。

在张拉过程中,智能张拉系统的压力传感器用于实时采集千斤顶油缸的压力值,油泵节流阀的开度则由步进电机来控制,从而实现对张拉力的全过程控制。在千斤顶上固定有力传感器和钢绞线伸长量位移传感器,这两个传感器负责将预应力钢绞线的张拉力和伸长值转变为电信号输入控制单元。

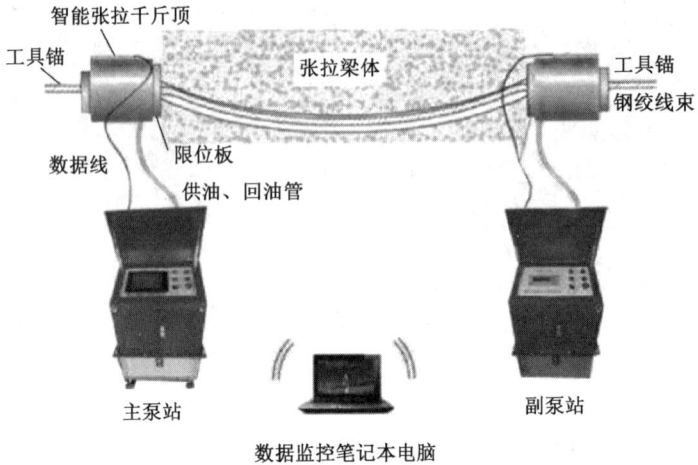

图 4-3　预应力智能张拉示意图

图 4-4　预应力智能张拉现场图

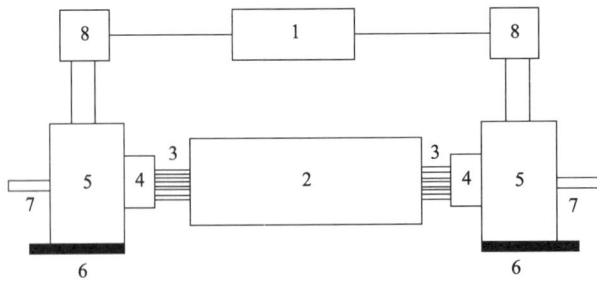

1—PLC 控制器；2—预应力构件；3—锚具；4—复合力传感器；
5—千斤顶；6—位移传感器；7—预应力钢筋；8—油泵

图 4-5　智能预应力张拉仪结构图

在张拉过程中,位移传感器的铁芯固定于可绕千斤顶自由转动的轴承上,再将轴承和位移传感器安装在千斤顶上。钢绞线伸长量由位移传感器负责采集,由下位机传给控制主机。

智能张拉系统通过传感技术采集油压泵传回的张拉力数值及固定在千斤顶处的位移传感器测出的预应力钢筋伸长量数据,并将数据同步传输到智能张拉系统的主机,主机能够自动进行分析,并同时将指令传送到油泵,对变频电机工作参数进行实时调整,从而实现实时调整油泵电机的转速以及对张拉力和加载速度的实时精确控制。操作人员在张拉开始前在智能系统中输入程序,由主机控制并发出指令,整个张拉过程自动完成。

4.3.3　技术难点及解决办法

在应用已有的智能预应力张拉系统张拉的过程中,出现了以下技术问题:

(1)有效抑制噪声、保证信号稳定的措施。正确的接地方法对于保证模拟信号输入的稳定性和准确性十分重要,不合理的接地方法会导致模拟输入信号无规则地大幅度跳变,从而使检测回路的精度大打折扣,这将直接影响系统的控制精度和稳定性。

(2)压力传感器死区消除技术。由于复合力传感器电桥的电阻不完全相同,故在没有压力时,复合力传感器上的电压输出不为零,对负信号不起作用,从而产生压力传感器死区问题。消除压力传感器的死区对保证张拉数据的准确性有至关重要的作用。

(3)步进电机脉冲丢失抑制技术。步进电机所带负载较大,导致步进电机实际接收到的脉冲数要比 PLC 发出的脉冲数小,即出现步进电机脉冲丢失问题。当两者间的脉冲数误差积累到一定程度时,整套系统将无法正常工作。

(4)张拉设备寿命延长技术。为达到一定的经济效果,传统张拉设备的极限压力一般只比使用压力大一点,安全度较为有限,由此导致设备在使用过程中基本处于满负荷运行状态。随着使用次数的增多,设备损耗速度较为明显,使用寿命也有所缩短。

从保证设备运行的稳定性和延长设备的使用寿命出发,通过合理设置数据采集方法、增设辅助设施、调整张拉设备实际使用压力与极限压力的比值、根据有效流量等属性对张拉设备进行改进等措施,可在一定程度上解决上述问题。

4.3.4　预应力钢筋张拉及管道压浆

1. 预应力钢筋张拉

钢绞线的直径、抗拉强度、张拉控制应力等应根据设计要求选择,张拉顺序严格按照设计图纸的要求,两端对称张拉。

施加预应力所用的机具设备及仪表应有专人使用和管理,以及定期维护和校验。千斤顶与压力表要求配套校验,以确定张拉力与压力表之间的关系曲线。张拉机具与锚具要求配套使用,进场时检查和校验。

对钢绞线施加预应力之前,必须完成或检验以下工作:

(1)施工现场应具备经批准的张拉程序和现场施工说明书;

(2)现场已有具备预应力施工知识和能够正确操作的施工人员;

(3)锚具安装正确,混凝土已达到要求的强度;

(4)施工现场已具备确保操作人员和设备安全的必要的预防措施。

当混凝土达到设计强度的85%且养护时间大于7天后,开始实施预应力钢绞线张拉,并按设计图纸要求的顺序进行,张拉时应遵循对称张拉的原则。预应力钢筋张拉时采用张拉控制应力与伸长量双控,即以张拉力控制为主,以伸长量进行校核。

在张拉过程中应密切观察张拉情况,如是否有钢绞线断丝、滑丝情况,并注意千斤顶、张拉油表的工作情况,一旦发现异常应马上停止张拉,分析原因并排除故障后方能继续张拉。要求钢绞线回缩量两端之和不大于6 mm,钢绞线锚固后夹片外露量不大于8 mm。张拉完毕后用手提式砂轮切割机切割钢绞线外露的多余部分,外露部分的长度不得小于3 cm。

2. 预应力管道压浆

水泥浆的强度应符合设计规定。压浆前,需将孔道冲洗洁净、湿润,并用不含油的压缩空气把水从管道中吹出。压浆时,对曲线孔道和竖向孔道从最低点的压浆孔压入,从最高点的排气孔排气和泌水。压浆时先压注下层再压注上层、先压结构外侧再压中间。压浆应缓慢、均匀地进行,不得中断,并将最高点的排气孔依次放开和关闭,使孔道内排气通畅。较集中和邻近的孔道,尽量连续压浆完成,不能连续压浆时,后压浆的孔道应在压浆前用压力水冲洗通畅。

灌浆时,启动真空泵进行抽真空,真空度达到稳定时(-0.1~-0.09 MPa,最低不小于-0.06 MPa),将水泥浆加到灌浆泵中,打出一部分浆体;待这些浆体的浓度与灌浆泵中的浓度一样时,将输浆管接到孔道的灌浆管上扎牢;启动灌浆泵开始灌浆,保持真空泵的开启状态,观察到透明钢丝管中有浆体经过时关掉真空泵;观察排气管的出浆情况,当浆体稠度和灌入前的稠度一样时关掉排气阀,仍继续灌浆使管道内有0.5~0.7 MPa的压力,持压2 min。灌浆后24 h内气温不得低于5 ℃,当气温高于35 ℃时,灌浆宜选择在夜间进行。

压浆后应检查孔道压浆的密实情况,如有不实,应及时纠正和处理。压浆时,每一工作班留取不少于 3 组 40 mm×40 mm×160 mm 的立方体试件,标准养护 28 天,检查其抗压强度,作为评定水泥浆质量的依据。

对于封锚的锚具,压浆后先将其周围冲洗干净并对周围混凝土凿毛,然后设置钢筋网浇筑封锚混凝土。封锚混凝土的强度应符合设计规定,一般不宜低于构件混凝土强度等级的 80%。

4.3.5　智能张拉与传统张拉的比较

桥梁工程预应力智能张拉系统全程通过计算机控制预应力张拉过程,数据精确、同步,能够自动控制张拉应力、延伸量、加载速率、停顿点、持荷时间等张拉要点,还能实时监控数据、确保张拉数据真实有效。数据进行无线传输,操作简便,可降低人工成本。智能张拉系统是预应力发展史上又一项里程碑式的创新。与传统张拉相比,预应力智能张拉系统具有以下优点。

1. 多顶自动同步

智能张拉系统能够同时控制两个以上千斤顶的张拉工作,实现多顶同步。相较而言,传统张拉的两端油泵和千斤顶由两个人手动控制,必须通过喊话确保两端油表读数一致,然而读数时油表指针摇晃,读数误差较大,绝非真正的两端同步张拉。

2. 精确控制张拉应力

智能张拉系统由计算机控制油泵运行,张拉应力的精度达到 0.1 MPa,而传统张拉由人工进行读表,普通油表的刻度数值精度为 1 MPa,并且油泵在加油时机器振动较大,油表指针剧烈晃动,致使人工读数不准确,读数误差一般在 −15% ~ 15% 之间。不难发现,智能张拉系统的精度比传统张拉提高了至少 10 倍。

3. 精确控制钢绞线伸长量

传统张拉中钢绞线伸长量由人工用钢尺量取,精度只有 1 mm,并且有时读数时千斤顶还在伸长,读数不准。智能张拉系统则通过千斤顶上的位移传感器测量钢绞线伸长量并实时显示和输出,精度可以达到 0.1 mm,远远高于传统张拉。

4. 自动控制整个张拉过程

智能张拉系统自动控制整个张拉过程,确保加载速率均匀,保证停顿点和持荷时间在预设的程序下运行。同时,在最后的持荷阶段,应力如果有所下降,系统会及时自动补张,减小预应力损失,确保有效预应力达到设计规范要求,这是传统张拉难以做到的。在传统张拉中,加载速率不稳定、持荷时间无法保证都是比较常见的问题,持荷阶段的补张也经常只能按经验操作,没有准确的数据做比对,使得传统张拉处于不可控状态。

5. 具有加强质量控制的管理功能

智能张拉系统设置有多道质量监控程序,由施工单位申请、监理对输入的数据复核无误后,才可以启动智能张拉设备,确保在梁体基本数据录入时多一层保障。

6. 张拉效率显著提高

桥梁的主梁一般两端各设置一台千斤顶进行张拉,传统张拉需要两个人分别控制油压泵,另需两人在张拉控制节点测量钢绞线伸长量并做记录;智能张拉只需一人控制计算机,一键启动并完成张拉全过程,省去了所有的中间环节,可省下三人的人工成本,经济效益显著。

7. 安全性得到有效保障

张拉过程存在一定的危险,张拉时需在千斤顶后方设置一块挡板,防止钢绞线飞出伤人,而传统张拉在测量时又必须靠近千斤顶,增大了风险系数。智能张拉由计算机控制完成张拉全过程,并且实时无线传输数据,人员尽可能远离张拉锚头、千斤顶等危险区域,保障人身安全。

8. 实现远程监控

智能张拉设备可以实现远程数据实时传输,监管人员不一定亲临现场,也可以在电脑中监控整个张拉过程,一旦发现张拉中数据有误,马上停止系统,做到张拉质量可控,这是传统张拉无法做到的。

由此可见,预应力智能张拉系统无论在质量安全、技术创新还是节约投资等方面都优于传统张拉,社会效益巨大,值得被广泛推广使用。各级监管部门也在致力于发展预应力智能张拉系统,通过出台相关文件,鼓励和支持使用智能张拉系统,传统张拉将逐渐走出历史舞台,被智能张拉所取代。智能张拉与传统张拉的对比如表 4-1 所示。

表 4-1　智能张拉与传统张拉的技术比较表

编号	比较内容	传统手工张拉	预应力智能张拉系统
1	张拉力精度	±10%	±1%
2	自动补张拉	无此功能	张拉力下降 1% 时,锚固前自动补张拉至规定值
3	伸长量测量与校核	人工测量,不准确、不及时,不能及时校核,未实现规范规定的"双控"	自动测量,及时、准确,能及时校核,与张拉力同步控制,实现真正的"双控"
4	对称同步	人工控制,同步精度低,无法实现多顶对称张拉	同步精度达±2%,计算机控制实现多顶对称同步张拉

编号	比较内容	传统手工张拉	预应力智能张拉系统
5	加载速度与持荷时间	只能凭操作人员的经验控制,经常过快	按规范要求设定速度和节点加载,准确设置持荷时间
6	卸载锚固	卸载的速度过快,回缩时会直接冲击夹片,回缩量大	缓慢卸载,减少夹片损伤,回缩量最大程度地减少
7	预应力损失	张拉过程中预应力损失大	张拉过程符合规范要求,预应力损失小
8	张拉记录	人工记录,可信度低	自动记录、显示、存储,原始数据无法作假
9	安全保障	边张拉边测量钢绞线伸长量,存在安全隐患	操作人员可以尽可能远离危险区域,确保人身安全
10	远程监控	缺乏有效的质量控制手段	监管人员可以实时看到张拉全过程,实时远程监控
11	经济效益	张拉过程起码同时需 4 人	仅需 1 人操作,节约人工成本显著

随着社会的不断发展,施工技术在不断革新,新的智能张拉在张拉质量、精度、经济等方面均胜传统张拉一筹。但是智能张拉技术也不是完美无缺的,仍然存在一些技术问题,例如,梁内伸长量的量取、张拉过程的监控和张拉后的数据分析处理等方面还存在一些问题,这些问题都有待解决,否则,即使张拉过程完善,后期的数据处理也会误导施工人员,这会让智能张拉的作用大打折扣。

4.4　预应力混凝土智能张拉在公路桥梁工程中的应用

在公路桥梁建设中,应用先进的预应力智能张拉施工技术,能够帮助施工人员了解桥梁工程的结构特点,针对桥梁施工中存在的问题,制订合理、妥善的解决方案,进一步提高工程的经济效益。

项目组利用试验箱梁的预应力筋张拉信息,采用预应力智能张拉系统及相关硬件设备进行了试验,试验流程如图 4-6 所示。

箱梁强度、龄期满足要求	→	准备工作
预应力筋验收	→	预应力钢筋梳束及安装
孔道检查、清理	→	电线、油管连接
限位板、锚具张拉材料检查	→	工作锚、限位板安装
设备检查合格	→	千斤顶、数据线安装
千斤顶参数、编号核对	→	工作锚、工作夹片安装
技术交底完成	→	防护板支护
张拉控制站布置	→	设备调试
		张拉作业

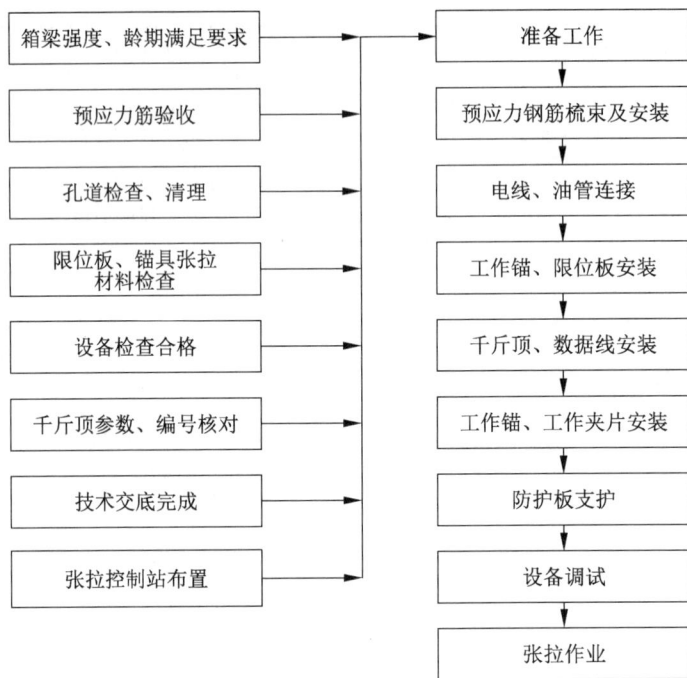

图 4-6　智能张拉施工工艺流程

1. 操作步骤

（1）准备工作。准备工作包括箱梁混凝土浇筑完成后检测其实际抗压强度、准备并检测预应力钢筋是否完好、检测预留孔道是否被堵塞、准备限位板和锚具、准备张拉设备和千斤顶等。

（2）打开主控电脑,设置智能张拉网络。打开电脑进行网络连接,路由器名称设置为 tatest-A、tatest-B、tatest-C、tatest-D,密码为 tatest6811,连接 tatest-A即可用。接着,进入智能张拉系统,点击桌面运行系统图标 ,进入智能张拉系统界面。

（3）选择张拉模式。本次试验选择自动张拉。

（4）录入张拉参数。根据预应力筋设计要求,将相关参数录入系统。

（5）启动张拉。开始张拉预应力筋。

（6）监控张拉过程中的应力、伸长量变化。

（7）张拉结束后保存并查看数据。每一孔张拉结束后,设备自动退顶并保存数据,主控电脑会有该钢绞线张拉完成的提示,点击返回或者关闭按钮,返回上一级界面,准备启动下一束钢绞线的张拉。在准备下一张拉操作前,应再次检查锚具、千斤顶、限位板是否正确嵌套,数据连接线是否松动、挤压,张拉泵站供油是否充足等。

（8）整片梁张拉施工完成后依次关闭主控电脑、电机,切断电源,拆卸千斤顶、油管、限位板、锚具等。务必对张拉系统的所有设备进行妥善保管,注意防水、防晒、防风沙。

（9）在钢绞线表面做好记号,检查张拉后是否有滑丝现象。

2. 系统优势及结论

通过本系统的实际工程应用,发现相对于传统的人工操作模式,本系统实现了张拉过程的全自动控制。系统对施工队和工程部有如下优势。

（1）对施工队

① 省人力(以前需要 8 人,现在只需要 4 人);

② 张拉过程中不需要司泵者,不用看油表,节省装油表对顶号时间大约 10 min。

（2）对工程部

① 人工方面,以前需要量尺人员 4 人,现在不需要量尺人员;

② 不需要监表人,只需要按开始键启动机械;

③ 不需要计算数据,数据可最后直接导出;

④ 由于进油速率均匀,同步率高,因此智能张拉数据误差小;

⑤ 持荷时间准确,程序设定持荷时间为 5 min,持压状态稳定。

另外,该程序可以精准控制压力,通过使用高精度传感器,做到了张拉过程预施应力的精确控制、位移平衡控制,有效提高了张拉施工质量。程序通过及时采集、校核钢绞线伸长值数据并计算偏差是否在 ±6% 内,以及提示预警系统,有效地实现了伸长值对控制应力的校核作用,即预应力张拉的"双控"。系统主机控制两台或多台千斤顶同时、同步对称张拉,实现了多顶对称同步张拉、智能张拉。系统规范了张拉过程,在张拉时有双重保护功能,同时具备自动保护机制及自动侦错能力、具备处理张拉过程中遇到的突发事件的功能和备份管理多样化数据的功能。系统的控制主机可以独立工作,并拥有完善的计算机管理软件,可以自动生成张拉过程文字报表,对张拉工序实现真实溯源。

第5章 混凝土结构耐久性设计

5.1 概述

5.1.1 混凝土结构耐久性的重要性

现代混凝土由胶凝性材料、水、骨料和外加剂拌合而成，具有良好的抗水性、可塑性和取材制作的便捷性，从年消耗体量、地域范围和适用的结构类别多样性等方面来看，混凝土堪称当今应用最为广泛的建筑材料。

但是，混凝土应用于土木工程至今，大量的混凝土结构出于各种各样的原因达不到预定的使用年限，提前失效。这其中有的是结构设计的抗力不足造成的，有的是使用荷载的不利变化引起的，但更多的是结构的耐久性不足导致的，这些已成为实际工程中的重要问题。因此，耐久性失效是导致混凝土结构在正常使用状态下失效的最主要的原因之一。

结构的可靠性应综合体现在安全性、适用性和耐久性等方面，要求结构的设计、施工、使用以及基于检测评估的维护和加固措施科学合理。结构安全性和适用性的范畴界定较为明晰，由强度、变形和整体稳定性等多方面的限制性要求加以体现，而耐久性概念的定义则存在异议或延伸空间。耐久性通常作为保证结构安全性和适用性的一种时效性能，在结构设计中不做专门考虑。但由于严重侵蚀性作用下混凝土结构劣化加速与形态异化，结构性能随时间的劣化机制与控制体现了现代混凝土结构耐久性问题及其研究的主要特征。

所谓混凝土结构耐久性，是指混凝土结构在自然环境、使用环境及材料内部因素的作用下，在设计要求的目标使用期内，不需要花费大量资金加固处理而保证其安全性、使用功能和外观要求的能力。引起结构耐久性失效的原因存在于结构设计、施工及维护的各个环节。虽然许多国家的规范中都明确规定钢筋混凝土结构必须具备安全性、适用性与耐久性，但这一宗旨并没有充分体现在具体的设计条文中，使得以往的乃至现在的工程结构设计中普遍存在重强度设计而轻耐久性设计的现象。以下为两个耐久性破坏的工程案例。

（1）南方某环山公路混凝土路面施工期间午间最高气温 42 ℃，晚间最低气温 15 ℃左右，昼夜温差大。前期施工阶段由于工期紧迫，浇筑混凝土时没有回避高温时段的烈日暴晒，覆盖养护之前发现某块板有微裂缝，施工人员用编织布及塑料布进行遮盖。由于没有根据混凝板的实际情况提前切缝，在养护期过后揭开覆盖物清扫路面时发现有多处裂缝和两处断板（图 5-1）。

（2）某省道公路工程全长 10.88 km，由于重载货车流量大，多处路面存在裂缝、破碎板、沉降变形、错台等水泥路面病害，严重影响路面平整度和行车舒适性。为了满足该路段交通量日益增长的需要，对路面病害进行挖补注浆重铺处理以及路面标线施划（图 5-2）。

| 图 5-1　路面开裂 | 图 5-2　挖补注浆 |

混凝土结构耐久性问题是一个十分重要且急需解决的问题，通过开展对混凝土结构耐久性的研究，一方面能对原有路面进行科学的耐久性评定和剩余寿命预测，以选择正确的处理方法；另一方面可对新建工程项目进行耐久性设计与研究，揭示影响结构寿命的内部与外部因素，从而提高工程的设计水平和施工质量，确保混凝土结构在生命全过程的正常工作。因此，它既有服务于服役结构的现实意义，又有指导待建结构进行耐久性设计的重要作用，同时，对于丰富和发展混凝土结构可靠度理论也具有一定的理论价值。

5.1.2　混凝土结构耐久性研究的主要内容

混凝土的耐久性贯穿混凝土结构设计、材料选择、施工和运行管理的全过程。材料层次的研究是混凝土结构耐久性研究中最基础的部分，混凝土的耐久性又可分为混凝土碳化、氯离子侵蚀破坏和碱-集料反应等。本章将结合实际工程项目对以上三个方面进行介绍并给出提高耐久性的措施。

1. 混凝土碳化

本项目隶属莆炎高速公路三明境尤溪中仙至建宁里心段 YA11 合同段，高速公路全部采用沥青混凝土路面，这里气候温热，雨量充沛，太阳辐射尚多，热量资源丰富，季风气候明显，夏长冬短，春夏相当，属中亚热带季风气候。混凝土结构处于二氧化碳之中,混凝土的碳化是不可避免的。

2. 氯离子侵蚀破坏

氯离子对混凝土的侵蚀通常发生在海边的混凝土结构和北方地区冬天撒盐除冰的混凝土结构中。但由于尤溪县属闽江流域尤溪支流水系,其水系发育,河流密布,且具有流急滩多的特点,水质及土壤中含有部分氯离子等有害离子。所以,该项目中路面、桥梁和隧道等长期经受有害离子的影响,导致构筑物迅速破坏。

3. 碱-集料反应

碱-集料反应也是影响混凝土耐久性的主要因素之一,它不同于其他混凝土病害,其开裂破坏是整体性的,且碱-集料造成的混凝土开裂破坏难以被阻止,目前针对其判定方法、影响因素和抑制方法都有一定的研究。发生碱-集料反应必须同时具备一定数量的碱、活性集料和潮湿环境三个条件,缺一不可。混凝土中的碱可以来自水泥、外加剂、掺合料、骨料、拌合水等组分,也可以来自周围环境,本项目选用的胶凝材料中就含有矿物掺合料。由于每种活性集料与碱反应对混凝土的危害都有其自身规律,因此充分掌握集料碱活性的情况,采取相应的预防措施对确保大型工程的耐久性具有重大意义。

5.2 混凝土的碳化

影响混凝土结构耐久性的因素很多,其中碳化是一个重要的因素。通常情况下,早期混凝土具有很高的碱性,其 pH 值一般大于 12.5,在这样高碱性的环境中埋置的钢筋容易发生钝化作用,使得钢筋表面产生一层钝化膜,能够阻止混凝土中钢筋的锈蚀。但当二氧化碳和水汽从混凝土表面通过孔隙进入混凝土内部时,会与混凝土材料中的碱性物质中和,导致混凝土的 pH 值降低。当混凝土完全碳化后,就出现 pH 值小于 9 的情况,在这种环境下,混凝土中埋置的钢筋表面的钝化膜逐渐被破坏,在具备其他条件的情况下,钢筋就会发生锈蚀。钢筋锈蚀又将导致混凝土保护层开裂、钢筋与混凝土之间粘结力破坏、钢筋受力截面减少、结构耐久性能降低等一系列不良后果。

由此可见,分析混凝土的碳化规律,研究由碳化引起的混凝土化学成分的变化及混凝土内部碳化的状态等,对于混凝土结构的耐久性研究具有重要意义。

5.2.1 混凝土的中性化

混凝土的基本组成是水泥、水、砂和石子,水泥与水发生水化反应生成的水化物自身具有强度(称为水泥石),同时将散粒状的砂和石子黏结起来成为一个坚硬的整体。早期混凝土呈碱性,空气、土壤或地下水中的酸性物质(如 CO_2、HCl、SO_2、Cl_2)深入混凝土表面与水泥石中的碱性物质发生化学反应的过程,称为混凝土的中性化。

混凝土在空气中的碳化是中性化最常见的一种形式,它是空气中的二氧化碳与水泥石中的碱性物质相互作用,导致成分、组织和性能发生变化,导致使用机能下降的一种很复杂的物理化学过程。碳化会降低混凝土的碱度,破坏钢筋表面的钝化膜,使混凝土失去对钢筋的保护作用,给混凝土中钢筋锈蚀带来不利的影响。同时,混凝土碳化还会加剧混凝土的收缩,这些都可能导致混凝土的裂缝和结构的破坏。所以说,碳化与混凝土结构的耐久性密切相关,是衡量钢筋混凝土结构可靠度的重要指标。随着大气中 CO_2 浓度的不断增加,以及工厂排放的废液、废渣使地下水中 CO_2 的浓度逐渐增加,混凝土的碳化作用将越来越严重。因此,混凝土的碳化作为一个不可忽视的问题,正受到越来越多人的关注。导致混凝土中性化的原因主要有以下几种。

1. 酸性气体

三类酸性气体会侵蚀混凝土并使钢筋锈蚀:第一类可通过与混凝土的化学反应生成不溶或难溶性钙盐,如二氧化碳、氟气、氯化氢、四氟化氢、草酸蒸气、五氧化二磷等;第二类的化学反应物可产生体积膨胀,如二氧化硫、三氧化硫和硫化氢等;第三类的化学反应物是易溶性和吸潮性盐,不仅会破坏混凝土,而且可以直接腐蚀钢筋。此外,氮氧化物和硝酸蒸气也有较大的腐蚀性。

2. 酸性水溶液

酸性水溶液是指含有盐酸、硫酸、硝酸等无机酸盐类和含有醋酸、乳酸等有机酸类的水溶液。它们对钢筋混凝土有强烈的腐蚀作用,水溶液中酸的浓度越高,其侵蚀性就越强。混凝土本身是不耐酸的,在酸性环境中需要对混凝土做防腐蚀保护。

3. 酸性固体物

原材料、中间品、产品或废料中如有酸性固体物或含酸的粉、碴等,它们与混凝土接触,也会使混凝土受到侵蚀破坏。

4. 微生物腐蚀

微生物对混凝土和钢筋都能造成腐蚀破坏,某些微生物导致的腐蚀,本质上是酸化作用。例如,硫酸盐菌能将环境中的硫元素转化成硫酸,使混凝土中性化和酸化,进而引起硫酸盐膨胀腐蚀,并使钢筋锈蚀。城市地下混凝土结构、污水管道系统和土壤中含有能起酸化作用的微生物的地区,均会产生钢筋混凝土结构、混凝土管道等的破坏。

5.2.2　碳化机理

在混凝土的硬化过程中,约 1/3 的量将生成氢氧化钙,此氢氧化钙在硬化水泥浆体中结晶或者在其空隙中以饱和水溶液的形式存在。因为氢氧化钙的饱和水溶液是 pH 值为 12.6 的碱性物质,所以新鲜的混凝土呈碱性,可在钢筋表面形成一层致密的氧化膜,这一成分复杂且以 Fe_3O_4 为主的黑色氧化皮膜是钢筋的钝化膜,可以阻止混凝土内的钢筋发生锈蚀。

与此同时,在水泥水化过程中,由于化学收缩、自由水蒸发等,混凝土内部存在大小不同的毛细管、孔隙、气泡等微观孔结构。大气中的二氧化碳通过这些孔隙不断向混凝土内部扩散,并在孔隙水中溶解,与水泥水化产物的可碳化物质(氢氧化钙)发生作用,生成碳酸钙或其他物质,从而使水泥石原有的强碱性降低,pH 值逐步降低(中性化),这种现象被称为混凝土的碳化。这是混凝土碳化最常见的一种形式,过程如图 5-3 所示。

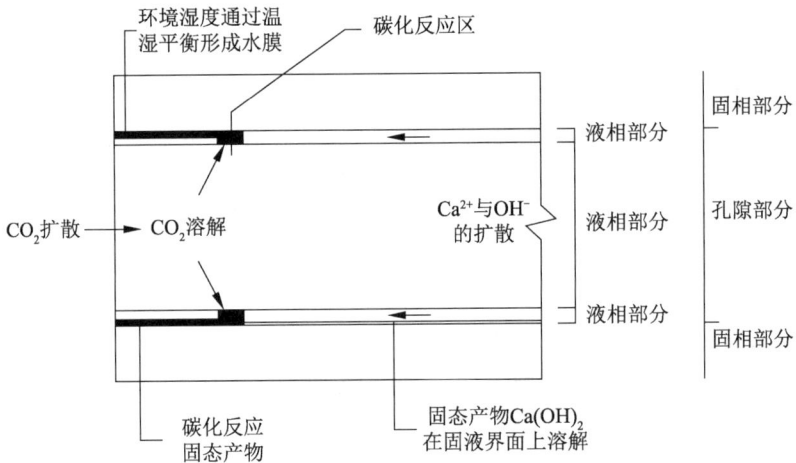

图 5-3　混凝土碳化过程

混凝土碳化的主要化学反应式为

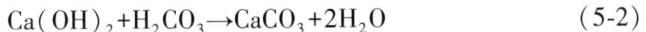

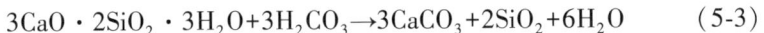

$$CO_2 + H_2O \rightarrow H_2CO_3 \tag{5-1}$$

$$Ca(OH)_2 + H_2CO_3 \rightarrow CaCO_3 + 2H_2O \tag{5-2}$$

$$3CaO \cdot 2SiO_2 \cdot 3H_2O + 3H_2CO_3 \rightarrow 3CaCO_3 + 2SiO_2 + 6H_2O \tag{5-3}$$

碳化将使混凝土的内部组成和组织发生变化。一方面,混凝土碳化产物 $CaCO_3$ 和其他固态产物堵塞在孔隙中,使已固化混凝土的密实度与强度提高;另一方面,碳化使混凝土的脆性变大。但总体上讲,碳化对混凝土力学性能及构件受力性能的负面影响不大,其最大危害是会引起力筋锈蚀,即当碳化作用发生在钢筋附近时,会使钢筋钝化膜不断遭到破坏,当 pH 值下降到 8.5

左右时,力筋完全脱钝,在足够的氧气和水分条件下引起力筋锈蚀,最终可引起结构的耐久性失效。

5.2.3　碳化规律

国内外学者对混凝土碳化进行了深入研究,在分析碳化试验结果的基础上,提出碳化深度与碳化时间的平方根呈正比关系,即

$$X_C = K \cdot \sqrt{t} \tag{5-4}$$

式中:X_C 为碳化时间 t 对应的碳化深度,mm;K 为碳化速率系数,mm/$a^{0.5}$。

碳化速率系数 K 体现了混凝土的抗碳化能力,它不仅与混凝土的水灰比、水泥品种、水泥用量、养护方法、孔尺寸及分布有关,还与环境的相对湿度、温度及二氧化碳的浓度有关。对于 K 的取值,许多研究者提出了各自的经验计算公式。这些公式的主要区别在于选取的参数及参数的个数不同。

5.2.4　碳化模型

（1）中国建筑科学研究院龚洛书等经过大量的碳化模型试验,提出了一种多系数碳化模型,即

$$X_C = \eta_1 \cdot \eta_2 \cdot \eta_3 \cdot \eta_4 \cdot \eta_5 \cdot \eta_6 \cdot \alpha\sqrt{t} \tag{5-5}$$

式中:η_1 为水泥用量影响系数;η_2 为水灰比影响系数;η_3 为粉煤灰取代量影响系数;η_4 为水泥品种影响系数;η_5 为骨料影响系数;η_6 为养护方法影响系数;α 为碳化速度系数,普通混凝土取 2.32,轻骨料混凝土取 4.18。

中国建筑科学研究院邸小坛等通过对大量的混凝土碳化的长期观测结果进行统计分析,提出了以混凝土抗压强度标准值为主要参数,同时考虑养护条件、水泥品种和环境条件等因素的碳化深度计算公式:

$$X_C = \alpha_1 \cdot \alpha_2 \cdot \alpha_3 \left(\frac{60.0}{f_{cu,k}} - 1.0 \right) \cdot \sqrt{t} \tag{5-6}$$

式中:α_1 为养护条件修正系数;α_2 为水泥品种修正系数,普通硅酸盐水泥取 1.0,矿渣水泥取 1.3;α_3 为环境条件修正系数;$f_{cu,k}$ 为混凝土立方体抗压强度标准值,MPa。

（2）上海市材料工程学校许丽萍、黄士元根据国内外混凝土碳化的相关研究成果,经过综合分析、系数回归,给出了预测混凝土碳化深度的计算公式,即

$$X_C = k \times 104.27 \times k_c^{0.54} \times k_w^{0.47} \sqrt{t} \quad (W/C > 0.6) \tag{5-7}$$

$$X_C = 73.54 \times k \times k_c^{0.83} \times k_w^{0.13} \sqrt{t} \quad (W/C \leqslant 0.6) \tag{5-8}$$

式中:k 为水泥品种影响系数,普通硅酸盐水泥取 1,掺矿渣、粉煤灰的水泥分别取 1.43、0.9;k_c 为水泥用量影响系数,按式(5-9)计算:

$$k_c = (-0.0191 \cdot C + 9.311) \times 10^{-3} \tag{5-9}$$

式中：C 表示水泥用量，kg/m^3；k_w 为水灰比影响系数，按式（5-10）计算：

$$k_w = (9.844 \cdot W/C - 2.982) \times 10^{-3} \tag{5-10}$$

式中：W 为粉煤灰用量，kg/m^3。

（3）山东建筑科学研究院朱安民等以水灰比为主要参数，给出了混凝土碳化深度的经验公式，如下：

$$X_C = \gamma_1 \cdot \gamma_2 \cdot \gamma_3 (12.1 \cdot W/C - 3.2)\sqrt{t} \tag{5-11}$$

式中：γ_1 为水泥品种影响系数，矿渣水泥为 1.0，普通水泥为 0.5~0.7；γ_2 为粉煤灰影响系数，水泥取代量小于 15% 时取 1.1；γ_3 为气候条件影响系数，中部地区取 1.0，南方潮湿地区取 0.5~0.8，北方干燥地区取 1.1~1.2。

（4）同济大学张誉等在全面分析混凝土碳化的机理和影响因素后，基于混凝碳化的理论分析与试验结果，提出了混凝土碳化实用数学模型，如下：

$$X_C = 839(1-RH)^{1.1}\sqrt{\frac{W/(\gamma_c \cdot C) - 0.34}{\gamma_{HD} \cdot \gamma_c \cdot C}}n_0\sqrt{t} \tag{5-12}$$

式中：RH 为大气中的相对湿度，%；γ_c 为水泥品种修正系数，波特兰水泥（硅酸盐水泥）取 1，其他品种水泥取 $\gamma_c = 1 -$ 掺合料含量；n_0 为 CO_2 的体积分数；γ_{HD} 为水泥水化程度修正系数，超过 90 天养护取 1，2~8 天养护取 0.85，中间养护龄期按线性插入法取值；C 为水泥用量，kg/m^3。

（5）西安建筑科技大学牛荻涛等从混凝土碳化的理论模型入手，以工程实用为目的，以环境条件与混凝土质量影响为主，并考虑碳化位置、混凝土养护浇筑面、工作应力修正等因素，得到预测混凝土碳化深度的多系数随机模型如下：

$$X_C = K_{mc} \cdot k_j \cdot k_{CO_2} \cdot k_p \cdot k_s \cdot k_e \cdot K_f\sqrt{t} \tag{5-13}$$

式中：K_{mc} 为计算模式不定型随机变量，主要反映碳化模型计算结果与实际测试结果之间的差异，同时，也包含其他一些在计算模型中未能考虑的随机因素对混凝土碳化的影响；K_j 为混凝土角部修正系数，角部取 1.4，非角部取 1.0；k_{CO_2} 为 CO_2 浓度影响系数，按式（5-14）计算：

$$k_{CO_2} = \sqrt{C_{CO_2}/0.03} \tag{5-14}$$

式中：C_{CO_2} 为建筑物周围的 CO_2 浓度，%；k_p 为浇筑面修正系数，对浇筑面取 1.2；k_s 为工作应力影响系数，混凝土受拉时取 1.1，受压时取 1.0；k_e 为环境影响系数，按式（5-15）计算：

$$k_e = 2.56 \cdot T^{1/4} \cdot (1-RH) \cdot RH \tag{5-15}$$

式中：T、RH 分别为年平均温度（℃）、相对湿度（%）；K_f 为混凝土质量影响系

数,按式(5-16)计算:

$$K_f = 57.94/f_{cu,k} - 0.76 \tag{5-16}$$

5.2.5　影响因素

混凝土的碳化是伴随着 CO_2 气体向混凝土内部扩散并溶解于混凝土孔隙内的水中,再与各水化产物发生碳化反应的一个复杂的物理化学过程。其研究方法主要有基于扩散理论的理论分析方法、室内快速碳化试验法和现场长期暴露试验法等。基于扩散理论的研究分析表明:混凝土的碳化速度取决于 CO_2 气体的扩散速度及 CO_2 与混凝土成分的反应程度,而 CO_2 气体的扩散速度又受混凝土本身的组织密实性、CO_2 气体的浓度、环境湿度、试件的含水率等因素的影响,所以碳化反应受混凝土内孔溶液的组成、水化产物的形态等因素的影响。

综合以上因素,可将影响混凝土碳化的主要因素划分为与混凝土自身有关的内部因素和与环境条件相关的外部因素。内部因素主要有水灰比、水泥品种、水泥用量、骨料品种与粒径、外掺加剂、混凝土强度等。其中,水灰比是决定混凝土孔结构与孔隙率的主要因素,水灰比越大,混凝土内部的孔隙率就越大,故水灰比是决定混凝土碳化速度的主要因素之一,混凝土的碳化速度随水灰比的增大而加快;水泥品种和水泥用量决定了混凝土水化产物中可碳化物质的含量,对碳化速度也有一定的影响;混凝土强度是混凝土最基本的性能指标,它与混凝土水灰比、水泥品种及用量、骨料品种、外掺加剂等自身因素有密切关系,能在一定程度上反映混凝土的抗碳化能力。因此,一些学者直接将混凝土抗压强度作为混凝土质量对碳化速度的影响指标,并对此提出了相应的修正模型。

外部因素主要有 CO_2 浓度、环境温度、相对湿度、混凝土的工作应力状态、施工质量及养护等。环境中的 CO_2 浓度越大,引起扩散的浓度梯度就越大,碳化速度就越快。一般认为,碳化速度与 CO_2 浓度的平方根近似成正比。快速碳化试验表明:CO_2 的浓度越高,压力越大,碳化深度越大。因为高浓度、高压力的 CO_2 气体能较快地向混凝土内部扩散,使碳化反应迅速进行。因此,城市交通繁忙路段的结构物和 CO_2 浓度较高的工业厂房往往碳化现象较严重。

环境温度升高能加快 CO_2 气体的扩散速度和碳化反应速度,从而加速混凝土碳化。环境相对湿度对混凝土碳化有两方面的影响,一方面影响 CO_2 的扩散速度,另一方面影响碳化反应的快慢。碳化较易发生在潮湿的环境中,尤其是干湿交替的环境,因此南方的建筑物容易产生碳化现象,且随着温度的升高,混凝土的碳化速度加快。

混凝土的工作应力状态会在一定程度上影响其密实度和孔隙的弯曲度,

故对混凝土的碳化速度也有一定影响。一些研究定量地给出了工作应力状态对混凝土碳化的影响系数。而对于预应力混凝土,其混凝土工作应力是预应力和外部作用引起的应力的叠加。因此,即使没有外部荷载作用,预应力结构中的混凝土也一直处于高应力状态下,所以这部分影响对预应力混凝土的碳化而言是不能忽略的。

5.2.6 碳化相关试验

1. 混凝土快速碳化试验

通过混凝土快速碳化试验确定碳化速度方程,建立室内快速碳化与自然碳化之间的关系,以此为混凝土结构耐久性分析提供试验研究依据。

一般地,混凝土快速碳化试验按照《普通混凝土长期性能和耐久性能试验方法标准》(GB/T 50082—2009)的规定,将试件在标准养护条件下养护28天后,在60 ℃的烘箱中烘干48 h,保留两侧面,其余各表面均用石蜡密封。然后,将试件放置在温度为20±5 ℃、相对湿度为70%±5%、二氧化碳浓度为20%±3%的碳化箱中进行碳化。将1%浓度的酚酞乙醇指示液喷于断裂面处,从试件表面到变色边界每边测量3处距离,以其算术平均值作为碳化深度。

2. 混凝土碳化的 X 衍射试验

在正常大气中,二氧化碳与混凝土中碱性物质的相互作用是一个很复杂的多相物理化学过程,也就是说,混凝土的碳化是在气相、液相和固相中连续进行的一个过程。

在碳化过程中,空气中的二氧化碳首先渗透到混凝土内部充满空气的孔隙和毛细管中,然后溶解于毛细管中的液相,与水泥水化过程中产生的氢氧化钙、硅酸三钙、硅酸二钙等水化产物相互作用,形成碳酸钙。在这一过程中,混凝土的 pH 值由外到内逐渐升高,特别是当环境湿度较低时,部分碳化区在整个碳化区域中占主导地位。进行混凝土碳化的 X 衍射试验就是为了分析不同水灰比、不同碳化时间的混凝土块料从表面到内部的碳化状况,了解部分碳化区的分布形态。

5.3 氯离子对混凝土结构的侵蚀

我国海域辽阔,海岸线很长,大规模的基础建设多集中于沿海地区,海边的混凝土工程由于长期受氯离子侵蚀,混凝土中的钢筋锈蚀现象非常严重,已建的海港码头等工程多数都达不到设计寿命的要求。我国北方地区为保证冬季交通畅行,向道路、桥梁及城市立交桥等撒盐除冰时大量使用氯化钠和氯化钙,使得氯离子渗入混凝土,引起钢筋锈蚀。

5.3.1　氯离子存在的广泛性

1. 混凝土中的原材料

一般硅酸盐水泥本身只含有少量的氯化物,但在混凝土拌制时加入了含氯化物的减水剂,则可能使混凝土含有相当多的氯化物。在大多数场合,氯化物引起钢筋锈蚀是氯离子从外界环境侵入已硬化的混凝土造成的。

2. 海洋环境

海洋是氯离子的主要来源,海水中通常含有 3% 的盐,其中主要是氯离子。以 Cl⁻ 计,海水中的含量约为 19000 mg/L。海风、海雾中也含有氯离子,海砂中也含有不等量的氯离子。我国的海岸线很长,大规模的基础建设多集中在沿海地区,尤其在海洋工程(如码头、护坡和防护堤等)中由氯离子引起的钢筋锈蚀破坏是十分突出的。同时,沿海地区已经出现河砂匮乏的情况,不经技术处理就使用海砂的现象日趋严重,这也为氯离子引起钢筋锈蚀创造了条件。国外的工程经验教训表明,海水、海风和海雾中的氯离子及不合理地使用海砂是影响混凝土结构耐久性的主要原因之一。

3. 道路化冰盐

半个世纪以来,世界各国公路交通发展迅猛,公路和高速公路成为经济命脉。为保证交通畅行,冬季常向道路、桥梁及城市立交桥等撒盐或盐水化雪除冰,这就使得氯离子渗透到混凝土中,引起钢筋锈蚀。美国大多数桥梁遭此危害,经济损失惨重,还有不少国家也为此付出很大代价。我国北方地区也采用撒氯盐的方法,如北京每年冬天要撒 400~600 t 氯盐,这就是人为造成的氯离子腐蚀破坏。氯离子化冰性能好,价格便宜,从经济性的角度考虑,国内短时期很难取消使用氯离子化冰的方法,不少地方还将继续面临使用氯离子化冰的局面。对于此类人为造成的氯离子对环境的腐蚀危害,必须采用防盐腐蚀的技术措施。

4. 盐湖和盐碱地

我国有一定数量的盐湖和大面积的盐碱地,大体可分为沿海和内陆两种类型。沿海地区的盐碱地以含氯离子为主;内陆地区的盐碱地有的以含氯离子为主,有的则以含硫酸为主,多数情况是含混合盐。这些地域的混凝土结构都会受到很强的腐蚀。

5. 工业环境

工业环境十分复杂,就腐蚀介质而言,有酸、碱、盐等,并伴有液态、气态、固态等不同形式,其中以氯离子、氯气和氯化氢等为主的腐蚀环境不在少数,处在此类环境中的混凝土结构的腐蚀破坏往往是迅速且十分严重的。

6. 火

火不仅有直接降低钢筋混凝土结构的强度与可使用性的作用,而且由于热可以分解有机化合物,火还有促进钢筋锈蚀的间接作用。含氯较高的聚氯乙烯在 $80 \sim 90 \, ^\circ\text{C}$ 下会分解放出气态 HCl,随着温度升高,气态 HCl 放出量增多,约 $300 \, ^\circ\text{C}$ 时几乎完全分解,HCl 在水的参与下溶解于水,形成 pH 值约为 1 的盐酸。这种酸最后在构件表面冷却凝结,渗入混凝土之中,就会引起钢筋锈蚀。因此,火灾后混凝土构件常被氯化物损害。

5.3.2 氯离子侵入混凝土的途径

氯离子侵入混凝土通常有两种途径:其一是"混入",如掺用含氯离子的外加剂、使用海砂、施工用水含氯离子、在含盐环境中拌制浇注混凝土等;其二是"渗入",环境中的氯离子通过混凝土的宏观、微观缺陷渗入混凝土中,并到达钢筋表面。"混入"现象大多是施工管理的问题,而"渗入"现象则是综合技术的问题,与混凝土材料的多孔性、密实性、工程质量及钢筋表面混凝土厚度等多种因素有关。

5.3.3 氯离子造成钢筋锈蚀的机理

1. 破坏钝化膜

水泥水化的高碱性使混凝土内钢筋表面产生一层致密的钝化膜。以往的研究认为,该钝化膜由铁的氧化物构成,但新的研究表明,该钝化膜中含有 Si—O 键,它对钢筋有很强的保护能力。然而,该钝化膜只有在高碱性环境中才是稳定的,当 pH 值小于 11.5 时,钝化膜开始不稳定,当 pH 值小于 9.88 时,该钝化膜生成困难或已经生存的钝化膜被逐渐破坏。Cl^- 是极强的去钝化剂,Cl^- 进入混凝土到达钢筋表面吸附于局部钝化膜处时,可使该处的 pH 值迅速降低到 4 以下,从而破坏钢筋表面的钝化膜。

2. 形成腐蚀电池

如果钢筋表面具有大面积高浓度氯化物,则氯化物所引起的腐蚀可能是均匀腐蚀,在不均质的混凝土中,常见的是局部腐蚀。Cl^- 对钢筋表面钝化膜的破坏发生在局部,使这些部位露出铁基体,与尚完好的钝化膜区域形成电位差,铁基体作为阳极受到腐蚀,大面积钝化膜区域为阴极。

3. 去极化作用

Cl^- 不仅促成了钢筋表面的腐蚀电池,而且加速了电池的作用。Cl^- 与阳极反应产物 Fe^{2+} 结合生成 $FeCl_2$,将阳极产物及时搬运走,使阳极过程顺利进行甚至加速进行。通常把使阳极极化过程受阻的作用称作阳极极化作用,而把加速阳极极化的作用称作阳极去极化作用,Cl^- 正是发挥了阳极去极化作用。

有氯离子存在的混凝土中,在钢筋的锈蚀产物中很难找到 $FeCl_2$,这是由于 $FeCl_2$ 是可溶的,在向混凝土内扩散时遇到 OH^- 就能生成 $Fe(OH)_2$ 沉淀,再进一步氧化成铁的氧化物,即铁锈。由此可见,Cl^- 起到了搬运的作用,却并不被消耗,也就是说,进入混凝土中的 Cl^- 会周而复始地起到破坏作用,这也是氯离子危害的特点之一。

4. 导电作用

腐蚀电池的要素之一是离子通路。混凝土中 Cl^- 的存在强化了离子通路,减小了阴阳极之间的欧姆电阻,提高了腐蚀电池的效率,从而加速了电化学腐蚀过程。氯化物还提高了混凝土的吸湿性,这也能减小阴阳极之间的欧姆电阻。

5.3.4　氯离子侵入混凝土的机理

混凝土结构暴露条件不同,氯离子侵入混凝土的机理也不同。所有混凝土构件中,氯离子的侵入都是靠混凝土毛细管的吸收作用。混凝土的风干程度越高,毛细管的吸收作用就越大。混凝土毛细管的吸收能力取决于混凝土孔结构和混凝土孔隙中游离水的含量。

干透的混凝土表层接触海水时,靠毛细管的吸收作用吸收海水,直至达到饱和程度。如果外界环境变得干燥,混凝土中水流方向则会逆转,纯水会从毛细孔对大气开放的那些端头向外蒸发,使混凝土表层孔隙液中盐分浓度升高,在混凝土表层与内部之间形成氯离子浓差,驱使混凝土孔隙液中的盐分靠扩散机理向混凝土内部扩散,只要混凝土具有足够的湿度,就可以进行这种扩散,饱水时,扩散率最高。可见,除了混凝土孔结构特征外,混凝土湿度也是氯离子向混凝土内部扩散的一个重要因素。由于外界环境相对湿度与风干持续时间的不同,混凝土表层中大部分孔隙水有可能蒸发掉;而在混凝土内部,剩余水分将被盐分所饱和,多余盐分结晶析出。

由此可见,风干时水分向外迁移,盐分则向内迁移。再次被海水润湿时,又有更多的盐分以溶液的形式被带进混凝土的毛细管孔隙中。此时,混凝土表层内有一个向外降低的浓差,在离表面一定深度处,氯化物浓度有一个峰值。这样,可能有些盐分会向外表面扩散,但是接着的风干又将纯水向外蒸发排出,将盐分遗留在混凝土内。干湿交替下,盐分会逐渐侵入混凝土内部。盐分向内迁移的程度取决于风干与润湿交替期的长短。随着时间的推移,将有足以使钢筋去钝化的氯化物达到钢筋表面。

5.3.5　氯离子侵入模型

1. 基本模型——Fick 第二定律

通常,氯离子的侵入是几种侵入方式组合作用的结果,另外还受到氯离子与混凝土材料之间的化学结合、物理粘结、吸附等作用的影响。对应特定的条件,其中只有一种侵蚀方式是主要的。尽管氯离子在混凝土中的传输机理很复杂,但在许多情况下扩散被认为是一种主要的传输方式。对于现有的没有开裂且水灰比不太低的结构,大量的检测结果表明,氯离子的浓度变化可以认为是一个线性扩散的过程,应用 Fick 第二定律可以很方便地将氯离子的扩散浓度、扩散系数与扩散时间联系起来,可以直观地体现结构的耐久性。由于 Fick 第二定律的简洁性及与实测结果能较好地吻合,现在它已经成为预测氯离子在混凝土中扩散的经典方法。选择 Fick 第二定律也是基于一种经验的假定,因为它的模型可以很好地拟合结构的实测结果。

假定混凝土中的孔隙分布是均匀的,氯离子在混凝土中扩散是一维扩散行为,浓度梯度仅从暴露表面到钢筋表面发生变化,Fick 第二定律可以表示为

$$\frac{\partial C_{Cl}}{\partial t} = \frac{\partial}{\partial x}\left(D_{Cl}\frac{\partial C_{Cl}}{\partial x}\right) \tag{5-17}$$

式中:C_{Cl} 为氯离子浓度,%,一般以氯离子占水泥或混凝土的质量百分比表示;t 为时间,年;x 为位置,cm;D_{Cl} 为扩散系数。

Fick 第二定律的解取决于问题的边界条件。

2. 模型一

(1) 假设条件

① 混凝土表面的氯离子浓度是定值;

② 扩散系数和表面氯离子浓度按实际情况决定;

③ 氯离子一旦到达混凝土表面就开始渗入混凝土内部。

(2) 初始条件

$$C_{Cl} = 0 \quad (t = 0) \tag{5-18}$$

(3) 边界条件

$$C_{Cl} = C_f(1 - e^{-kt}) \quad (x = 0) \tag{5-19}$$

$$\frac{\partial C_{Cl}}{\partial x} = 0 \quad (x = L) \tag{5-20}$$

式中:C_f 为混凝土表面的氯离子浓度;k 为流入(流出)系数。式(5-19)显示了混凝土表面的氯离子浓度随时间变化的情况。

图 5-4 中,P_{en} 表示由外界渗入混凝土表面层的氯离子;P_{in} 表示由混凝土表面层渗入混凝土内部的氯离子;P_{out} 表示由混凝土表面层流入外界的氯离子。设 P_{in} 和 P_{out} 与混凝土表面层中的氯离子浓度成正比,则

$$P_{in} + P_{out} = (K_1 + K_2)C_s = KC_s \tag{5-21}$$

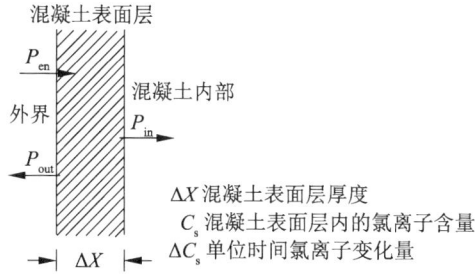

图 5-4　混凝土表面层氯离子浓度

氯离子渗入混凝土表面,其表面层中氯离子浓度的变化可以用下面的方程来表示:

$$\frac{dC_s}{dt} = V - kC_s \tag{5-22}$$

$$V = \frac{P_{en}}{\rho \cdot \Delta X} \tag{5-23}$$

$$k = \frac{K}{\rho \cdot \Delta X} \tag{5-24}$$

式中:C_s 为混凝土表面层内的氯离子含量;ρ 为混凝土密度;ΔX 为混凝土表面层厚度。

应用初始条件,上述方程的解为

$$C_s = \frac{V}{k}(1 - e^{-kt}) \tag{5-25}$$

根据式(5-17)至式(5-20),长度为 L 的混凝土构件内氯离子分布的解析解可以表示为

$$\frac{C}{C_f} = 1 - \frac{\cos\sqrt{\zeta x}}{\cos\sqrt{\zeta}} \cdot e^{-\zeta y} - \frac{16\zeta}{\pi} \times$$

$$\sum_{n=0} \frac{(-1)^n \omega_0 \left[(2n+1)\pi x/2 \right]}{(2n+1)\left[4\zeta - (2n-1)^2\pi^2 \right]} \cdot e^{-\frac{(2n+1)^e}{4}\pi^2 y} \tag{5-26}$$

式中:

$$y = D_{Cl}^t / L^2 \tag{5-27}$$

$$\zeta = kL^2 / D_{Cl} \tag{5-28}$$

3. 模型二

混凝土结构经过相当长时间的使用后,其表面基本达到氯离子饱和,在稳定的使用环境中浓度不会发生太大的变化,因此可以假定混凝土结构表面

氯离子浓度恒定。另外,假定混凝土结构相对暴露表面为半无限介质,在任一时刻,相对暴露表面的无限远处的氯离子浓度为初始浓度,那么相应初始条件可以写成

$$C_{\text{Cl}}(x,0) = 0 \tag{5-29}$$

边界条件为

$$C_{\text{Cl}}(0,t) = C_s \tag{5-30}$$

$$C_{\text{Cl}}(\infty,t) = C_0 \tag{5-31}$$

式中:C_0 为氯离子初始浓度。

根据初始条件和边界条件,得到式(5-17)的解为

$$C_{x,t} = C_0 + (C_s + C_0)\left[1 - \text{erf}\left(\frac{x}{\sqrt{4D_{\text{Cl}} \cdot t}}\right)\right] \tag{5-32}$$

式中:$C_{x,t}$ 为 t 时刻 x 深度处的氯离子浓度;$\text{erf}(z)$ 为误差函数,其中 $Z = \dfrac{x}{\sqrt{4D_{\text{Cl}} \cdot t}}$。

$$\text{erf}(z) = \frac{2}{\sqrt{\pi}}\int_0^z \exp(-z^2)\,\text{d}z \tag{5-33}$$

Fick 第二定律描述的是一种稳态扩散过程。实际上,混凝土是一种水硬性材料,其水化过程需要经过很长时间才能完成。混凝土的成熟度对氯离子的扩散存在很大的影响,水化越充分,混凝土内部越密实,抗侵蚀能力越强。随着时间的延长,氯离子在混凝土中的扩散系数并不是一成不变的。通过实际检测结果可以发现,龄期较长的混凝土结构的氯离子扩散系数较小,尤其是在刚开始的 1~3 年内扩散系数的降低尤为明显。因此,扩散系数是一个时间的函数,引入有效扩散系数 $D_{\text{Cl},t}$,其含义为结构从开始暴露到检测时扩散系数的均值,则式(5-32)变为

$$C_{x,t} = C_0 + (C_s + C_0)\left[1 - \text{erf}\left(\frac{x}{\sqrt{4D_{\text{Cl},t} \cdot t}}\right)\right] \tag{5-34}$$

有效扩散系数是随结构使用时间长度变化的量,可近似认为服从下面的关系:

$$\frac{D_{\text{Cl},t}}{D_{\text{Cl},0}} = \left(\frac{t_0}{t}\right)^m \tag{5-35}$$

式中:$D_{\text{Cl},0}$ 为结构暴露时或其他任何时段的有效扩散系数;t_0 为相应于 $D_{\text{Cl},0}$ 的时间;m 为环境条件系数。

经过一定使用年限后,混凝土的水化作用基本完成,内部微结构的变化基本不再发生,此时氯离子扩散系数趋于一个稳定的值。

4. 模型三

东南大学的孙伟等基于 Fick 第二定律推导出综合考虑混凝土的氯离子结合能力、氯离子扩散系数的时间依赖性和混凝土结构微缺陷影响的新扩散方程：

$$\frac{\partial C_{x,t}}{\partial t} = \frac{H \cdot D_{\text{Cl},0} \cdot t_0}{1+R} \cdot t^{-m} \cdot \frac{\partial^2 C_{x,t}}{\partial x^2} \tag{5-36}$$

式中：H 为混凝土中氯离子扩散性能的劣化效应系数；R 为混凝土的氯离子结合能力；n 为氯离子扩散系数的时间依赖性常数，$n = 0.64$。

5.3.6 氯离子扩散的影响因素

1. 扩 散 系 数

氯离子扩散系数是反映混凝土耐久性的重要指标。一般通过扩散深度和实测浓度的关系，根据 Fick 定律拟合氯离子的扩散系数。氯离子的扩散系数不仅与混凝土材料的组成、内部孔结构的数量和特征、水化程度等内在因素有关，同时也受到外界因素包括温度、养护龄期、掺合料的种类和数量、诱导钢筋腐蚀的氯离子类型等的影响。

水灰比是反映混凝土密实度的一个重要指标，水灰比的大小反映了混凝土抵抗氯离子入侵的能力，这种能力主要表现在水灰比和氯离子扩散系数的关系上。温度对混凝土的耐久性有双重影响：一方面，温度升高，水分蒸发过快，造成表面的孔隙率增大，渗透性增强；另一方面，温度升高可以使内部混凝土的水化速度加快，混凝土致密性增强，渗透性减弱。从长远来看，胶凝材料水化趋于稳定，温度升高会使离子活动能力增强，从而增强扩散的能力。养护条件和初始暴露时间主要影响混凝土初始暴露时的成熟度。随着暴露时间的提前，氯离子的扩散系数不断增大，这说明暴露时间提前得过多，水泥及一些矿物细掺料水化尚不充分，混凝土内部孔隙率较大，不利于抵抗外界侵蚀介质。

高性能混凝土和普通混凝土的区别主要在于高性能混凝土中的一般矿物掺合料，如粉煤灰、矿渣等。这些掺合料对混凝土的性能具有物理和化学改善作用。粉煤灰具有物理减水作用，掺有粉煤灰的混凝土可以适当地降低水灰比而保持坍落度不变；高细度的矿渣可以填充混凝土内部孔隙，改善孔结构，提高混凝土的强度。同时，这两种掺合料均能有效增强混凝土的致密性，从而增强混凝土抵抗侵蚀的能力。这两种掺合料的水化速度比普通水泥慢，在掺量比较大的情况下，28 天龄期强度有所下降。但是，由于集料填充的作用，抗氯离子侵蚀的性能还是会有所增强，而且随着龄期的增加，强度和抗渗性都会有大幅度提高。大连理工大学通过高性能混凝土的扩散性能试验，得到了以下结论：

（1）在相同水胶比条件下，添加 30%～45% 的粉煤灰和 3%～5% 的硅灰后，所得混凝土的氯离子扩散系数明显低于普通混凝土，说明掺加粉煤灰和硅灰可以明显改善混凝土结构抗氯离子侵蚀的耐久性能。

（2）掺硅灰的混凝土的氯离子扩散系数降低最明显，降低幅度在 60% 左右。

（3）掺 I 级粉煤灰的混凝土抗氯离子侵蚀的能力总体上优于掺 II 级粉煤灰的混凝土。

（4）同时掺粉煤灰与硅灰的混凝土抗氯离子侵蚀的能力优于单掺粉煤灰的混凝土。

（5）在硅灰掺量为 3% 的情况下，混掺粉煤灰与硅灰的混凝土抗氯离子侵蚀的能力比单掺硅灰的更优，而在硅灰掺量为 4% 和 5% 的情况下，单掺硅灰的混凝土抗氯离子侵蚀的能力比混掺粉煤灰与硅灰的更好些。

对于引起钢筋锈蚀的氯离子的类型也有较大的争议。一些文献认为，只有自由的氯离子才能导致钢筋锈蚀，因此临界值应以自由的氯离子含量为标准。一些研究表明，氯离子的这些状态不是一成不变的，而是可以互相转化的，在某些情况下，粘结或吸附的氯离子可以转化为自由的氯离子，参与钢筋的锈蚀，因此，混凝土中的氯离子含量应以总的氯离子含量（酸溶液氯离子含量）为准。另一些研究认为，氯离子与氢氧根离子的比值是描述钢筋腐蚀发生的一个关键参数。在碳化深度较浅的情况下，钢筋周围混凝土溶液的 pH 值一般大于 11.5，此时氢氧根离子含量变化的影响较小，诱发钢筋锈蚀的主要因素应该是自由氯离子的含量。在没有完全清楚氯离子转化机理的情况下，在应用中以自由氯离子含量作为标准更有助于结构的安全耐久，而在混凝土内部碱性较低的情况下（如碳化严重或掺有硅灰的混凝土），混凝土内部的 pH 值比较低，钢筋钝化膜比较薄弱，较低的氯离子含量就可以导致钢筋锈蚀的发生，因此在确定其氯离子临界值时应考虑氢氧根离子的影响。

2. 混凝土中 Cl^- 的临界值

尚不致引起钢筋去钝化的钢筋周围混凝土孔隙液的游离氯离子的最高浓度被称为混凝土氯化物的临界浓度，这是一个十分重要的指标。这一指标不仅受到混凝土成分、组织与环境条件的影响，而且对氯化物的浓度没有一个严格统一的标准，所以目前尚无统一的定论。但有一点是很清楚的，即钢筋腐蚀危险随混凝土氯化物含量增大而增加，当氯化物含量超过氯化物临界浓度时，只要其他必要条件已经具备，钢筋就会发生很严重的锈蚀。

国内外研究人员运用多种检测脱钝的方法，对各种混凝土在不同环境下等多种情况进行了试验，得到了各种各样的临界值，离散性较大。由于氯离子临界值受到多种因素和试验条件的影响,理论上它是一个随机变量,氯离子的临界值应在大量统计的基础上,在一定的概率下取值。

根据对钢筋钝化机理的研究,一些学者认识到氯化物引起混凝土中钢筋的去钝化并不单纯取决于钢筋周围混凝土孔隙液游离 Cl^- 的浓度,更重要的参数是 $[Cl^-]/[OH^-]$ 的值。据 Housmann 介绍,在模拟混凝土孔隙液的饱和溶液(pH=11.6)中,只要 $[Cl^-]/[OH^-]$ 的值不大于 0.6,钢筋就不会去钝化。Diamond 在综合以往的研究成果之后,给出了下列不同 pH 值碱溶液中钢的 $[Cl^-]/[OH^-]$ 临界值,如表 5-1 所示。

表 5-1　钢在不同 pH 值碱溶液中开始去钝化的临界值

pH 值	11.5	11.8	12.1	12.6	13.0	13.3
临界值	0.60	0.57	0.48	0.29	0.27	0.30

3. 表面氯离子浓度

氯离子的扩散是由氯离子的浓度差引起的,混凝土表面氯离子浓度越高,内外部氯离子浓度差就越大,扩散至混凝土内部的氯离子就越多。混凝土结构表面的氯离子除了与环境条件有关外,还与混凝土自身材料对氯离子的吸附性能有关。

水下区、水位变动区、浪溅区和大气区都有各自的氯离子源。水下区的氯离子主要来自海水,比较稳定;水位变动区和浪溅区的氯离子来自波浪或喷沫,随着波浪发生周期性变化,周期很短;大气区的氯离子来自周围的海洋环境,也比较稳定。混凝土结构表面氯离子浓度的确定一般通过对氯离子分布曲线的反推得到,氯离子分布曲线是长期扩散积累的结果。就较长的时间而言,水下区、水位变动区、浪溅区和大气区的氯离子源是恒定的,所谓恒定并不是指一成不变,而是允许其围绕平均值有微小的波动,但这个平均值从长期来看是不随时间变化的。

表面氯离子浓度不会对氯离子的扩散系数产生影响,因为氯离子扩散系数是混凝土本身的内在性能,与外界因素无关。但是,从 Fick 第二定律的解析表达式中可以看出,混凝土结构表面的氯离子浓度也是影响结构耐久性的一个重要因素。于是,在试验的过程中就出现了这样的现象,有些混凝土虽然实测的扩散系数很小,但是由于混凝土表面氯离子浓度很大,在距离表面一定范围内仍然有较多的氯离子积累。因此,单凭扩散系数的大小评价一种混凝土的耐久性有失偏颇,表面氯离子浓度也是一个重要因素。

4. 混凝土保护层厚度

混凝土强度和混凝土质量之间存在着相关关系,一般强度越高,质量越好,抵抗外界侵蚀的能力越强。混凝土强度和保护层厚度之间也存在一种相互协调的关系,即混凝土强度较高时,混凝土保护层厚度可以相对较小。虽然高性能混凝土的强度一般都很高,但其保护层的厚度也不应太小,这是因为混凝土保护层最小厚度不仅受混凝土结构耐久性的限制,而且也受到钢筋与混凝土之间协调工作的约束。混凝土保护层应该保证钢筋与混凝土之间能够有效地传递粘结应力。另外,太薄的混凝土保护层容易受到局部损坏,理论上,混凝土保护层越厚,混凝土结构耐久性越好。但实际上,过厚的保护层在硬化过程中的收缩应力和温度应力得不到钢筋的控制,很容易产生裂缝,而裂缝的产生会大大削弱混凝土保护层的作用。一般情况下,混凝土保护层厚度不应超过 80~100 mm,具体尺寸应根据结构设计而定。

5.4 碱-集料反应

碱-集料反应是指混凝土中的碱与集料中的活性组分之间发生的破坏性膨胀反应。这种反应会引起明显的混凝土体积膨胀和开裂,改变混凝土的微结构,使混凝土的抗压强度、抗折强度、弹性模量等力学性能明显下降,严重影响结构的安全使用性,且反应一旦发生很难阻止,更不易修补和挽救。

最早的碱-集料反应破坏工程实例发生于 20 世纪 20 年代美国加利福尼亚州的一座桥梁上。该桥建成 3 年后发现桥顶严重破裂,然后又发现许多混凝土坝体和高速公路路面因碱-集料反应而损坏。类似的情况在加拿大、德国、瑞典、丹麦和日本等国家都有发现。我国从 20 世纪 90 年代开始,陆续在北京、天津、山东、陕西、内蒙古、河南等地的立交桥、机场和铁路轨枕中发现碱-集料反应所引起的破坏实例。

5.4.1 发生条件

1. 一定数量的碱

混凝土中的碱可以来自水泥、外加剂、掺合料、骨料、拌合水等组分,也可以来自周围环境,如冬季撒在公路表面的除冰盐中的碱通过排水管和毛细孔渗入桥梁或路面等。水泥中的碱主要是由生产水泥的原料黏土和燃料煤引入的。我国根据混凝土工程的环境条件规定了防止碱-集料反应的混凝土碱含量限制标准,如表 5-2 所示。

表 5-2　混凝土含碱量的安全限制标准

环境条件	混凝土最高含碱量/$(kg \cdot m^{-3})$		
	一般工程	重要工程	特殊工程
干燥环境	不限制	不限制	3.0
潮湿环境	3.5	3.0	2.1
含碱环境	3.0	用非活性集料	

研究表明,当其他条件一定时,碱含量达到一定程度后,碱-集料反应膨胀随着碱含量的增加而增大。但当碱含量提高到某一水平后,由于反应产物的碱硅比增大,碱硅凝胶的黏度降低,膨胀能力降低,导致碱-集料反应膨胀性能下降。研究认为,当水泥中 Na_2O 含量小于 0.6%,混凝土中有效碱含量在 $3 \sim 5 \ kg/m^3$ 时,可以有效地缓解碱-集料反应的破坏,但是当活性集料为碳酸盐或环境中有碱时,在 Na_2O 小于 0.6% 时仍出现了碱-集料反应破坏。因此,对于不同类型的活性集料,碱含量与膨胀的关系需要通过试验研究。

2. 活性集料

活性集料的粒径大小、数量、结构和孔隙率都是影响碱-集料膨胀的主要因素。有研究表明碱-硅酸膨胀随着集料粒径的增大逐渐减小,也有研究认为膨胀随着集料粒径的增大而增大,还有学者提出了集料“最不利尺寸效应”,即集料存在一个最不利尺寸,在该尺寸时碱-集料膨胀值最大。此外,各国学者对于具有 ADR 活性的集料中的白云石含量进行了研究,研究结果表明各地此类集料中的白云石含量区间大相径庭,岩石的内部结构、不同矿物间的间隙尺寸、酸不溶物的分布可能都是影响膨胀的因素。

由此可见,由于质地、结构的差别,不同集料发生碱-集料反应的形式和机理也有区别,因此充分掌握集料碱活性的情况,采取相应的预防措施,对确保大型工程的耐久性具有重大意义。

3. 潮湿环境

混凝土发生碱-集料反应破坏的第三个条件是空气中相对湿度必须大于80%,或者直接与水接触。如果混凝土的原材料具备了发生碱-集料反应的条件,则只要具备高湿度或与水直接接触的条件,反应物就会吸水膨胀,使混凝土内部受到膨胀压力,当内部膨胀压力大于混凝土自身的抗拉强度时,混凝土结构就遭到破坏。如果可能发生碱-集料反应的部位能有效地隔绝水,则可避免发生碱-集料反应或降低碱-集料反应的破坏程度。因此,在进行工程破坏诊断时,必须对待检工程的环境进行仔细的现场考察,了解混凝土工程的环境条件。

5.4.2 反应机理

根据集料中活性成分的不同,碱-集料反应可分为碱-硅酸反应和碱-碳酸盐反应。

1. 碱-硅酸反应机理

碱-硅酸反应是指混凝土孔溶液中的碱与集料中的活性 SiO_2 反应生成碱-硅酸凝胶的过程。从结晶化学的角度看,活性 SiO_2 实际上是指晶体内部存在较多缺陷的石英,主要包括蛋白石、玉髓、鳞石英、方石英和隐晶、微晶或玻璃质石英。水泥加水后大约 8 h 左右,浆体孔溶液中出现 Ca^{2+}、Na^+、SO_4^{2-} 和 OH^- 等,随后 Ca^{2+} 和 SO_4^{2-} 的浓度迅速下降,碱性离子 K^+、Na^+ 和 OH^- 的浓度迅速增加。在碱溶液环境下,SiO_2 发生式(5-37)所示的反应,接着 SiO_2 继续羟基化,生成 $Si—O^-$ 和 H_2O,如式(5-38)所示,从而使活性集料表面聚集负电荷,负电荷密度与孔隙溶液离子浓度和 pH 值有关,研究认为孔隙溶液离子浓度越高,pH 值越高,负电荷密度越大。

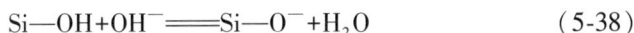

$$Si—O—Si+H_2O \Longrightarrow Si—OH\cdots OH—Si \tag{5-37}$$

$$Si—OH+OH^- \Longrightarrow Si—O^-+H_2O \tag{5-38}$$

一开始负电荷聚集在离子化的 SiO_2 表面,随着 OH^- 不断向集料内部侵入,集料内部的 $≡Si—O—Si≡$ 键被破坏(图 5-5),随着 $Si—O—Si$ 键不断被打开,释放出的 Si^{4+} 与孔隙溶液中带正电荷的阳离子(Ca^{2+}、K^+、Na^+)不断吸附在负电荷上。在低碱水泥中,当孔隙溶液中 Ca^{2+} 较多,K^+ 和 Na^+ 较少时,形成 $C—S—H$ 凝胶,转化为稳定状态,不会导致混凝土的破坏;在高碱水泥中,当孔隙溶液中 K^+ 和 Na^+ 含量较高时,则会生成碱-硅酸凝胶,其反应如式(5-39)所示:

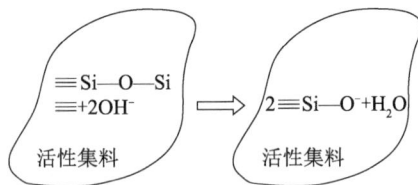

$$SiO_2+2mNaOH(KOH) \Longrightarrow mNa_2O(K_2O)\cdot SiO_2 \cdot mH_2O \tag{5-39}$$

图 5-5 内部 $≡Si—O—Si≡$ 结构破坏示意图

关于碱-硅酸反应的膨胀机理,主要有吸水肿胀理论和渗透压理论。吸水肿胀理论认为,碱-硅酸反应是水泥中的碱与集料中的硅质矿物反应形成了碱-硅酸凝胶,集料界面发生蚀变,这种胶体在吸水后有体积增大的趋势。当肿胀产生的应力超过混凝土的强度时,将导致混凝土的膨胀和开裂破坏。

渗透压理论是指活性集料周围的水泥浆体起到半透膜的作用,反应产物中体积较大的硅酸根离子难以通过,但允许水和碱性氢氧化物扩散进来继续与活性二氧化硅反应,不断生成碱-硅酸凝胶。因此,反应产物堆积于集料颗粒上,形成巨大的渗透压,当这种渗透压超过混凝土强度时,将造成混凝土结构破坏。这两种理论都认为,碱-硅酸反应生成的碱-硅酸凝胶膨胀会引起混凝土破坏。

2. 碱-碳酸盐反应机理

碱-碳酸盐反应是指混凝土中的碱与某些碳酸盐矿物发生化学反应。目前发现的碱-碳酸盐反应主要有三种:

第一种是 Gillott 提出的碱-白云石反应。该反应是指混凝土中的碱与白云质灰岩中的白云石晶体发生反应,生成水镁石、碳酸钙和碳酸根离子,称为去白云化反应,反应式如下:

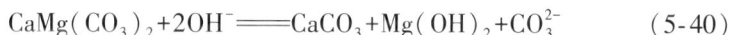

$$CaMg(CO_3)_2 + 2OH^- \Longrightarrow CaCO_3 + Mg(OH)_2 + CO_3^{2-} \tag{5-40}$$

在混凝土中,由于水泥水化生成 $Ca(OH)_2$,其将继续与式(5-40)中的 CO_3^{2-} 反应,从而继续生成氢氧根离子,反应式如下:

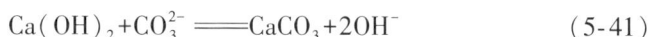

$$Ca(OH)_2 + CO_3^{2-} \Longrightarrow CaCO_3 + 2OH^- \tag{5-41}$$

第二种是 Choquette 等提出的碱-方解石反应。该反应是指混凝土中的碱与集料中的方解石发生反应,生成氢氧化钙和碳酸根离子,反应式如下:

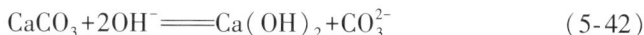

$$CaCO_3 + 2OH^- \Longrightarrow Ca(OH)_2 + CO_3^{2-} \tag{5-42}$$

第三种是童良等提出的碱-菱镁矿反应。该反应是指混凝土中的碱与菱镁矿发生反应,生成水镁石和碳酸根离子,反应式如下:

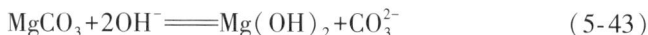

$$MgCO_3 + 2OH^- \Longrightarrow Mg(OH)_2 + CO_3^{2-} \tag{5-43}$$

目前研究最广泛的碱-碳酸盐反应是碱-白云石反应。研究认为,具有碱活性的碳酸盐集料的岩相的结构特点是菱形的白云石晶体(小于 $50~\mu m$)分散分布在黏土矿物和方解石晶体($3\sim5~\mu m$)构成的基质中,白云石晶体含量为 $40\% \sim 60\%$,酸不溶物含量为 $5\% \sim 20\%$,其中黏土矿物主要为伊利石,含量为 $10\% \sim 20\%$。

碱-碳酸盐反应膨胀机理主要有间接反应机理和直接反应机理两种。

(1) 间接反应机理

间接反应机理认为碱-白云石反应只是起触发膨胀的作用,而碱-碳酸盐反应膨胀是由其他因素所导致的。间接反应机理主要有黏土吸水肿胀机理和渗透压机理。

① 黏土吸水肿胀机理认为,碱-白云石反应导致白云石晶体内部的黏土被暴露出来,暴露出的黏土受到吸附水的润湿,导致了肿胀压的产生。但

该机理并没有得到各国学者的认可,原因是白云石晶体内部含有的黏土矿物并不具有代表性,观察发现很多白云石晶体内部并不含有黏土矿物。

② 渗透压机理认为,发生碱-白云石反应时在白云石晶体周围生成了液相的碳酸盐、固相的碳酸钙和水镁石,液相的碳酸盐与氢氧化钾有不同的溶液性质,当这些溶液通过白云石晶体周边的黏土矿物时,其流动趋势存在差异,从而产生渗透压力,使得混凝土产生开裂和破坏。该机理也并未得到国内外学者的认可,原因是经观察发现多数白云石晶体孤立地存在于方解石基质中,其周边并没有黏土矿物,当碱与白云石晶体发生碱-白云石反应时,上述机理所阐述的现象并不会发生。

(2) 直接反应机理

直接反应机理是把碱-碳酸盐反应膨胀归因于混凝土中的碱与集料中的白云石晶体发生的反应,这个反应是体积增大的过程,它是导致混凝土膨胀开裂的直接原因。直接反应机理主要包括水化复盐膨胀机理、综合作用机理和碱-碳酸盐反应膨胀机理。

① 水化复盐膨胀机理认为,膨胀是因为碱与白云石晶体发生反应生成晶胞尺寸较大的水化复盐,如钠钙石、水碳钾钙石和水滑石-水镁铁石等,这些水化复盐由于晶胞尺寸较大,导致该反应是固相体积增大的反应,从而使混凝土产生开裂和破坏。但此机理并没有得到各国学者的认可,原因是这些晶胞尺寸较大的水化复盐产物不能够经常观察到,不具有代表性。

② 综合作用机理由唐明述院士等提出并证明,混凝土孔溶液中的氢氧根离子与白云石发生去白云化反应,该反应为原地化学反应,反应产物为水镁石和方解石。方解石生成位置在白云石晶体内侧,而水镁石在白云石晶体外侧生成,并且重排和定向结晶。虽然按照理论数值计算,去白云化反应是体积减小的过程,但是反应产物之间、产物与基质之间存在大量的空隙。反应产物与空隙的总体积大于原有固相体积,从而造成集料膨胀破坏。

③ 碱-碳酸盐反应膨胀机理由 Katayama 等提出,该机理认为碱-白云石反应并不能够导致混凝土产生开裂和破坏,之所以大量用碳酸盐岩作为集料的混凝土产生了开裂和破坏,是因为所用集料中的微晶至隐晶质石英发生了碱-碳酸盐反应,这些混凝土的破坏原因应归结于碱-碳酸盐反应,与碱-硅酸反应并不相关。

5.4.3 破坏特征

1. 时间特征

碱-集料反应是混凝土孔隙中的可溶性碱与集料中的活性成分之间发生的一种化学反应,有渗出、溶解、发生化学反应、吸水膨胀等几个阶段,因此不可能在浇筑后很短时间内表现出开裂。国内外工程破坏的实例表明,碱-集料反应一般发生在混凝土浇筑后二三年或者更长的时间,它比混凝土收缩裂缝发生的速度慢,但比其他耐久性破坏发生的速度快。

2. 膨胀特征

碱-集料反应膨胀可使混凝土结构工程发生整体变形、位移等现象,如桥梁支点膨胀错位、水电大坝坝体膨胀升高、伸缩缝两侧结构物顶撞以及两端受约束的结构物发生弯曲、扭翘等现象。在桥梁结构外观检测中,通过检查构件接头或相邻水泥混凝土的位移,可以判断水泥混凝土结构是否发生膨胀。

3. 开裂特征

碱-集料反应中,内部集料周围膨胀受压,表面混凝土受拉开裂。对于不受约束和荷载的部位或约束和荷载较小的部位,碱-集料反应破坏一般形成网状裂缝;对于钢筋限制力较大的区域,裂缝常常平行于钢筋方向,在外部压力的作用下,裂缝也会平行于压应力方向。碱-集料反应在开裂的同时经常出现局部膨胀,使裂缝两侧的混凝土出现高低错位和不平整。

4. 凝胶析出特征

碱-硅酸反应生成的碱-硅酸凝胶有时会从裂缝中流到混凝土表面,新鲜的凝胶呈透明或浅黄色,外观类似树脂状,脱水后变成白色。凝胶渗出与否取决于碱-硅酸反应进行的程度和集料的种类,反应程度较轻或者集料中碱活性组分为分散分布的微晶质或隐晶质石英等矿物时,一般难以观察到明显的凝胶渗出。当集料只具有碱-碳酸盐反应活性时,混凝土中没有类似碱-硅酸凝胶的物质生成,因此混凝土表面不会有凝胶渗出。

凝胶在流经裂缝、孔隙的过程中吸收钙、铝、硫等化合物,也可能变成茶褐色以至黑色;流出的凝胶多有较湿润的光泽,长时间干燥后变为无定形粉末状,可以借助放大镜区分其与颗粒状的结晶盐析物。混凝土结构受雨水冲刷后,体内的氢氧化钙也会溶解流出,在空气中碳化后变成白色。混凝土结构中的氯盐、硫酸盐和硝酸盐等溶出时也会出现渗流物,可以用水擦洗掉,而混凝土中渗出的凝胶则不那么容易擦掉。

5. 潮湿特征

碱-集料反应破坏的一个明显特征是越潮湿的部位反应越强烈,膨胀和开裂破坏越明显。对于碱-硅酸反应引起的破坏,越潮湿的部位其凝胶析出等特征也越明显。

由于碱-集料反应的复杂性,仅凭上述一个或几个特征不能立即判断是否发生了碱-集料反应破坏。但当工程出现上述特征时,碱-集料反应则是一个可能的因素,可结合集料活性测定、混凝土碱含量测定、渗出物鉴定、残余膨胀试验等手段综合判定是否发生了碱-集料反应破坏。

5.5 提高混凝土耐久性的措施

混凝土结构的设计寿命一般要求为 40~50 年,有的要求上百年。然而现实中,处于腐蚀环境中的混凝土结构远远达不到设计寿命要求,有的在 15~20 年就出现了钢筋锈蚀破坏,有的甚至不足 5 年就开始修复。因此,提高混凝土结构耐久性的意义不言而喻。

美国学者 Sitter 曾在欧洲混凝土委员会技术通报第 125 号提出过"5 倍定律"观点,他认为在设计施工时省下 1 美元,在维护、修理和翻建时为提高其耐久性所需的费用就可能是 5 美元、25 美元,甚至是 125 美元。5 倍的概念未必是精确的,但其观点的合理性,可以说是确信无疑、能被大家所接受的。要使混凝土结构具有良好的耐久性,确保有足够的使用寿命,关键在于防患于未然,设计、施工的整个建造过程中都要针对耐久性要求采取有效措施。现结合位于福建省中西部三明市境内的莆炎高速公路项目做出相关介绍。

5.5.1 优化设计阶段

1. 保证有足够的混凝土保护层厚度

混凝土的高碱度可使钢筋表面形成钝化膜,对钢筋有保护作用。混凝土的保护层可以阻止外界腐蚀介质、氧气和水分的渗入,保护作用的效果与混凝土的密实度和保护层的厚度密切相关,适当加大混凝土保护层厚度是提高混凝土结构耐久性、延长混凝土结构使用寿命的重要措施。

各国规范在规定最小混凝土保护层厚度值时,除普遍考虑环境条件外,对其他条件的影响各有侧重,如美国规范对构件类型、钢筋类型和直径大小很重视,将构件分成板、墙、小梁三个档次,对不同粗细的钢筋也予以区别对待。综合各规范的特点,在确定最小混凝土保护层厚度值时,应考虑到以下几点要求:

(1)为防止箍筋首先锈蚀,混凝土保护层厚度宜从箍筋外表面算起;

(2)除考虑使用环境条件外,还应根据设计使用年限区别对待;

(3)规范所规定的最小保护层厚度应理解为标定值,设计图纸所标明的保护层厚度值应计入施工允许的公差值;

(4)任何情况下,最小混凝土保护层厚度应不小于 15 mm,混凝土保护层厚度应不小于钢筋直径;

(5)应重视预应力钢筋锈蚀的危害性,先张法的保护层厚度不宜小于 20 mm,后张法预应力构件保护层厚度应不小于管道的直径;

（6）轻骨料混凝土的保护层厚度宜再增加 5~10 mm。

2. 正确选择混凝土材料和配合比

材料是构成混凝土路面的主体，是保证混凝土质量的前提。如果管理不严，购进劣质材料，会导致混凝土路面面板的弯拉应力达不到设计要求，容易在施工期间产生不规则断裂，或在使用过程中出现更多的病害。设计时，正确选择配制混凝土的原材料可以增加混凝土的密实性，提高其抗渗性、抗裂性和抗冻性。

（1）优选水泥品种

不同品种的水泥配制的混凝土的化学结合能力、强度的形成、耐腐蚀性、抗冻性、抗渗性和延缓碳化的能力有很大差别，一般环境条件下，宜选用低水化热和含碱量低的水泥，不宜选用早强的水泥，可以选用硅酸盐水泥、普通硅酸盐水泥。硅酸盐水泥中掺有掺合料的混合水泥，如矿渣水泥、火山灰水泥，一般都能提高抵抗各种化学侵蚀的能力，但其养护工作的好坏对其性能影响极大，且其抗冻性和抗碳化能力都较差。

水泥熟料中的 C_3S、C_3A 含量过高，水泥中 SO_3 含量、碱含量的增大及水泥细度大幅度提高对混凝土耐久性都是不利的。中国建材研究院研究表明，高贝利特水泥（HBC）是一种比较理想的用于配制耐久性混凝土的水泥品种。这种水泥的熟料矿物种类与传统硅酸盐水泥相同，不同点在于该水泥以硅酸二钙（C_2S）为主导矿物，其含量大于 50%，由于 C_2S 的 CaO 含量较低，其水化时放出的 $Ca(OH)_2$ 比 C_3S 低得多，水化热为 C_3S 的 20%~30%，且最终强度与 C_3S 接近甚至更高，而其 C_3A 含量仅为 5% 以下，所以高贝利特水泥具有低碱度、低水化热、低需水量、后期强度增长率大、长期强度高、与外加剂适应性好等诸多优点。除此之外，高贝利特水泥还有良好的抗化学侵蚀性能和抑制碱-骨料反应的能力。

此外，硫铝酸盐水泥主要矿物组成为 C_4A_3S、C_2S 和 C_4AF，不含有耐腐蚀性差的 C_3A 和 C_3S，因此具有良好的耐腐蚀性，且其早期强度高、微膨胀、低碱、抗冻性能好，对硫酸镁、硝酸钠、海水和高浓度卤水具有较好的耐腐蚀作用。

（2）重视对骨料质量的要求

要配制耐久性混凝土，所选用的公路工程水泥混凝土骨料质地要坚硬，以确保级配良好，具有足够的强度和稳定的物理、化学性质。配制骨料在混凝土中体积含量很大，对耐磨性要求高的混凝土时，选用坚硬、致密和高强度的骨料至关重要。骨料的物理耐久性还反映在其体积的稳定性上。对于冻融循环等严酷环境下的混凝土，粗骨料的最大粒径不宜超过 25 mm，且不得超过保护层厚度的 2/3、板厚的 1/3。高强度水泥混凝土骨料最大粒径应该控制在 20 mm 以内。根据公路路面工程水泥混凝土的配制要求合理确定砂石比例,确保满足水泥混凝土路面施工需求。选择原材料时应严格控制砂石的含泥量,减缓水泥混凝土收缩变形,实现对裂缝的有效防治,提高公路水泥混凝土路面工程质量。骨料的化学耐久性主要体现在碱-骨料反应上,产生碱-骨料反应的重要条件除了混凝土中含碱量超标和使用环境处于水中或潮湿环境中外,还与采用碱活性骨料有极大的关系。一般碳酸盐骨料是无害的,$CaCO_3$ 晶体与碱不起反应,但有的碱活性岩种骨料,如硅质石灰岩、凝灰岩、蛋白岩等骨料中含有的活性氧化硅(SiO_2)不宜超过 5%,骨料中的硫化物及硫酸盐物的 SO_3^{2-} 含量不宜超过骨料重的 0.5%。因此,对重要工程采用的骨料应做碱活性检验。

(3)控制水灰比

水灰比对混凝土的耐久性有直接影响,它关系着混凝土孔隙率的多少,影响着 CO_2 在孔隙中的扩散程度,以及混凝土碳化的速度和对钢筋的锈蚀。控制水灰比也是为了减少混凝土拌合料凝固后多余的水溢出产生的毛细孔道和孔隙、减小渗透性、防止冻融破坏和结构表面美观性破坏。在施工中最应注意的是水灰比的控制,如果水灰比忽大忽小,且摊铺时又不注意摊铺的均匀性,会造成水灰比不同的片块,在其交界结合部由于凝固收缩率或受热膨胀率不同而产生裂缝和断板;如果水灰比过大,在其凝固成型时收缩率就大,一旦缩缝设置和施工仍按正常进行,就会造成缩缝间距相对过长,易在较大收缩应变作用下形成裂缝,如果进一步发展,会形成贯通的混凝土路面断板。因此,应在全过程严格控制水灰比。

(4)选用优质掺合料

在混凝土配合比中掺一些粉煤灰、磨细矿渣或硅灰是配置耐久性混凝土必不可少的环节,使用两种或两种以上的掺合料复合而成的超细矿物掺合料的效果通常优于单一的矿物掺合料。

在冻融环境和盐冻环境下,当水胶比为 0.4~0.5 时,粉煤灰最大掺量不宜超过胶凝材料总量的 20%,仅在冻融环境下,掺量可以适当提高。缺少磨细粉煤灰时,可以考虑用磨细粒化高炉矿渣作为掺合料,但不适用于低温施工和有早强要求的预应力混凝土构件。在冻融环境下,矿渣最大掺量不宜超过 30%。

硅灰适用于有早强、高强要求的混凝土,对抗冻性、抗渗性、抑制碱-骨料反应和抗冲刷磨损均有利,并可应用于冬季低温施工地区。硅灰含水率应小于等于 3%,烧失量应小于等于 6%,SiO_2 含量应大于等于 85%,比表面积大于等于 16 m^2/g,掺量为水泥用量的 5%~8%。掺用硅灰时,最好同时使用高效减水剂,用来调节用水量和控制施工坍落度,宜通过试验确定配合比实际掺量。

（5）合理设计配合比

公路路面水泥混凝土配制前应该合理确定配合比,从而提高水泥混凝土质量。配合比设计应以以下三个原则为指导:确保公路路面水泥混凝土拌合物良好的和易性、水泥混凝土达到结构设计的强度要求、混凝土耐久性能够满足使用环境要求和施工质量要求。在这三项原则指导的前提下,各有关部门应认真及时地组织设计人员和有关专家,根据水泥混凝土路面的设计理论及规范要求,结合当地的地理位置、环境、地形、沿线工程地质和水文条件,特别是交通量的组成、车辆的类别以及地方材料的供应情况,进行深入细致的研究和讨论,提出符合实际的轴载设计参数、路面结构、材料组成、路基填料、碾压方案和要求,以设计出适宜的水泥混凝土面板与完善的排水系统,提出合理经济的水泥混凝土配比设计要求。

3. 加强筋的处理

（1）改善钢筋材质

通过调整钢材中的合金成分,改善钢筋材质,可以达到提高钢筋抗锈蚀能力的目的。目前,应用较多、技术较为成熟的有不锈钢钢筋和耐蚀合金钢筋。不锈钢钢筋在国外得到发展和应用,其保护性能和长期有效性比较可靠。不锈钢钢筋的价格比较昂贵,通常是普通钢筋的 6~10 倍,其建造成本比普通钢筋混凝土结构高出 5%~6%,但从寿命周期来看,考虑到维修加固费用,采用不锈钢钢筋产生的经济和社会效益更大。近年来,欧美等国提出合理应用不锈钢的设计建议:对处于高腐蚀环境下的重要结构可部分或全部使用不锈钢钢筋混凝土。

（2）应用非金属筋

近年来,越来越多处于严酷环境下的混凝土结构采用纤维增强复合材料（FRP）作为受力筋。FRP 具有良好的力学性能,可以代替传统的预应力钢筋。FRP 结构的基本设计方法与传统的钢筋混凝土设计方法相似,设计时应特别注意 FRP 材料的非延性和各向异性。

4. 增大构件设计的安全系数

通过近年来对公路桥梁构造物的调查发现,在相同使用条件下,依据现行规范采用极限状态法设计的桥梁多易发生开裂,直接导致钢筋锈蚀、混凝土损伤、构件刚度降低等问题,缩短了构件的使用寿命。而一些采用容许应力法设计的桥梁历经多年,开裂、锈蚀的病害却较少发生。与该旧方法相比,新的设计方法虽然节约了材料用量和建设费用,但却降低了耐久性。目前,公路建设市场还很不规范,尤其是二级公路等一般干线项目的施工队伍良莠不齐,管理制度与手段不到位,构造物施工质量偏差大。从设计角度来看,应当考虑目前的施工水平与现状,调整某些参数取值,加大安全系数。此外,公路运输超载现象严重,虽经治理,但难以杜绝,大荷载的短期作用不一定会导致桥梁垮塌,但可能会使构件产生裂缝,影响使用寿命,应在设计中考虑这一情况。因此,建议在公路桥梁耐久性研究的基础上,优化改进钢筋混凝土结构的受力计算方法,通过广泛的调查,考虑施工误差、使用条件等实际情况,合理调整设计参数,适当增大构件的安全系数。

5. 加强对结构局部受力分析验算的要求

新建结构中,往往能发现构件整体受力满足要求、设计计算符合规范规定,却在局部构件中或某部位产生了裂缝。现行规范对构件的整体受力进行了有效控制,对构件局部受力分析的控制手段却偏弱,建议对结构构件除按要求进行整体受力计算外,还要进行局部受力分析,并制订相应的验算要求和规范。对于常规构件,应进一步细化、强化有关构造要求,避免因局部构件开裂破坏造成整体结构使用寿命缩短。

5.5.2　防止混凝土结构劣化的措施

为提高混凝土结构的耐久性,除了正确选择水泥品种、骨料规格和配合比,合理设计结构构造,保证有足够的混凝土保护层厚度外,恰当地在混凝土中使用外加剂,如减水剂、引气剂、养护剂、阻锈剂等,也可以改善和提高混凝土结构的耐久性。应当选择一些性能良好的外加剂,使用时要注意生产厂家提供的推荐掺量和相应的减水率、氯离子的含量和含碱量、使用方法和注意事项,所选用的混凝土外加剂产品的技术性能指标应符合《混凝土添加剂》的要求。

1. 钢筋阻锈剂

钢筋阻锈剂因具有防腐高效、价格低廉、施工简捷的突出优势,已被普遍接受和广泛应用。阻锈剂的主要功能不是阻止环境中的有害离子进入混凝土,而是当有害离子不可避免地进入混凝土后,使有害离子丧失侵害能力。其实质是阻锈剂抑制、阻止和延缓了钢筋腐蚀的电化学过程,从而延长结构的使用寿命。采用阻锈剂的同时应使用低渗透性混凝土,防止阻锈剂流失。这项应用技术被美国土木工程学会确认为是钢筋防护长期有效的措施之一。我国2009年再次修订了《钢筋阻锈剂应用技术规程》(YB/T 9231—2009),为合理使用钢筋阻锈剂提供了技术依据。

2. 高效减水剂

在混凝土中掺入减水剂,可以改善混凝土的和易性,在保证流动性和不变更水泥用量的条件下,可以减少用水量,从而提高混凝土的抗渗性,增强混凝土的强度和耐久性。

减水剂按其减水幅度分为普通减水剂和高效减水剂（减水率大于 10%）。目前国内普通减水剂主要组分是木质素磺酸盐类和糖蜜（多烃基碳水化合物），两者都属于缓凝型减水剂。为制成正常型或早强型减水剂，不同厂家的产品往往掺入一些其他组分，以抵消减水组分的缓凝作用，如有的掺入 Na_2SO_4，对碱-骨料反应耐久性不利；有的掺入 $CaCl_2$，对钢筋锈蚀不利。因此，选用减水剂时要注意其组分内容。另外，还要注意减水剂对水泥的适应性问题，同一种减水剂对不同牌号、不同厂家的水泥的减水效果可能不同。一般认为熟料中 C_3A 含量及碱含量少的水泥的减水效果较好。

减水剂的减水效果除与其产品品种质量有关外，还与掺量多少有关。目前，国内推荐的是木钙掺量为水泥用量的 0.20%～0.25%（按粉末计），糖蜜掺量为水泥用量的 0.10%～0.20%。增大减水剂掺量能提高减水率，但过大的掺量有可能使拌合料的凝结时间提前和早期强度降低，糖蜜过量时缓凝作用更显著，木钙过量会使含气量过大。因此，不宜用加大普通减水剂掺量的办法提高减水率，最好采用高效减水剂。高效减水剂适宜掺量一般为水泥用量的 0.3%～1.0%（粉剂）或 5～20 g/kg（液剂）。掺高效减水剂的混凝土水泥用量减少 20% 以上，孔隙率也相应降低，且孔结构改善，可以提高混凝土耐久性。

3. 引气剂

在混凝土中掺入一定数量性能理想的引气剂，可以在混凝土中形成均匀分布、稳定而封闭的微小气泡，提高混凝土抗冻、抗渗、抗腐蚀的耐久性。

引气剂与加铝粉的加气剂不同，其本身并不与水泥反应产生气泡，仅在搅拌混凝土的过程中引进气泡并将气泡稳定住。它与不加引气剂在搅拌过程中带入的空气泡不同，这些夹杂进来的气泡孔径比较大，约大于 1 mm，对硬化后混凝土的强度和抗冻性都不利，而引气剂带入的空气泡平均孔径仅为 0.2 mm 左右，气泡间的平均间距也仅为 0.2 mm，且每立方厘米水泥浆体可能含有 10 万～20 万个微小气泡。这些呈亿计的封闭型小气泡在混凝土拌合和浇注过程中的滚动摩擦增强了物料间的润滑性，从而提高了拌合料的流动性。即在保持混凝土坍落度不变的情况下，可以减少用水量和减小水灰比，提高混凝土的耐久性。

引气剂品种很多，实践表明，在技术条件相同的情况下，使用不同种类的引气剂，即使其空气含量相同，其他参数如气泡尺寸、比表面积和气泡间距等不相同时，其抗冻性能也有明显差别。同时，还要注意引气剂用量适当，含气量过大会使混凝土水泥浆体的孔隙率提高而降低其抗压强度。因此，在使用引气剂时，对其用量要慎重选择，既兼顾抗冻要求，又不降低混凝土强度，使用前最好通过试验检验确定最佳用量。

4. 混凝土表面防护涂层

表面涂层在钢筋混凝土表面的应用,能够有效抑制氯盐进入混凝土本体中,从而防止钢筋周围的氯离子浓度大于发生腐蚀所需要的临界浓度。另外,表面涂层还可以阻隔氧气、水分、二氧化碳等对钢筋混凝土结构具有破坏作用的物质和成分渗透进入混凝土中,提高混凝土的电阻率,延缓腐蚀速率,防止出现碳化现象。混凝土表面涂层在预防钢筋锈蚀、延长钢筋混凝土结构的服役寿命方面是一种简单易行且经济实用的重要措施。按照防护涂层的化学组成,在此将其分为无机和有机两大部分,并对目前的新型防护涂层做相关简要说明。

无机防护涂层主要包括水泥基渗透结晶型防水涂料和无机铝盐防护剂。水泥基渗透结晶型防水涂料是一种刚性防水材料,具有渗透结晶、增加混凝土密实度、提高混凝土强度和耐蚀性等优良特性,能在混凝土内部生长成枝蔓状针形结晶体,这种结晶体成为混凝土本体的组成成分之一,可以阻隔水分从混凝土表面向内部的渗透,达到长期防渗的效果。我国在 20 世纪 80 年代引进渗透结晶型防水涂料,第一次是应用在上海地铁工程的渗漏部位。无机铝盐防护剂是一种新型高效无机刚性防护剂,集防水、抗渗、抗压、速凝、耐老化等多种性能于一体,它与其他有类似功能的材料相比,具有技术先进、环保、施工简易安全、造价低、抗渗能力强、抗压强度高、耐候性好、耐久性好等优点,应用在海洋工程防水中效果良好。

有机防护涂层包括环氧树脂涂料、聚氨酯涂料、聚脲弹性体涂料、丙烯酸乳胶漆和氟树脂涂料。环氧树脂涂料具有高附着力、高强度和优异的防腐性能,但其户外耐候性差,涂层硬而脆,易粉化失光,固化时对温度和湿度的依赖性大。为了改进环氧涂料的性能,新型改性环氧产品提高了表面润湿性及渗透性,增强了柔韧性和耐磨性,改善了对固化温度和湿度的依赖性,并可用于旧环氧涂料、氯化橡胶涂料和醇酸树脂涂料的涂覆。环氧涂料用于混凝土表面的封闭底漆,可以很好地浸润混凝土并填充表面孔隙、增强混凝土的表面强度和密度,为后道涂层打下良好的基础。聚氨酯涂料与环氧涂料有着相似的性能,且弹性更好,能弥补混凝土表面细小的裂缝。其耐化学品性能突出,被广泛用于混凝土贮槽内壁衬层。聚脲弹性体涂料是继高固体分涂料、水性涂料、光固化涂料、粉末涂料等技术之后,为适应环境保护需求而研发的一种无溶剂、无污染的新型涂料涂装技术。这种高厚膜弹性涂料能快速固化(5~20 s),物理力学性能及耐化学品性能优异,脂肪族聚脲耐紫外线辐射,不易变黄,芳香族聚脲有泛黄现象,但无粉化和开裂。丙烯酸乳胶漆具有耐碱性强、水解稳定的特点,因此适合用于混凝土表面。丙烯酸乳胶漆的呼吸功能强,允许水蒸气透过,但同时对水有阻隔作用。优良的弹性和弹性恢复使丙烯酸乳胶漆可以容忍混凝土表面的尺寸变化而不破损。氟树脂涂料中氟元素的引入使含氟聚合物的化学性质极其稳定。共聚物含氟涂料主要有氟碳树脂(氟烯烃与烷基乙烯基醚或酯的共聚物,FEVE),这类涂料涂膜表面坚硬且柔韧,涂膜柔和典雅,具有高装饰性,手感光滑,易于用水冲洗保洁,涂膜还具有防霉、阻燃、耐热的特点,是海洋环境工程钢筋混凝土涂料面漆的首选。表 5-3 列出了各种涂层的防护性能。

表 5-3　各种涂层的防护性能

涂层种类	混凝土吸水量/%	氯离子渗透性/10^{-3} ppm	CO_2 吸收量/$(g \cdot m^{-3})$
无涂层	9.5	5.5	2.1
聚氨酯	9.2~9.5	3.0~5.5	1.0~1.6
橡胶	6.5	1.0	0.8
有机硅树脂	9.3	0.3	1.7
硅烷	2.1	0.1	0.9
聚硅烷	2.6	0.1	1.0
聚丙烯酸	9.5	2.0	1.0
聚硅烷+聚丙烯酸	2.2	0.1	0.1

近些年发展起来的新型混凝土覆面材料主要是聚合物与硅酸盐水泥的混合,聚合物大多以乳液形式渗入水泥砂浆中,提高了砂浆层的密实性与载结力。此外,在新型混凝土防护涂层,如玻璃鳞片防护涂层、新型有机硅防护涂层、自修复涂层和互穿聚合物网络防腐涂层等研究中均取得了一定的研究成果。

5. 阴极保护

近年来,阴极保护技术日益成熟,被越来越广泛地应用于混凝土结构中钢筋的防护方面。混凝土中钢筋的腐蚀是电化学腐蚀,钢筋表面发生氧化反应,释放出铁离子和电子,同时伴随着阴极氧的还原反应以消耗释放的电子达到电离平衡。阴极保护是通过建立一个外部阳极,为阴极反应提供电子,将阴极极化到一定程度,从而抑制钢筋表面的阳极反应或降低反应速率。阴极保护方法能直接抑制钢筋自身的电化学腐蚀过程,对钢筋进行有效的保护,被认为是最有效的方法之一。

阴极保护技术按照电流的施加方法可分为外加电流法和牺牲阳极法。外加电流法是将钢筋直接与直流电源的负极相连,辅助电极与直流电源的正极相连,同时与连续的混凝土介质形成回路,提供保护电流,从而使钢筋发生阴极极化,以达到保护钢筋的目的。牺牲阳极法是在被保护的金属(钢筋)上连接一种电位更低的金属或合金,与连续的混凝土介质构成闭合回路,阳极与钢筋之间的电位差为闭合回路提供保护电流,使钢筋得到保护。

近年来,北美洲对于钢筋已经局部去钝化并腐蚀破坏的钢筋混凝土结构实施了阴极保护措施,其中大多数可以长期可靠地制止钢筋继续腐蚀,即使是氯化物严重污染的结构。对于氯化物引起严重的钢筋腐蚀破坏而言,由于阴极保护技术不必凿除污染严重但尚未被锈胀开裂的混凝土保护层,可以大大减少修补工作量,使维修成本降低到一半。因此,阴极保护技术用于混凝土结构,特别是暴露在大气中受腐蚀的已有结构物,被认为是最有效的。至于碳化混凝土引起的钢筋腐蚀破坏,一般不必考虑采用阴极保护,这不仅是因为混凝土碳化会使混凝土的电阻率增高,不利于阴极保护,更主要的是因为碳化引起的钢筋锈蚀破坏通常仅限于混凝土保护层较薄部分结构的表面,用传统的局部打"补丁"的修补方法,即可提供经济耐久的保护。

6. 电化学脱盐

由氯离子诱发的钢筋腐蚀破坏是造成钢筋混凝土结构破坏的主要原因,采用传统的局部修补方法,并不能有效清除已侵入混凝土内的氯离子,且修复效果不佳。阴极保护技术虽然能够强制使被保护的钢筋成为阴极(接受电子)而得到保护,但该方法必须进行全寿命管理,不但维护费用高,对维护管理的水平要求也较高。电化学脱盐技术可以排出已渗入混凝土中的氯离子,突破传统物理修复与阴极保护技术的局限,且该修复技术对混凝土的凿除量小,实施简单、可靠,能较好地解决钢筋腐蚀问题,不必长期维护管理。目前,已有多个国家应用该项技术修复氯盐污染环境中的钢筋混凝土结构。

电化学脱盐技术是利用电化学原理,以混凝土中的钢筋作为阴极,在混凝土表面敷置电解液保持层,在电解液保持层中设置金属网(普通钢丝网或者活性钛网)作为阳极,在金属网和钢筋之间施加电场,在外加电场的作用下,混凝土中钢筋附近的氯离子等阴离子向阳极流动,进入电解液中,电解液及混凝土中的阳离子向混凝土中钢筋的部位聚集,氯离子的排出和钢筋附近孔溶液 pH 值的提高均有利于钢筋表面氧化膜的恢复和稳定。

电化学脱盐的方法受许多因素的影响,由于混凝土具有很强的离散性,需要从多种角度对脱盐的方法进行分析,其中各参数对脱盐效率和原结构性能的影响是研究重点。国内外对影响脱盐效率的因素和脱盐对混凝土性能的影响做过大量的研究,但是在某些方面还没有形成统一的理论,并且对脱盐后钢筋混凝土长期的耐久性问题也缺少实质性的研究。

7. 再碱化处理

混凝土的再碱化是通过电化学方法使已经中性化的混凝土 pH 值恢复到 11.5 以上,从而使钢筋表面恢复钝化,以减缓或阻滞锈蚀钢筋继续腐蚀。该方法的原理是在置于混凝土试件表面的外部电极与钢筋之间通直流电,钢筋作为阴极,外部电极作为阳极,对钢筋进行阴极极化。

目前有两种再碱化技术,即电化学再碱化和被动再碱化。电化学再碱化是通过在内部钢筋与外置阳极网之间施加低电压电流,将外界碱性物质转移到混凝土孔溶液中,可以根据具体情况人为控制技术参数,修复方便。被动再碱化是在混凝土表面覆盖一层波特兰水泥硬化层,碱度由水泥水化产物提供,碱度向混凝土内部扩散非常慢,因此这种方法的再碱化效果也非常慢。

电化学再碱化方法具有很好的可靠性与实用性,尤其是对各类特种环境下的碳化钢筋混凝土结构的修复。国内外对电化学再碱化方法的机理、试验效果、评价等已有一定的研究,但是目前对电化学处理过程的研究还存在一些问题和不足。为了更好地发挥电化学再碱化技术的修复优势,未来应进一步加强对负面效应、长期耐久性、现场评价等问题的研究,加强电化学再碱化应用基础的研究,这对指导我国钢筋混凝土结构的修复,提高混凝土工程耐久性,延长其使用寿命具有重要的意义。

8. 定期检测

我国对混凝土结构耐久性问题的认识过多地与结构安全性联系在一起,往往在结构物出现了承载力问题或影响结构物使用性能的情况下才进行混凝土结构的鉴定评估。而混凝土结构是一个逐渐老化的过程,因此对混凝土结构做定期检查,尽早发现问题,制订合理的维修方案,对于延长结构寿命有显著效果,如图 5-6 所示。

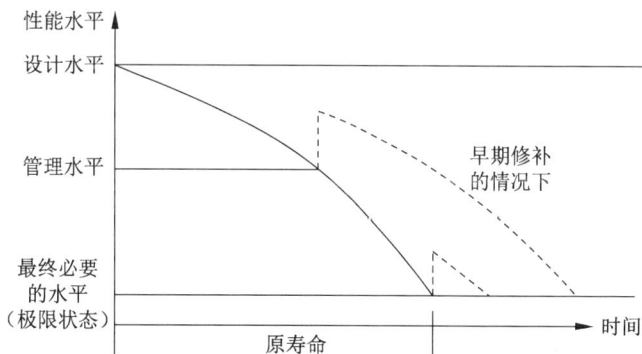

图 5-6　早期修补对延长结构寿命的效果示意图

5.5.3 加强施工管理

1. 充分振捣混凝土

在施工中水泥混凝土必须振捣均匀密实,水泥混凝土的密实度不均匀,会使混凝土面板下部多成蜂窝和空洞状,形成承受应力的薄弱部位或区域,从而易使面板产生断板。混凝土浇筑后应按照施工操作规程有序地进行振捣,并对其表面抹光压平,以增加混凝土的密实性,降低混凝土的渗透性,振捣过程中应注意保持混凝土保护层厚度不变。混凝土需振捣至停止下沉,无显著气泡冒出,表面平整一致,呈现薄层水泥浆为止。对于施工后浇带处和填充预留空洞处混凝土的浇筑,可以考虑加入适量的膨胀剂或采用微胀水泥混凝土。

2. 避免产生较大的温差效应

《公路水泥混凝土路面施工技术规范》(JTG F30—2018)第 10.4.1 条规定,施工现场的气温高于 30 ℃,拌合物摊铺温度在 30~35 ℃,同时,空气相对湿度小于80%时,混凝土路面和桥面的施工应按高温季节施工的规定进行。第10.4.2 条规定,当现场气温大于等于 30 ℃时,应避开中午高温时段施工,可选择在早晨、傍晚或夜间施工,夜间施工应有良好的操作照明,并确保施工安全。

3. 加强混凝土养护

认真做好混凝土的养护工作对增强混凝土密实性、防止混凝土干缩开裂至关重要。常用的养护方式是保温保湿养护,一般的保温养护措施是当水泥混凝土浇筑振捣成型后,在水泥混凝土表面覆盖薄膜、湿麻袋等,避免水泥混凝土内外温度差过大而引起裂缝现象。保湿养护是在水泥混凝土表面经过二次抹压后,为防止表面水分过快散失,浇筑完成后尽快覆盖塑料布,确保表面有足够湿度,预防水泥混凝土出现裂缝。养护期的长短与混凝土的成分、水灰比、混凝土水化热的温度、养护环境和暴露条件等有关,一般不少于 14天。养护至达到设计强度后方可开放交通。

4. 施工单位应建立严格的质量管理体系

质量管理系统不仅要做到质量控制,更要注意质量保证管理。在建造阶段要保证所使用的原材料,如水泥、钢筋、混凝土品质符合产品标准和设计规定,不合格产品坚决拒绝使用;对商品混凝土的配合比、坍落度应建立复核程序;施工程序应有施工组织设计;对保护层厚度、构造细节的检查、配筋的核对、隐蔽工程的验收执行工程监理制度;及时纠正与规范规程、设计要求不符的人为差错,以及由于工作制度不严、工作疏忽造成的错误。

第6章　绿色公路工程施工技术

6.1　绿色公路的概念与内涵

6.1.1　概念

绿色公路是指施工人员在施工设计、施工过程、施工管理中以低碳理念为指导思想,降低施工中的碳排放量,最大限度地降低能源消耗、控制资源占用、减少污染排放、保护生态环境,注重建设品质提升与运行效率提高,为人们提供安全、舒适、便捷、美观的行车环境,以及与自然和谐共生的公路。绿色公路是绿色交通的重要组成部分,是公路建设与经济社会协调发展、与自然生态和谐共生的可持续发展方式,设计时应最大限度地满足人们对公路建设的需求,实现绿色公路资源节约、环境友好的建设目标。

绿色公路理念是低碳环保理念的具体体现,在实际贯彻中,要坚持绿色公路全寿命周期和均衡协调的思想,针对人文社会环境、自然环境等多方面要求统筹考虑,节约利用各项资源,以标准化建设方式指导工程建设,借鉴和引进国内外节能环保科技手段,发挥节能低碳技术的优势,积极打造环境优美、节能高效的公路工程。

6.1.2　内涵

绿色公路的基本内涵是以节能减排、资源节约与循环利用和生态环境保护为核心价值理念,强化创新驱动,积极研究探索新能源、新材料、新设备和新工艺,大力推广应用先进适用技术和产品,实现公路在规划、设计、施工、养护、运营、管理等全寿命周期的能源消耗和碳排放显著降低以及环境效益明显改善,实现过程和产出的绿色效益。绿色公路发展的核心是减少能源消耗、控制资源占用、保护和改善生态环境、降低温室气体和污染排放,具体体现为按照系统论和周期成本思想,以工程质量、安全、耐久、服务为根本,坚持"两个统筹",把握"四大要素",以理念提升、创新引领、示范带动、制度完善为途径,推动公路建设发展的转型提升。

6.2　公路工程施工技术

6.2.1　公路施工中的沥青路面施工技术

在公路工程施工中应用沥青路面施工技术,可以提高公路的行车舒适度,保障行车安全。沥青路面在施工过程中采取的是一种弹塑性材料,这种材料具有高温稳定性和低温抗裂性的优势,且沥青路面的表面较粗糙,可以增加车辆在行驶过程中的摩擦力,具有一定的抗滑性,进而可以有效保障行车安全。另外,沥青路面在施工完成以后,路面平整度较好,有利于提高行车舒适度。

公路工程在实际使用的过程中行车荷载较大,且后期维护工作常常不够到位,导致部分公路工程并没有达到预期的使用寿命。应用沥青路面施工技术,不仅可以提高公路工程的质量,还可以简化公路工程的后期维护流程,进而有利于延长工程的使用寿命,控制运营成本。

1. 沥青路面摊铺技术

沥青混合料拌合完成后,需要进行沥青路面的摊铺,具体摊铺过程如下:

(1) 在正式开始摊铺前,施工人员需要进行试铺段施工,通常情况下,试铺长度为 200~500 m。在试铺段的施工过程中,需要确定摊铺温度、速度、遍数及压实度等问题。

(2) 在摊铺过程中,要注意保证摊铺过程缓慢、均匀、连续进行,摊铺速度要控制在 2~6 m/min。

(3) 施工人员需要注意,在整个摊铺过程中不能急刹车或随便停顿,否则不利于保证沥青路面的平整度。同时,施工人员还需要加强公路工程交叉口位置的摊铺施工质量控制,在机械设备摊铺过后,还要进行人工找平。

2. 沥青路面碾压与养护技术

碾压是沥青路面施工的重要环节,其施工效果直接影响路面的压实度,进而影响公路工程的整体稳定性。施工过程中,施工人员应严格控制初压、复压和终压的次数和质量,在碾压过程中,保证施工过程缓慢、均匀和连续,速度控制在 1.5~3.5 km/h。最后,施工人员在碾压结束以后要进行检查,及时发现并解决施工问题。

养护是公路沥青路面施工的最后一个环节,也是较为重要的一个环节,只有做好沥青路面的养护工作,使路面结构的各项性能达到要求后,公路工程才可以开放使用。养护期间应禁止车辆和行人出入,直到养护后质量检测达标才可以进行使用。

3. 路面接缝处理技术

在沥青路面工程的实际施工过程中,施工人员需要根据工程的设计要求和设计条件,对沥青混凝土进行浇筑,进行分段浇筑时,先后两次浇筑会出现接缝,这就需要应用路面接缝处理技术,避免接缝对整体的工程质量造成影响。

目前,在沥青路面施工过程中,较为常见的接缝有横向施工缝和纵向施工缝。对于横向施工缝,施工人员可以采取以下方法进行处理:利用双轮式压路机进行横向碾压,并在碾压带外侧安放便于压路机前进的垫木,在碾压过程中,要将压路机安置在已经压实完成的混合料上。对于纵向施工缝,在施工过程中,施工人员需要将圆盘式切刀和压路机进行组合安装。在对摊铺边缘进行碾压时,需要注意保证边缘切割整齐。对于摊铺时产生的纵向裂缝,施工人员需要采取热接缝的方式,消除缝迹。

4. 沥青路面施工技术要点

(1)垫层施工

垫层是沥青路面的重要一环,施工技术要点包括:按照级别进行比例调配,将杂碎值控制在30%以内,粒径在55 mm以内,材料中的颗粒含量在50%以上。施工期间,对路基进行反复碾压,然后铺平整形,尽早开展路面养护工作,发挥沙砾的作用,提高路面的性能质量。

(2)地基防护

地基防护施工关系到公路桥梁的稳定性,施工时,对施工现场的土壤、水文进行实地调查,分析施工工艺影响因素,为施工作业提供技术支持。采用防护方案时,根据不同土壤特点进行针对性保养。以黄土为例,含水量过高时,应注意土质的疏松性和均衡性。对于含水量高的路段和软土地基,应进行特殊处理,及时排水,防止渗透。

(3)平整度控制

沥青路面的平整度是质量评估的指标之一,基层施工时,要保证平整度达标,严格控制路面的顶层标高。沥青混合料碾压期间,采用阶梯式碾压法,可减少压路机的停顿时间,避免造成路面高低不平。碾压作业完成后,安排专人检查,实测平整度指标,对于不达标的部位,标记后进行修整,必要时可采用强震措施。

(4)路面排水

沥青路面的使用过程中,对排水的要求较高,为防止地下水渗透,应结合现场环境处理。以山区为例,施工时将水体分层次截断,将地下水导出。施工期间,沥青材料的孔隙率要低于5%,提高沥青混合料与其他材料之间的黏合力,避免出现断层、漏水现象。施工期间,结合气候变化,对当地降水量进行调查,确定排水管的位置和数量,计算排水渠的长度。

6.2.2 沥青混合料大比例再生技术

本技术采用理论分析与试验验证相结合、室内试验与实体工程相结合的方法,通过调研总结、分析、试验与实施等手段,将温拌技术应用于路面再生沥青混合料中,在不牺牲路面质量的前提下,大幅提高了沥青旧料的循环利用比例,实现了旧沥青混合料的大比例温拌再生。主要技术内容包括:

(1) 开发了沥青混合料大比例温拌再生技术,在保证再生沥青混合料(RAP)的高温性能、低温性能、水稳性能均满足规范要求的前提下,将 RAP 掺量提高到 57%,且不添加再生剂,同时 RAP 全部利用,RAP 中沥青性能如表6-1 所示。

表 6-1 RAP 中沥青性能

检测项目	单位	技术要求	试验结果	试验方案
针入度 (5 ℃,5 s,100 g)	0.1 mm	>20	22	T0604
15 ℃延度	cm	—	2.1	T0605
软化点(R&B)	℃	—	64	T0606

注:表中试验方法 T0604、T0605、T0606 为《公路工程沥青及沥青混合料试验规程》(JTG E20—2011)所规定的针入度、延度、软化点试验方法。

(2) 提出了采用红外光谱分析新旧沥青融合过程的分层溶解方法,以及采用羰基指数评价新旧沥青融合过程的方法。

(3) 建立了细化的 SBS(苯乙烯-丁二烯嵌段共聚物)改性沥青、基质沥青回收试验方法。

(4) 提出了马歇尔等体积法确定大比例温拌再生沥青混合料施工拌合温度的方法,通过能量守恒原理确定了合理的新集料加热温度。

【工程案例】

2015 年 7—10 月,侯禹高速公路路面维修处治工程中采用了本技术,对道路维修处治工程中路面结构的耐久性及高温稳定性起到了至关重要的作用。以往路面维修处治工程对于结构强度足够但破损较严重的路面一般采取铣刨重铺的技术方案,铣刨后的沥青混合料大多被废弃。侯禹高速公路的维修处治中重复利用了 90% 的旧沥青混合料,一方面节约了重铺新沥青混合料的费用,另一方面降低了路面施工温度,节约了能源消耗,同时减少了废气排放,符合"节能减排、低碳环保"的方针和理念,具有显著的经济、环境与社会效益。此外,还可以有效延长沥青混合料的推铺时间,在相同压实功的情况下可有效提高沥青混合料的压实效果,提升路面高温性能,延长路面使用寿命。从节约能耗方面分析发现,每吨再生沥青混合料可节约 180 号重油 6 kg;从减少强排放方面分析,每吨再生沥青混合料可减少 7.5 kg 碳的排放,减少了废气对环境的污染。本技术在太旧、大呼等高速公路的维修处治工程中得到了推广应用,效果良好。

6.2.3　机制砂混凝土应用关键技术

机制砂主要由岩石破碎后得到,表面比较粗糙,粒径一般大于 2.36 mm 或小于 0.15 mm,粒径在 0.30~1.18 mm 范围的机制砂比较少,且含有大量石粉,应用在混凝土配制时,会影响混凝土的和易性,不利于施工。因此,混凝土配制过程中,要通过充分搅拌和增加浆体材料来提升混凝土的和易性。通过试验数据得出不同机制砂对混凝土工作性能的影响,如表 6-2 所示。

表 6-2　机制砂对混凝土施工拌合性能的影响

品种	细度模数	用水量/$(kg \cdot m^{-3})$	坍落度/mm	和易性	黏聚性	保水性	经济性
天然砂	2.8	178	180	良好	良好	良好	差
天然砂+石屑	3.0	185	180	一般	一般	差	一般
机制砂	3.2	192	180	良好	良好	良好	优

本项技术提出了机制砂混凝土的配合比设计方法与施工关键技术,形成了包括机制砂生产质量控制、机制砂混凝土配合比设计与施工技术等在内的整套机制砂混凝土应用关键技术。

(1)建立了基于砂粒与石粉分别表征的机制砂质量评价体系。首次采用激光同轴共聚焦显微技术定量表征砂粒的颗粒特性,建立了基于细度、MB 值、需水性、活性等多指标的石粉质量评价体系。探明了机制砂质量指标间的相互关系及其对混凝土性能的影响规律与作用机理,形成了公路工程混凝土用机制砂的质量标准。

(2)建立了基于 MB 值的石粉含量限值标准。发现了机制砂石粉“量”(含量)-“质”(MB 值)的耦合效应,探明了机制砂耦合效应对不同等级混凝土性能的影响规律,提出了用于不同强度等级混凝土机制砂中的石粉 MB 值与含量的限值,建立了基于 MB 值的机制砂石粉含量动态调控原则与限值标准。

(3)开发了高耐磨机制砂路面混凝土制备关键技术。揭示了配合比设计参数、机制砂特性等因素对机制砂路面混凝土耐磨性与强度的影响规律,提出了路面混凝土用机制砂的技术指标,采用石粉含量为 10% 的石灰石机制砂配制的路面混凝土磨耗值低至 1.133 kg/m²。

(4) 研发了新型高效环保砂石联产工艺与工法。开发了机制砂粒形、级配、压碎值、石粉含量与 MB 值综合调控关键技术,设计了新型碎石与机制砂联产工艺与设备的选型和组合,研发了新型高效环保砂石联产工艺与工法,使母岩利用率提高 30%,实现了污水零排放。

(5) 形成了机制砂高性能混凝土配合比设计与施工方法。针对机制砂与机制砂混凝土的特性,充分利用石粉的填充、增黏、保水等作用,建立了机制砂高性能混凝土配合比设计方法,突破了机制砂混凝土难以高性能化的技术瓶颈。

【工程案例】

本项技术成果在全国沙少石多地区的高速公路建设中得到了广泛推广与应用,湖北、湖南、福建、广东、广西 5 省区的 15 条高速公路中应用机制砂混凝土达 2115.4 万立方米。

本项技术推广应用取得了显著的社会、生态、环境效益,具体包括:减少工程成本 10.08 亿元;累计减少河砂资源消耗 1197.22 万立方米;充分利用碎石伴生的石屑等副产品,使母岩利用率提升 30% 以上,减少了石屑等副产品堆存和处理带来的空气污染;累计利用弃石、洞渣等固体废弃物 1149 万立方米,降低了固体废弃物堆放对土地的需求,减少了砂石生产对山体的开挖和破坏,减少了水土流失,保护了生态环境;通过拓宽机制砂中石粉含量限制,充分利用石粉特性,并配合高效环保数控砂石联产技术,减少了机制砂制备过程中对水资源的消耗,实现了废水零排放,累计减少废水排放 2389.44 万吨。

6.2.4 严寒地区公路边坡草皮移植生态防护技术

1. 技术概要

在我国青海、西藏等高原地区,由于海拔高,气候寒冷,植物生长期短,生态环境脆弱,一旦破坏将很难恢复。因此,在该地区施工面临如何快速恢复植被并保证高边坡长期稳定等工程难题。采用边坡草皮移植生态防护技术可保证高原高寒地区公路高边坡工程的安全施工和快速绿化。

花久高速公路沿线大都属于高寒草原和高寒草甸区,如果在公路施工的清表过程中,将表土和草皮视为资源进行收集和利用,用于公路建设中临时用地的植被恢复等生态恢复工程中,将会有效减少公路建设造成的沿线土地资源减少问题,还可大大减少绿化工程中外购绿化用土的资金投入。此外,采用分步清表施工的方法,能够克服现有的公路施工清表破坏范围过大的缺陷,最大限度地减少清表对植被和表土资源的破坏。

2. 工艺原理

将高原严寒地区草皮移植技术与高边坡防护技术相结合,利用草皮移植工艺试验、土壤物化测试技术和环境自动化检测技术优化草皮移植施工工艺参数,应用高边坡监控量测技术、数据处理和信息反馈技术修正施工方法和关键施工参数,同时,将边坡稳定性分析与传统防护加固技术和生态防护措施相结合,保证高边坡草皮移植生态防护工程的施工安全和长期稳定。

3. 施工关键技术

草皮移植施工图如图 6-1 所示。

(a) 路基清表　　　　　　(b) 草皮堆砌　　　　　　(c) 路基压实

(d) 边坡修理　　　　　　(e) 草皮铺设　　　　　　(f) 边坡量测

图 6-1　草皮移植施工图

(1) 草皮切割、堆砌、养生

① 路基施工前,对基底及沿线便道的草皮采用装载机进行切割。切割前,先进行画线分块,草皮块长 0.5 m,宽 0.5 m,厚 30~50 cm。

② 草皮裁切时应减少对其根系的破坏。

③ 使用装载机对画线草皮进行切割,并由人工辅助,搬运至路基两侧堆砌,堆高 1 m 左右。

④ 对堆砌草皮定期洒水养护。

（2）高边坡开挖和填筑

根据线路中线放出开挖边线,两侧各预留 0.2~0.5 m,做好排水措施,开挖完成后进行人工刷坡。土方开挖应逐层顺坡自上而下开挖,以机械施工为主,辅以人工修整,采用挖掘机配合自卸汽车进行。

（3）路基土方回填

试验段确定施工参数,松铺厚度不大于 300 mm,路基两侧各加宽 250 mm,不同填料不得混填。采用推土机初平,平地机精平,每层做成向两侧 2%~3%横坡排水。填料控制在最佳含水量±2%范围内,碾压采用振动压路机进行,每层填土压实后,及时进行中线、标高、宽度、压实厚度及压实度的检测。

（4）草皮移植工艺试验

① 试验目的及设备

a. 采用室内、室外培养试验对移植草皮厚度、施肥效果及施肥量等进行对比研究。

b. 草皮培养采用人工气候箱,以对温湿度、降雨量等进行较为准确的控制。

c. 试验时,对培养温度、光照强度、日照时数、相对湿度、降雨量等进行合理设置。

② 草皮培养和观测

在对草皮生长情况进行评价时,采取试验株数、株均高、生物量、绿化率等指标进行统计和分析。

（5）草皮移植施工

① 草皮移植前,严格按照设计坡率刷坡,保证坡面平整。

② 按每 20~50 m 的间隔进行挂线,挂线要求在边坡上、下、左、右均按草皮厚度为 300 mm 与坡面预留高度拉线,并在线框中间纵横拉线与四面边线连接形成整体平面。

③ 草皮回铺前,沿边坡回铺腐殖土 10 cm 左右,并根据实际情况施一定底肥。

④ 草皮回铺按由下至上的顺序施工。

⑤ 为避免回铺草皮受到破坏,草皮块与块之间留 3~5 cm 块缝,缝间采用腐殖土填塞密实。

⑥ 草皮回铺后,必须提供足够的水分和养料。洒水时要控制洒水量及水质。

【工程案例】

大武至久治公路(属花久高速公路)扩建工程位于青海省东南部,属高山峡谷地形,地面高程多在 3600~4000 m 之间。项目地处青藏高原,海拔多在 3800 m 左右,氧气稀薄。项目地处三江源自然保护区,近年来在国家强有力的环境保护政策和牧区有关政策下,环境保护已成为当地政府和群众的共识,同时也对本项目地区工程建设当中的环境保护工作提出了较高的要求。项目所在地区物资匮乏,大部分材料(钢筋、水泥、柴油等)均需从西宁采购,本工地距西宁约 600 km,且路况较差,运输极为不便。

青藏高原区域存在着高、寒、旱、风等气候特点,植物生长期很短,花久路沿线许多路段植物生长期不足三个月,生态环境十分脆弱,植被一旦被破坏,恢复与重建将十分困难。因此,开展花久路沿线草皮移植,对于解决公路建设所造成的生态环境问题具有重要的现实意义。

花久高速公路沿线区域土壤层较薄,路堑处的草皮在开挖前应切割成规则的草皮块,先铲起草皮,清表过程中表土平均收集厚度为 15 cm,堆放一处并加以养护,待路堑完成后,用于边坡防护等,同时加强施工期风蚀防护措施。养渗剥离植被近 518 万平方米,路基边坡回贴移植草皮实施生态防护 250 万平方米。这些表土资源可以用于高速公路建设中的边坡生态恢复、生态边沟建设及作为其他临时用地植被恢复中的客土资源。草皮移植不但节约了公路建设中的取土,而且能够有效提高边坡植被恢复的生态效果。

6.2.5　植物纤维毯植被恢复技术

1. 技术概要

(1)植物纤维毯的定义

植物纤维毯是以稻、麦、玉米等秸秆或黄麻、椰壳纤维、杂草等为基底,连同优质灌草种籽、营养剂、专用纸、定型网(可降解)等多种材料通过专用生产设备,采用先进的生产工艺,在大型生产线上一次加工完成的可用于固化绿化地表、防治水土流失、恢复植被的一种复合型生态建设材料。植物纤维毯的材质种类及基本性质如表 6-3 所示。

表 6-3　植物纤维毯的材质种类及基本性质

覆盖物种类	质量密度/$(g \cdot m^{-2})$	厚度/cm	组成
稻秸毯	372	1~2	纯稻草秸秆分散碎裂摊铺而成
秸秆椰丝混合毯	465	1~2	按照椰丝 1：秸秆 2 破碎分散混合摊铺而成
椰丝毯	335	1~2	纯椰丝分散碎裂摊铺而成
无纺布	14	—	—

（2）植物纤维毯的特点

植物纤维毯能够与裸露土壤面充分结合形成一个整体，加大了土壤表面的粗糙度，比流沙的粗糙度高 600 倍，可抗风速达 10 m/s，从而增强了地表的抗风蚀能力，具有防风、固土、保沙的效果，有效防止了粉尘污染。植物纤维的特点使得植物纤维毯加强了地表的抗冲刷能力，长期抗流速为 1.2~1.8 m/s，短期抗流速可达 3 m/s，能有效防治水土流失，既可以控制水力侵蚀又可以满足植物生长的需要。

植物纤维毯还可以通过植物根茎与土壤间的附着力及根茎间的加筋作用，形成与自然表土类似的多孔、稳定的土壤结构，形成植被发芽空间，并调节表土自然温度，使空气通透、避免阳光直射、保湿保墒、保证种子的发芽率和成活率，为植物的生长提供充足的养分，为恢复被破坏的自然生态环境提供条件。工业化生产不受季节影响，运输方便，施工简便，防护速度快，养护管理成本低。植物纤维毯以秸秆、麦秸、稻秸等植物纤维为原材料，施工时不破坏环境，也不产生施工垃圾和施工噪声，这样不仅能节省大量能源，还能减少 CO_2 排放，净化空气，改善环境。可降解网和植物纤维可自行生物降解成腐蚀有机质，无污染。植物纤维毯植被恢复技术可以使植被恢复处于良性循环中，从而使废弃资源再生，实现人工强制绿化向自然植被自我繁衍的方向发展，有利于将被破坏的生态环境还原成自然状态，避免植被退化，大大减少后期维护费用。

2. 植物纤维毯的施工流程

（1）坡面整理。将坡面上的杂物、异物及施工垃圾清理出坡面，填平凹陷处，剔除杂草植株，人工再用铁钯精细刷坡，使坡顶与坡底成一条直线。人工往坡面上洒水，使水渗透到坡面土下 8~10 cm，然后用铁钯把坡面 1~2 cm 处的土层钯松、钯平。对于岩石类边坡，施工前一定要先补充土壤，使土层厚度不低于 10 cm，保证坡面顺直、平滑、湿润、平整且稳定。

（2）草毯铺设。锚固沟宽和深一般不小于 20 cm，用木条、木棍或竹竿卷住植物纤维毯并用 U 形钉固定在挖好的沟里，然后再覆土踩实。植物纤维毯顺坡度方向从上至下铺设，草毯之间搭接应与主要风向一致，搭接宽度不小于 10 cm，在边沟坡面要求每平方米用 5~9 个 U 形钉来固定草毯。草毯与地面保持充分接触，铺设要整齐一致，不能多次在坡面踩踏，以便种子顺利发芽。最后，把预留的草毯遮盖在土壤上并固定，草毯底部埋入边坡底端并进行固定。

（3）浇水养护。根据土壤种类、墒情和季节，一般每 5~7 天浇 1 次透水，浇 5~6 次即可成坪，如天气干旱可多浇 1~2 次。之后，进入正常的养护期，适时浇水。

【工程案例】

该技术解决了传统植被恢复只能在路基施工完成之后再开展可能导致的施工早期水土流失与路基水毁问题,对于干旱少雨地区可集雨灌溉,促进灌木建成;对于湿润多雨地区又可排导坡面降水,防护坡面安全。

从依托工程京石高速公路边坡防护实践来看,可以将路基边坡填筑施工与工程防护同步推进,实现近期防护与远期防护的有机统一,达到"黄土不朝天"的目标,实现灌草混播群落的建植。

目前,植物纤维毯植被恢复技术已在多条高速公路中应用推广,取得了良好的经济、环保与社会效益。植物纤维毯在多个区域替代了当地的框架梁、方格网等工程的防护设施,节约了边坡防护成本,提高了经济效益,同时也实现了景观绿化美化的生态功能。

在京石高速公路,全线推广植物纤维毯植被恢复工程面积 470 万平方米,替代了相关圬工防护措施,由此而节约的成本达 7990 万元。在工艺技术方面,应用了先盖植物纤维毯后播种的建坪技术,对未成形坡面进行先盖,待成形之后再播种;对成形坡面采用先播后盖,并在路基填筑中进行了挡水埝、临时排水沟设计,保障边坡的稳定,实现了施工期边坡的及时防护,有效控制了工地扬尘。

在赤水河谷旅游公路推广植物纤维毯植被恢复技术替代客土喷播工程,节约成本达 1718 万元,显著减少了施工期水土流失,提高了施工期环境保护成效;建立了草灌复合群落,保障了植被的持续效果,边坡滑塌情况大为改善,项目实施后提高了公路边坡的景观表现,丰富了旅游公路的自然风貌。

在河南机西高速公路,推广该技术替代 8 m 以下边坡的工程防护措施,节约成本达 1043 万元,产生了巨大的环境经济效益。该技术还在青藏高原 G214 高速公路边坡防护中应用,保持了土壤水分,减弱了幼苗期高强度的紫外辐射,有效促进了播种植被的建成与铺植草皮的成活。

6.2.6　岩质边坡表层土及植被恢复技术

1. 表层土的定义

表层土是指自然形成的土壤表面一定厚度的土层,含有丰富的有机质、植物生长需要的矿物质和微量元素,并含有大量植物生长的痕迹,如植物的根茎、种子、植物未分解的残体和植物根系的分泌物。从外观上看,表层土有很多微小空隙,适合植物和微生物生长。表层土壤大致属于典型土壤分层的覆盖层和淋融层。

2. 恢复岩质边坡表层土壤及其生态的工程技术

(1)采石坑的岩质边坡绿化技术

为了消除安全隐患,恢复地貌的延续性,在用地允许的情况下,面积较小的采石坑一般可以采用回填的方法修复并提供植被生长的条件。由于原来就有地势高差的存在,回填后表面将存在坡度,因此形成土质边坡。

填土边坡使用的土体的平衡体系遭受破坏,土的强度降低,压缩性增大。降水后,土中的渗流也会对土颗粒施加作用力,引起边坡破坏,因此要考虑稳定性问题。一是合理应用土工试验结果指导填土作业,如进行回填土的干密度-含水率试验,合理计算出回填土不同成分的配合比,指导压实作业;进行三轴试验,测定抗剪强度,为边坡的稳定措施提供计算依据。二是压实时要求分层回填,逐层压实。三是采用混凝土构件等加强护坡。在冬季结冰地区,可以考虑使用无石膏水泥的混凝土制品,其不含钙矾石且渗水性低,可以提高抗冻性。

(2)大坡度岩质边坡的绿化技术

岩质边坡缺少土、水和肥料,因此要实现绿化,则要求坡面上必须有永久固定、供植物持续生长的种植基质。工程上为了实现该目标,采用的方法基本是利用种植基质自身的黏性或外物加固土体。

对于高度较大的大坡度、大面积岩质边坡,目前较常用的方法有三维植被网法、客土吹附法、液压喷播法和厚层基材法等。三维植被网法利用网垫的固土作用形成表层土壤,喷播草种。液压喷播法利用流体力学原理把植物种子、人造合成土等与水按一定比例混合成稀的喷浆,通过喷播机直接喷洒到需要绿化的坡面上。客土吹附法和厚层基材法利用空气动力学、流体力学原理和金属、塑料网的固土作用进行修复。这些方法利用生长基质中的黏合剂或网垫、金属及塑料网对生长基质的固定作用来维持边坡植物固定的生长条件。寒冷地区合成土需使用水泥时可使用无石膏水泥。

对于高度较低的石质边坡,可以采用生态植被袋法,即利用袋子对土的固定作用可在石质边坡外附上一层坡度极陡的表层土及其他植被。对于某些过于靠近建筑物不便进行复杂绿化工程的大坡度岩石边坡,可以种植藤本植物覆盖边坡,但缺点是不能够对边坡进行加固。

3. 修复和保护岩质边坡表层土壤的生态技术

城区的岩石边坡通常都采用大坡度的设计,致使边坡较为陡峻,加之岩石边坡含水性和保水性较差,不具备植物生长所需的土壤、水分和养分,因此在生态防护时通常先采取工程措施,提供植物生长所需的条件,再采取生态措施,如充分利用植被提高各土层的粘结力、稳定性、抗风蚀能力、抗冲刷能力,使其固定在岩石坡面,降低滑坡、水土流失和表层土扬尘的风险。采石坑进行填土修复后形成的边坡同样可以用生态办法保护表层土。

(1)发挥自然潜力,加速地被自然恢复

一个先锋植物群落在裸地形成之后,长达几十年的演替便会发生。因而研究如何发挥自然潜力,跳跃自然阶段,加速地表植被系统的恢复,对保护和恢复表层土具有巨大意义。调查并选择生长旺盛的乡土植物作为生态修复所用的苗木,原因是这些植物已经经历了自然界长期的选择,证明它们能适应该地区的气候和土壤条件,可保证高成活率和低成本。城市边坡的绿化要考虑景观效果和减少病虫害集中暴发的风险,因此要求品种具有多样性,速生树种与慢生树种相结合,花季不同的草本植物与灌木品种混合种植。

(2)充分利用植物根系的作用固定岩质边坡的覆土

岩质边坡表层覆土面临稳定性问题。如果失稳,就会造成覆土滑坡,所种植的植物也会随之被破坏。除采用工程措施加强结构稳定性外,还需利用植被对边坡覆土的固定作用。

对于回填采石坑形成的土质边坡和破碎的岩石边坡,植物根系对边坡的锚固与加筋作用是维持坡面浅层稳定性的关键,深根起到锚固作用。植物的垂直根系锚固到深处较稳定的岩土层上,起到预应力锚杆的作用;植物相互缠绕的侧向根系形成根网将根际土壤固结为一个整体,浅根起到加筋作用。草的根系在土壤表层及下覆层中乱向分布,使边坡土体在其根系范围内成为土与草根的复合材料,草根可视为带预应力的三维加筋材料。根据摩尔-库仑准则,草根的加筋约束了土体变形,增加了土体的黏聚力 C 值;另外,草根的张拉限制了土体的侧向变形,使土体侧向应力增加了 $\Delta\sigma$。植物根系的生长达到了土壤加筋的效果,可有效提高坡面土体的黏聚力,提高坡面碎裂岩块的整体性,从而增加岩土体的抗滑力。

(3)利用植被加强岩质边坡表层土的抗冲刷性能

对岩质边坡来说,加强抗冲刷性能就是利用植物根系对周围土壤的加筋、固结和锚固作用,提高边坡表层土壤的抗拉和抗剪强度,利用枝叶和落叶消减雨水的能量,减缓坡面的水流速度以减轻冲刷,同时吸蓄水分达到保护边坡的目的。因此,优先选择枝叶繁茂、根系发达的品种,提高土体整体性,防止水土流失造成地力衰竭形成雨水冲沟。

6.2.7　预应力管桩应用技术

预应力管桩是由专业生产厂家运用先张法预应力施工工艺与空心成型技术,经过蒸气养护形成的管体较长且具有空心截面的预制混凝土建材,目前常用规格如表6-4所示。预应力管桩的主要特点是稳定性较好,并且具有较强的承重能力,但配筋率相对偏低,非常适用于高速公路工程的基础建设。

表 6-4　常用预应力管桩型号

种类	混凝土等级	外径/mm	壁厚/mm	长度/m	桩身竖向极限承载力标准值/kN
PHC 型	C80	550	100、125	≤12	4470~4580
		600	100、110、130	≤15	4930~6230
		800	110	≤15	7430~7630
PC 型	C60	400	75	≤12	2010
		550	100	≤12	3490~3650
		600	100、110	≤12	4020~4540
PTC 型	C60	400	60、70	≤12	1610~1830
		500	60、70	≤12	2230
		600	70	≤12	3100

目前,我国诸多高速公路工程都大量应用了预应力管桩施工技术,这种施工技术在高速公路工程施工中对提高施工质量有重要作用。它与传统的施工技术不同,具有以下特点:

① 预应力管桩施工技术应用过程中可以大幅度缩短项目施工工期,且预应力管桩承载力较强。采用预应力管桩施工技术,可以使高速公路工程施工进度快速提升,并使高速公路工程的整体承载力增强。

② 预应力管桩施工技术造价较低,且便于质量监控。采用较先进且高效的施工技术,不仅可以大幅度降低施工成本,使施工企业增加经济创收,还可以方便地进行质量监控,对高速公路工程的整体质量和稳定性起到保障作用。

1. 管桩与桩帽之间的连接工艺

在预应力管桩施工技术中,管桩与桩帽之间的连接工艺尤为重要。当管桩与桩帽之间形成固定的连接方式时,会增加二者之间的牢靠程度。管桩与桩帽之间的连接应没有缝隙,因此,施工前应对二者的型号与规格进行核对,确保其连接的正确性与稳固性。管桩要与钢筋笼的实际宽度和长度相符,为后续水泥混凝土浇筑施工奠定基础。另外,管桩与桩帽之间的连接如按固定连接设计,应符合相关规范的具体规定。首先,应对管桩插入桩帽的长度进行合理控制,一般不能小于 0.72 倍桩径;其次,对管桩内部浇筑混凝土时,桩芯水泥混凝土淹没桩帽底部的高度一定不能小于 1.5 倍桩径;再次,要确保桩帽内部混凝土的强度高于外部混凝土;最后,应对桩帽周边及相关施工流程进行精确控制,不得对管桩与桩帽连接施工造成影响。应充分考虑打桩偏位因素的影响,将桩帽中的钢筋连接设置成封闭式的固定箍筋。

2. 预应力管桩施工技术的具体应用

(1) 施工工艺流程

对施工工艺流程中的每道工序,施工单位都应指定专业技术人员进行管理与监督,具体施工流程如下:先进行整平施工作业,并对地表土进行重新翻松,翻松深度为 30~40 cm;再进行压实作业,压实度需要控制在 90% 左右;然后填筑 30 cm 厚的细土,并对其进行压实;最后进行桩位的放置,该过程可以使用静压机进行作业,在施工作业中,必须保证桩体的垂直度,并按照一桩、二桩、三桩的顺序依次进行静压施工。需要注意的是,在焊接桩柱时,需要保持焊接桩体的垂直度,并且要有相关人员检查其焊接质量与桩体的稳固性;施工桩帽时,要对桩帽进行钢筋捆扎并注入混凝土;进行铺筑施工作业时,要对铺筑层进行碎石填充与逐层压实,在最后一道压实工序中,要强化其平整性与压实力度。

(2) 加强对混凝土浇筑的控制与钢筋加固

混凝土浇筑是高速公路工程施工过程的重要阶段,也是施工问题较多的阶段。在进行混凝土浇筑施工的过程中,需要留意预应力管道处发出的异响,如出现较大的振捣噪声,应立刻停止浇筑作业,以防止对管道造成严重损坏。若管道出现损坏情况,如破裂与变形,会出现漏浆现象并对预应力管道造成堵塞。另外,在完成混凝土浇筑施工作业后,相关施工技术人员应在第一时间对孔道内的杂物与混凝土进行清理,确保孔道内没有混凝土浇筑后的杂物,使管桩的预应力钢束张拉施工更好地达到相关规范和工程的要求。若孔道内杂物清理不彻底,会造成管道大面积堵塞,进而导致预应力钢束在张拉时破坏管道,产生流浆现象,从而对高速公路桥梁的整体工程质量造成严重的影响。

钢筋是整个高速公路桥梁工程的骨架与重要支撑点,是一个桥梁工程的灵魂所在,对桥梁工程的整体质量有很大的影响。进行钢筋安装作业时,施工人员应按照相关规范的要求和标准进行施工作业,杜绝违规操作。在安装施工过程中,应加强对管桩内钢筋的保护,有效防止施工过程中出现断裂、锈蚀等现象,保证施工过程的顺利进行。

(3) 选择灌浆方式与做好封口作业

进行灌浆施工时,选择正确、合理的灌浆方式尤为重要,这会直接影响灌浆施工的整体效果。建议采用留口全封闭式排压方法进行灌浆施工作业,灌浆施工顺序应采取由上至下的作业流程,系统全面地进行灌浆作业,保证灌浆技术在高速公路施工应用中的最佳效果,为下一步施工工序的衔接打下良好基础。

待灌浆施工完成后,应及时做好必要的封口工作。封口工作是灌浆施工完成的重要保障流程。封口工作完成后,施工技术人员应对封口处进行认真、仔细的检查,如发现封口处有灌浆砂液外流或渗出,应立即对其进行有效处理,采用相对措施控制砂液的渗出数量与速度,保证预应力管桩的整体质量,确保能够在日后的施工过程中大大提高桥梁桩基工程施工质量的稳定性与安全性,从而确保桥梁工程的整体稳定性和安全性。

【工程案例】

某高速公路全长 5493 m,路基工程是该项目施工建设的重点,由于本工程所处地理位置比较特殊,路基工程以软土地基处理和土石方回填为主。本工程的软土地基加固处理采用的是预应力管桩,处理区域分布在路基与桥梁接头处及盖板涵底部,管桩的桩径为 400 mm,桩间距为 2.0~2.8 m,桩长 27~34 m,以正方形的方式进行布设。桩顶设置 C30 钢混桩帽,其边长为 1.212 m,高 0.35 m。

本工程所在地属于亚热带季风气候,雨量较为充沛,全年无严寒,多年平均气温在 17.8 ℃左右,极端最高气温为 39.5 ℃,多年平均降雨量约为 1698 mm,降雨集中在每年的 5—9 月。工程地质条件较差,依次是 30 cm 左右厚度的软土层、3.1~7.3 m 厚度的松散粉细砂、21.5 m 厚度的软土层、卵石层。为了避免软土地基对公路路基施工建设的影响,经过技术经济比选后,决定采用预应力管桩进行地基加固处理。

参考文献

［1］迟培云,吕平,周宗辉.现代混凝土技术［M］.上海:同济大学出版社,1999.

［2］H.索默.高性能混凝土的耐久性［M］.北京:科学出版社,1998.

［3］朱清江.高强高性能混凝土研制及应用［M］.北京:中国建材工业出版社,1999.

［4］蒋亚清.混凝土外加剂应用基础［M］.北京:化学工业出版社,2004.

［5］刘数华,冷发光,李丽华.混凝土辅助胶凝材料［M］.北京:中国建材工业出版社,2010.

［6］龚仕杰.混凝土工程施工新技术［M］.北京:中国环境科学出版社,1996.

［7］中国公路学会.中国绿色公路研究与展望［M］.北京:人民交通出版社,2008.

［8］石新桥.机制砂在高性能混凝土中的应用研究［D］.天津:天津大学,2007.

［9］黄洪胜.混合砂混凝土性能与应用研究［D］.重庆:重庆大学,2005.

［11］马冬梅,吴文清,秦鸿根.自密实高强混凝土的配制原理和配合比设计方法研究［J］.中外公路,2008,28(2):177-180.

［12］姜兴彦,修晓明,殷艳春,等.混合砂配制C60泵送混凝土的应用研究［J］.商品混凝土,2016(2):41-43.

［13］李霞,秦学政,张彩霞,等.机制砂和细砂在高性能混凝土中的应用研究［J］.混凝土,2004(12):63-65.

［14］杨静,覃维祖,吕剑锋.关于高性能混凝土工作性评价方法的研究［J］.工业建筑,1998,28(4):5-9.

［15］戴恩梁,金国军,戴少鹏.C70高强高性能泵送混凝土在实际工程中的应用研究［J］.混凝土,2013(1):97-101,104.

［16］郝巧珍.粗骨料颗粒级配对混凝土抗折强度的影响［J］.水泥工程,2018(2):89-91.

［17］王立久,董晶亮,谷鑫.不同矿物掺合料对混凝土早期强度和工作性能影响的研究［J］.混凝土,2013(4):1-3.

[18] 焦立颖,王超,董军.基于C60的钢管混凝土配合比优化试验研究[J].混凝土,2017(1):97-101.

[19] 李晶.石灰石粉掺量对混凝土性能影响的试验研究[D].大连:大连理工大学,2007.

[20] 余峰.绿色高性能混凝土的研究[J].武汉科技学院学报,2007,20(5):46-49.

[21] 李珠.预应力数字化张拉技术研究及其应用[M].北京:科学出版社,2013.

[22] 唐杰军,刘德坤.预应力智能张拉与压浆技术[M].北京:人民交通出版社,2014.

[23] 王东.预制梁预应力智能张拉应用及性能分析[J].公路交通科技(应用技术版),2014,10(5):283-284.

[24] 宋宁,许宏元,慕玉坤.大跨径预应力混凝土梁桥病害分析与加固对策[J].公路交通科技(应用技术版),2012(4):10-16.

[25] 陈大亮.公路工程桥梁智能张拉应用研究[D].泉州:华侨大学,2018.

[26] 高则彦,张煜.智能张拉系统在高架桥施工中的应用[J].四川建材,2015,41(1):140-149.

[27] 王文建.桥梁预应力智能张拉与压浆系统原理及施工技术[J].江汉大学学报(自然科学版),2015,43(4):328-331.

[28] 张瑞斌.谈公路桥梁预应力智能张拉施工技术[J].山西建筑,2013,39(3):197-198.

[29] 颜培英.预应力智能张拉法在公路桥梁建设中的应用[J].科技创新与应用,2014(29):208-209.

[30] 郭瑞军.预应力智能张拉仪在公路工程中的应用[J].山西建筑,2014,40(14):217-218.

[31] 邓年春.预应力智能张拉系统研究及其工程应用[J].预应力技术,2014(3):24-25,40.

[32] 曹君,田渭军.智能张拉和真空压浆在桥梁施工中的应用[J].西南公路,2016(2):182-185.

[34] 袁博.真空辅助压浆施工技术在公路桥梁施工中的应用[J].华东公路,2016(3):21-22.

[35] 李朋.公路工程智能张拉、压浆施工技术[J].交通世界,2018(5):50-51.

[36] 李振海,樊沃周.浅析预应力混凝土结构设计中几个常见问题[J].黑龙江科技信息,2012(33):259.

[37] 高玉坤.桥梁建设中预应力智能张拉施工技术研究[J].交通世界,2018(7):96-97.

[38] 陈发云.浅谈预应力智能张拉在桥梁施工过程的使用[J].四川建材,2017,43(4):191-192.

[39] 方勇.预应力智能张拉施工技术在公路桥梁中的应用[J].江西建材,2015(20):172.

[40] 王书生.浅述桥梁建设中预应力智能张拉施工技术及其应用[J].科技创新导报,2015(14):61,63.

[41] 赵颖超,吕文江,齐广志.智能张拉及智能压浆标准化施工工艺在三水河特大桥的应用[J].公路交通科技(应用技术版),2014,10(11):165-168.

[42] 李冠霖.公路桥梁建设中预应力智能张拉施工[J].交通世界,2013(10):226-227.

[43] 蒋海波,陈鸣新.海上双层桥梁门式墩下横梁预应力张拉、压浆施工技术[J].公路交通科技(应用技术版),2017,13(6):39-42.

[44] 张涛,周如明.浅析桥梁预应力筋智能张拉、压浆标准化施工应用技术[J].中国标准化,2017(2):193-194,197.

[45] 郭永刚.预应力智能张拉和大循环智能压浆技术应用研究[J].安徽建筑,2014,21(3):139,142.

[46] 阎培瑜.混凝土配合比设计中的"最低水泥用量"的思考[J].混凝土,2001(1):18-20.

[47] 赵立波.预应力混凝土梁施工常见问题及解决方法[J].交通世界,2012(10):208-209.

[48] 王永生.公路桥梁预应力施工管理措施分析[J].内蒙古公路与运输,2012(4):65-66.

[49] 周小娟.预应力现浇桥梁施工技术分析[J].中国新技术新产品,2012(3):98.

[50] 杨贤东.桥梁预应力施工工艺与质量控制[J].交通工程,2012,32(1):189 190.

[51] 唐前松.T梁预应力智能张拉精细化施工工艺及施工控制[J].公路工程,2011,36(4):155-157,169.

[52] 张巧仕.浅谈后张法预应力箱梁施工技术[J].技术与市场,2011,18(4):66-67.

[53] 白建忠.预应力箱梁施工质量缺陷的防治措施[J].山西建筑,2009,35

(12):217-218.

[54] 金伟良,赵羽习.混凝土结构耐久性研究的回顾与展望[J].浙江大学学报(工学版),2002,36(4):371-380,403.

[55] 卢都友.国际混凝土碱集料反应研究动态[J].混凝土,2009(1):57-61.

[56] 唐明述.碱集料反应破坏的典型事例[J].中国建材,2000(5):55-58.

[57] 刘晨霞,陈改新,纪国晋,等.不同温度下碱-硅酸反应膨胀规律研究[J].混凝土与水泥制品,2012(3):1-4.

[58] 柯杰.碱集料反应膨胀动力学及膨胀预测[D].南京:南京工业大学,2008.

[59] 卢佳林,邓敏,莫立武.LiNO$_3$抑制碱硅酸反应的效果及作用机理[J].混凝土,2012(9):19-22,29.

[60] 吉林,缪昌文,孙伟.结构混凝土耐久性及其提升技术[M].北京:人民交通出版社,2011.

[61] 张誉,蒋利学,张伟平,等.混凝土结构耐久性概论[M].上海:上海科学技术出版社,2003.

[62] 金伟良,赵羽习.混凝土结构耐久性[M].北京:科学出版社,2002.

[63] 冷发光,周永祥,王晶.混凝土耐久性及其检验评价方法[M].北京:中国建材工业出版社,2012.

[64] 刘秉京.混凝土结构耐久性设计[M].北京:人民交通出版社,2007.

[65] 赵学荣.碱-集料反应对混凝土结构耐久性影响的研究[D].天津:天津大学,2008.

[67] 莫祥银,许仲梓,唐明述.国内外混凝土碱集料反应研究综述[J].材料科学与工程,2002,20(1):128-132.

[68] 王传波.碱-硅酸反应抑制措施及其机理研究[D].成都:西南交通大学,2007.

[69] 孙彬,王景贤,邸小坛,等.既有混凝土结构碱集料反应耐久性评定[J].混凝土,2015(4):37-40,4.

[70] 唐明述,邓敏.碱集料反应研究的新进展[J].建筑材料学报,2003,6(1):1-8.

[71] 郑江.矿物掺合料抑制碱集料反应及其机理研究[D].南昌:南昌大学,2018.

[72] Grattan-Bellew P E, Chan G. Comparison of the morphology of alkali-silica gel formed in limestones in concrete affected by the so-called alkali-carbonate reaction(ACR) and alkali-silica reaction(ASR)[J]. Cement and

Concrete Research，2013,47:51-54.

[73] Katayama T. The so-called alkali-carbonate reaction (ACR)—Its mineralogical and geochemical details，with special reference to ASR[J]. Cement and Concrete Research，2010,40(4):643-675.

[74] 王胜年.我国海港工程混凝土耐久性技术发展及现状[J].水运工程，2010(10):1-7,118.

[75] 王媛俐,姚燕.重点工程混凝土耐久性的研究与工程应用[M].北京:中国建筑工业出版社,2006.

[76] 董宜森.硫酸盐侵蚀环境下混凝土耐久性能试验研究[D].杭州:浙江大学,2011.

[77] 李华,孙伟,左晓宝.矿物掺合料改善水泥基材料抗硫酸盐侵蚀性能的微观分析[J].硅酸盐学报,2012,40(8):1119-1126.

[78] 刘赞群.混凝土硫酸盐侵蚀基本机理研究[D].长沙:中南大学,2010.

[79] 金雁南,周双喜.混凝土硫酸盐侵蚀的类型及作用机理[J].华东交通大学学报,2006,23(5):4-8.

[80] 张光辉.混凝土结构硫酸盐腐蚀研究综述[J].混凝土,2012(1):49-54,61.

[81] 姜磊.硫酸盐侵蚀环境下混凝土劣化规律研究[D].西安:西安建筑科技大学,2005.

[82] 陈达,俞小彤,廖迎娣,等.混凝土硫酸盐侵蚀研究进展[J].重庆交通大学学报(自然科学版),2016,35(2):24-30.

[83] 黄战,邢锋,邢媛媛,等.硫酸盐侵蚀对混凝土结构耐久性的损伤研究[J].混凝土,2008(8):45-49.

[84] 张苑竹.混凝土结构耐久性检测、评定及优化设计方法[D].杭州:浙江大学,2003.

[85] 王增忠.基于混凝土耐久性的建筑工程项目全寿命经济分析[D].上海:同济大学,2006.

[86] 孙振华.高性能混凝土耐久性试验研究[D].郑州:郑州大学,2011.

[87] 迟培云,梁永峰,于素健.提高混凝土耐久性的技术途径[J].混凝土,2001(8):12-15.

[88] 严海彬.硫酸盐侵蚀及干湿循环条件下改善混凝土耐久性的措施研究[D].重庆:重庆交通大学,2010.

[89] 张亮,严建军,李响.混凝土结构耐久性的研究综述[J].材料导报,2013,27(21):294-297.

［90］苟林峰.影响钢筋混凝土结构耐久性的因素和处置措施［J］.国防交通工程与技术,2013(11):85-87.

［91］沈晓冬.海洋工程水泥与混凝土材料［M］.北京:化学工业出版社,2016.

［92］莫祥银,许仲梓,唐明述.碱集料反应预防材料的研究［J］.土木工程学报,2005,38(11):21-25.

［93］秦宪明,颜超,赵娟,等.提高海工结构混凝土耐久性的原理和方法［J］.建筑技术,2012,43(1):18-20.